主编 吴应辉

汉语国际教育研究论集

汉语国际传播研究卷

商务印书馆
The Commercial Press

图书在版编目（CIP）数据

汉语国际教育研究论集.汉语国际传播研究卷/吴应辉主编.—北京：商务印书馆，2022（2023.7重印）
ISBN 978 – 7 – 100 – 19274 – 3

Ⅰ.①汉… Ⅱ.①吴… Ⅲ.①汉语—对外汉语教学—教学研究—文集 Ⅳ.①H195.3-53

中国版本图书馆 CIP 数据核字 (2020) 第 257267 号

权利保留，侵权必究。

汉语国际教育研究论集·汉语国际传播研究卷
吴应辉　主编

商　务　印　书　馆　出　版
（北京王府井大街36号　邮政编码100710）
商　务　印　书　馆　发　行
北京捷迅佳彩印刷有限公司印刷
ISBN 978 – 7 – 100 – 19274 – 3

2022年8月第1版　　　　开本 880×1230　1/32
2023年7月北京第2次印刷　印张 11½
定价：85.00 元

汉语国际教育研究论集编委会：

主　任：崔希亮

委　员：姜丽萍　梁彦民　吴应辉

　　　　张　博　郑艳群

《汉语国际教育研究论集·汉语国际传播研究卷》

主　编：吴应辉

副主编：郭　晶　梁　蕾　李敬欢

目 录

孔子学院语言教育一议……………………………………李宇明　1

孔子学院意义的建构和延伸………………………………卢德平　16

孔子学院汉语教学现状与教学前景………………………赵金铭　33

孔子学院与公共外交………………………………高金萍　郭之恩　49

孔子学院建设的若干思考
　　——以中华文化"走出去"为视角………………………沈庶英　65

秘鲁汉语教学情况分析
　　——以秘鲁天主教大学孔子学院为例…………………王兰婷　73

大力加强学科建设，提升汉语国际教育科学化水平……刘　利　88

注重汉语特点，创新汉语教学体系………………………赵金铭　94

帮助汉语学习者过好语言生活……………………………李宇明　97

加强汉语和汉语教学特点的研究，完善汉语教学法体系…刘　珣　101

略论汉语国际教育学科的知识体系………………………崔希亮　105

"上天"与"下地"应该平衡………………………………鲁健骥　108

关于汉语国际教育学科体系与知识体系建构的几点思考………
　　　　　　　　　　　　　　　　　　　　　　　　吴应辉　110

从"对外汉语教学"到"汉语国际教育"…………	刘　利	115
中文怎样才能成为世界通用第二语言…………	李宇明	121
汉语国际教育与人类命运共同体…………	崔希亮	139
海外汉语学习者低龄化的思考…………	李宇明	152
汉语国际教育的若干问题…………	崔希亮	171
汉语国际传播事业新常态特征及发展思考…………	吴应辉	185
汉语国际传播的理论维度…………	卢德平	200
关于汉语国际教育的学科定位问题…………	崔希亮	223
"一带一路"与汉语传播：历史思考、现实机遇与战略规划……… ………………………………………………	王建勤	235
何为国际汉语教育"国际化""本土化"…………	赵金铭	249
汉语国际教育"当地化"的若干思考………… 李宇明	施春宏	267
关于汉语国际教育师资培养的新构想…………	李春玲	283
关于海外本土汉语教师培养问题的思考…………	郭　鹏	299
美国小学汉语沉浸式教学的发展、特点和问题…………	崔永华	305
汉语国际传播的方式与策略探析…………	马洪超	325
墨西哥汉语教学现状与反思…………	金娅曦	338
汉语国际教育硕士专业学位水平评估指标体系初探…… ……………………………………………… 郭　晶	吴应辉	348

孔子学院语言教育一议 *

李宇明

汉语在历史上曾是东亚的"国际语言",在东亚一些国家的历史发展和文化成长中,发挥过甚至仍在发挥着重大作用。汉语也曾经以书面语的形式传至西洋,形成独特的汉学。历史上的西洋汉学与当今的"新汉学"、中国学结合,在西方乃至世界学坛都有一定的地位,产生了新的活力。汉语也曾随着华人船只游向南洋等地,并在华人华侨聚集地立足发展,成为今天的海外华语。

语言在非母语人群中传播,似乎从来就与国力密切相关。汉、唐与明朝,国力强盛,文化先进,中土礼制、文物对周边来说具有巨大魅力,他们纷纷来朝来学,汉语也随之远播。清末以降,国势日衰,周边的国家和地区"淡化汉文"竟成一时之趋。越南废除一度使用的汉字,创制、推行拉丁字母式的越南文;日本虽然仍在假名中夹用汉字,但是减少了汉字字量;朝鲜和韩国用谚文代替了汉字,虽然韩国现今还夹用一些汉字。

20世纪70年代末,中国改革开放,一批批新华人走到世界各地,为世界各地唐人街的汉语注入了新活力,并逐渐使唐人街

---

* 原文发表于《语言教学与研究》2014年第4期。

由汉语方言流变为普通话,同时也有了举办汉语学校或汉语夜校的需要与行动,以期在华人子弟中保存汉语和汉文化之根。与之同时,中国经济以世人始料不及的方式持续发展,汉语对世界重新具有了吸引力。世界对东方巨人刮目而视之时,也在逐渐关注汉语、学习汉语,就连曾经"淡化汉文"的邻国也在重新审视汉语,加强汉语作为外语的学习,日文还增加了使用汉字的数量。关注汉语、学习汉语的世界大潮方兴未艾,就目前趋势看,汉语可能比历史上走得更远,能为世界做出更为重要的贡献。孔子学院(包括孔子课堂)便是这滚滚大潮中的一支洪流。

孔子学院现象,孔子学院事业的发展,可以从多个方面、多种角度进行观察研究,本文只对它的语言教育问题稍作一议。

一、目的语环境与非目的语环境

1.1 语言学习、语言教育、语言教学

在讨论问题之前,需要对"语言学习、语言教育、语言教学"三个概念稍加解说。

语言学习与语言教育是大致相近的概念,语言学习侧重于从学习者的角度看,语言教育侧重于从教育者的角度看。角度不同,侧重点不同,但研究对象、研究目的大体相似。研究对象都是与语言学习相关的各种因素,研究目的都是要最大可能提高语言学习质量。它们探索的都是语言学习规律,换言之,语言学习规律是语言学习者、语言教育者应共同遵循的规律,语言教育是以语言学习规律为理论基础的。正因如此,本文在使用语言学习和语言教育这两个概念时,并不做刻意区分。

但是语言教育与语言教学却是不同的概念。语言教学主要是教师、学生、教室、教材、教法、教学评估等若干教学因素的互配互动,当前的语言教学现状,是以课堂教学为主,外加一些课外活动。而语言教育的外延相当宽泛,一切对语言学习能够发生积极影响的人与事,都会纳入语言教育的视野。如此说来,语言教学只是语言教育的一部分,虽然它是重要的甚或是主要的部分。如果教育者把注意力只集中在语言教学上,忽视其他教育因素,那将是狭隘而有害的。故而本文非常注意区分语言教学和语言教育两个概念。语言教学主要指课堂教学。语言教育都包括哪些内容,还需要我们不断探索追究。当今之时,当今之世,教育正在发生革命性的变化,我们必须深入思考,哪里是语言课堂?什么是语言教材?谁是语言学习的帮助者?

1.2 第二语言教育的两种类型

不管是自然科学还是社会科学,分类都是学术研究的基础工作。分类是有特定目的、用一定标准操作的。语言教育可以进行多种分类,能够得出各种类型。本文分类的根据是"学习是否在目的语环境中进行",据此可将第二语言教育分为两类:一、目的语环境下的第二语言教育;二、非目的语环境下的第二语言教育。

学习是否在目的语环境中进行,对语言教育的影响巨大而深刻。儿童第一语言发展模式被公认是人类语言学习中最有效的,当然也是语言科学的难解之谜。儿童心智尚未充分发展,无专门的语言教师和语言教材,语言学习条件远不如成人第二语言学习"科学",但却能够在不长的时间里熟练掌握一门口语,这实在令人感到不可思议。第一语言发展的内部机理,不同学派有不同解释,相关著述颇丰,然而都难给出令人满意的答案。

儿童是在语言的汪洋大海中习得语言的，父母、幼儿教师等的语言帮助固然有效，但并不起决定性作用。近几十年来，曾经发现多个"狼孩"的案例，这些从小由狼抚养、在狼群中长大的孩子，学会了狼的许多习性，但没能掌握人类的语言。即便后来回到了人类社会，并接受专业人员的语言教育，其语言发育仍不理想，甚至很不理想。有学者曾经幽默地感叹，儿童就是上帝造来专门学习语言的小机器；但是狼孩的事例表明，当这个"小机器"离开了汪洋大海般的语言环境，也难以习得语言。

第二语言学习，学习者的心智都比儿童发达，并有获得一种语言的经验，甚至还掌握了不少语言知识，语言教育的条件都是"科学"配置的，使用着专家编写的教材，教师养之有素，还有辞书、网络等学习工具可以利用。尽管如此，其学习进度和语言水平罕见达到第一语言水平的。其因众多，两种语言学习的环境不同是其要因。

第二语言学习囿于课堂之弊端，业界已有不少讨论。第二语言学习需要课堂，但更需要课堂之外的语言生活，为此不少学者把第二语言学习也径称为第二语言"习得"。中国的外语教育是全世界规模最大的外语教育，可谓"社会重视、教师专业、学生努力"，但却责难不断，教育投入与产出不成正比，批评所学外语是"哑巴外语、聋子外语"。外语教育的窘况也可做多因分析，但"中国没有外语生活"、中国人是在非目的语环境下学习外语的，这肯定是其中最为重要的一个原因。新加坡、印度、巴基斯坦等近邻的外语教育，可为此佐证。

1.3 语言环境对语言获得的影响

语言环境对语言发展的影响为何如此之巨？

第一，语言学习，学习的不是语言学知识，而是语言运用能力。语言不是孤立的存在，它存于语言生活中，用于语言生活中。语言不是词语的堆砌和句子的串合，词语、句子、句群的组合需要在语境中实现，需要依据语境来理解其意思，明确其指称，消解歧义，把握各种言外之意，体会语言之妙之美等。语言研究虽有两千多年的历史，但对于语言的认识，特别是对语言与语境的匹配关系的认识，还相当有限。教科书因各种限制，不仅不能把语言学的已有认识囊收无遗，反而是挂一漏万。因此，语言学习必须依赖语言实践，必须在语言生活中获得语言运用能力。

第二，话语如人，每个人说话都表现出一定的风格。语言风格本无优劣，就看是否与语境匹配。比如"设问句"，并非一般教科书所述"无疑而问、自问自答"那么简单，更重要的是它具有社会语言学上称之为"权势关系"的特点，基本上用于"上对下"；如果晚辈对长辈、下级对上级使用设问句，就不合适。

语言或是行为，需要遵循语言伦理。比如"谎言"，是语言伦理学的批评对象，但若出自童稚之口，若是医生出于病理需要对绝症病人隐瞒病情，若是军事双方斗智斗勇，谎言则不仅不违背语言伦理学，还会被看作是道德的、聪慧的。

语言风格、语言伦理等等，虽然可以通过学习得其大要，但要时时用妥、事事用妥，非得大量的语言实践不可。

第三，语言与文化密如漆胶。语言运用离不开其所依存之文化。举三个方面的例子：

甲、词语构造与组合深蕴着文化，比如可说"上京、下乡、下厨房、南下、北上"，但不说"下京、上乡、上厨房、南上、北下"；"上、下"的使用蕴含着民族文化的"上下观"。

乙、语言中有许多在特定环境中使用的"话套子",比如见面打招呼、分手告别、节日问候、赔礼道歉等等,都有成套的话语模式。这种话套子是文化长期积淀的结果,是民族风俗的一部分。

丙、语言负载着各种文化信息,不管是口谈还是笔谈,都是为了交流文化信息,传递生活情趣。理解这些信息与情趣,需要了解文化。

所以,学习语言,用好语言,必须在环境中体验文化,把握语言与文化的微妙关系。

第四,语言学习需要足够量的输入和输出。不管何家何派的语言习得学说,都无法否认语言输入、语言输出对语言学习的重要性。输入和输出必须有足够的量,其意并不仅仅是在强调量,而是有了足够的量,才能遇到各种各样的语言交际状况,从而体验、学习到语言交往的各种技艺。

当然,笔者认同的语言学习理论并不是"环境决定论",但的确应看到语言环境在语言学习中的"不可或缺"性。对于第二语言教育,语言环境就更加重要,重要到怎么强调都不为过的地步。

二、语言学习环境补偿

汉语作为第二语言教育,历史上早就存在,但外国人学习汉语古来就是到中国来,他们是在目的语环境中学习。当然,历史上也有海外教授汉学的,甚至有汉语学校,但为数不多,影响不大。我们关于汉语作为第二语言教育的经验、模式、教材、理论等，基本上都是建立在目的语环境基础上的，适应的是"对外汉语教学"。但是，自从20世纪末21世纪初，国外汉语教学快速发展起来；特别是孔子学院的设立和发展，汉语作为第二语言教育由"对外汉语教学"阶段发展到了"汉语国际教育"的新阶段，非目的语状态下的汉语教育也就提上了事业发展的日程。

孔子学院有诸多文化教务，但语言教育是其基本的教学业务。孔子学院的语言教育，基本上属于非目的语环境下的第二语言教育。因此，教学中首要考虑的，就是千方百计给学习者以目的语环境补偿。语言环境补偿可从三方面考虑：

1. **虚拟语言文化环境**

校园、教室、宿舍、饭厅等学生生活之处，尽量设置一些中华文化元素。中华文化元素的设置，既要多用可触可感之实物，还要尽量开发利用视频、网络、智能手机等现代信息技术途径。虚拟环境的设置，要有互动性，强调体验性。若有可能，还要利用周边的中华文化中心、华人社区、华人家庭等，来增加学生对中华文化的切身感受。在课堂教学中，可以通过环境虚拟、角色扮演等方式进行语言教学和语言交流。

2. **教育内容"两贴近"**

教育内容也可看作语境的一部分，首先要注意贴近中国当代生活。让学习者更多了解当代中国，多谈论中国的文化、制度、生活、风光等等；鼓励学生通过"中国之声"以及中国的电视、电影、网络、微课来学习语言。这种"贴近"，学生所见之人、所触之物、所听之事都更接近于当代中国；从长远看，学习者一旦来华，就能够情景再现，迅速融入中国生活，参与中国事务。目前的情况是，情景布置和教育内容都较为重视"古代中国"

和"民俗中国",这种情况应逐步改进,增加对"当代中国"的关注。

教育内容的第二个"贴近",就是贴近学习者的现实生活,帮助学习者用汉语来谈论当地的人人事事及其历史文化。韩国有所孔子学院,指导学生用汉语排演《春香传》,还到中国高校演出,效果很好。澳大利亚的汉语教师,在研究如何让学生用汉语表述澳洲生活。这种贴近,使学生可以学而能用,学而即用,把课堂汉语带入现实,并可能通过有效引导在一些地区形成"汉语生活",为学习者"新创"目的语环境。英语在世界的传播,其实就是不断在世界各地发展英语生活,比如美国、加拿大、澳大利亚、新西兰、印度、巴基斯坦、新加坡等,都是英语不断"本地化"的结果,也是英语不断世界化的前车之辙。学习内容的这第二个"贴近",发展下去就要求汉语教科书的"本地化",进而是汉语生活的"本地化",这是非常值得探讨和实践的。

3. 重视文化的同与异

世界文化丰富多彩,丰富多彩的文化之间既有同也有异。第二语言教学往往强调异而忽视同,因为文化差异容易产生交际障碍。汉语作为第二语言教育的历史,大约也多在强调文化之异。过分强调异,可能会使外国人觉得中国什么都跟他们不同,长此以往,可能会扩大中外的文化鸿沟。

共同生活在同一星球上的人类,应有很多共同或共通之处。在中国立志走向世界的当今,在讲文化差异的同时,也要重视讲"同"、讲"通",比如爱好和平、相互帮助、男女平等、公平正义等等。古代儒家的进取精神,老庄的天人一体观念,墨家的"兼爱"思想,都与人类思想有共通之处。特别是《礼记·礼运》,

主张"天下为公""选贤与能，讲信修睦""人不独亲其亲，不独子其子。使老有所终，壮有所用，幼有所长，矜寡孤独废疾者，皆有所养"，这种"大同"理想，更体现了人类许多共同的追求，应是人类思想史上的重要文献。

第二语言教育中处理好文化的同异关系，能够在更高层面达到"目的语补偿"。同时，这也是"讲好中国故事"的重要课题，是通过孔子学院平台让中华文化走出去的重要措施。

在讨论语言学习环境补偿时，人们关注较多的是第一种补偿，其实第二种、第三种补偿，更为深刻，更为长远。这两种补偿所改进的不仅是教学方法，而且涉及汉语国际传播的战略，涉及中国走向世界的战略。

三、激发学习汉语的兴趣

兴趣是最为巨大、最为持久的学习动力。而在非目的语环境下学习汉语，兴趣极易衰减；激发学习兴趣并使之持久不衰，十分重要也十分不易。

3.1 把汉语教得有趣

汉语的许多字和词语的背后，都往往有一个有趣的故事。比如"人、言"为"信"，二人相"从"，三人成"众"，"小、土"作"尘"，水（氵）出眼（目）为"泪"，等等，都是教字理、教文化之有效方法。但是，也常见不按字理、乱解汉字的，如"自大多点"就是"臭"的说法，便属此类。"臭"乃"嗅"之本字，上为"鼻"之省，狗的嗅觉最为灵敏，故会意成字；"臭"与骄傲自大不沾边。

有些成语典故,也能讲得有趣,传播文化正能量,如"同舟共济""完璧归赵"和"流水不腐,户枢不蠹"等。不过讲成语典故也要注意文化差异,比如"守株待兔""刻舟求剑""掩耳盗铃"之类,显得蠢笨;"凿壁偷光"本是鼓励人勤奋好学,但外国学生往往会觉得奇怪,他们会认为,为了自己读书而凿穿邻家墙壁,太不道德了。

语言课容易讲得枯燥,汉字常为学习者的"拦路虎"。怎样把汉语讲得有趣,需平时勤奋积累,比如讲送气与不送气在汉语中有别义作用,就可举"肚子饱了"和"兔子跑了"的例子;讲"多少"的歧义,可用"夏天能穿多少穿多少,冬天能穿多少穿多少"的例子。当前的网络、短信、微信中,有所谓的"汉语托福"题,不少例子都可选用。

3.2 讲究阳性教育

阳性教育就是使学习者有成就感。西方社会重视个体发展,对待考试成绩的态度也与我们有别。在我们看来,门门90分以上才能满意,而在西方人眼里,只要孩子有进步、有特长就值得称赞。他们的教育,培养出来的多是自我感觉良好的"成功者";而我们的教育,常使学生感到"挫败"。在教育理念、教育态度、教育方式等方面,都要用阳性教育的眼光重新审视。

使学生保持学习兴趣,有成就感,与教育难度密切相关。从理论上讲,教授知识的难度应在"N+1"的水平上。N是学生现有的知识水平,N+1是学生学习上的最新发展区,知识上的最新生长点,因而也是学习的兴趣点。

寻找N+1,是教师的本事,其实也是人类的"天性"。父母与孩子的交谈称为"儿向言语",儿向言语基本上都在孩子语言发展水平的 N+1 处。当孩子还不会说话时，父母总爱使用重叠词，如"爸爸、妈妈、糖糖、帽帽、鞋鞋"之类。这些重叠词，有些是成人语言中有的，有些则是自造的。成人的称谓系统有许多重叠词，如"爸爸、妈妈、哥哥、姐姐、弟弟、妹妹、爷爷、奶奶"等，这其实就是儿童期"遗留"给成人的语言财富。成人向牙牙学语的孩子发问，最常用的格式是"名词+呢？"，比如"爸爸呢？妈妈呢？帽帽呢？糖糖呢？"。随着孩子语言的发展，儿向言语的水平随之发展，始终与孩子的语言水平保持着 N+1 的距离。即使没有做过父母的成人，顷刻即可用 N+1 的水平与孩子交谈。儿童能够用五六年的短暂时间习得母语，与成人语言的步步引导应有重要关系。

但是，一进入教学状态，教师就似乎丢失了"天性"，教学的依据主要是语言学和文化学。这些知识结构当然有利于教学，但也可能产生误导，使教师忘记寻找，或是干扰其寻找学生 N+1 最新知识发展区。及时寻找学生的最新知识发展区，会使学生学有所得，保持着学习兴趣。这是一种更高水平的阳性教育。

3.3 边学边用

学习语言的目的是使用语言，是"以言行事"。儿童学习语言的最大特点之一就是"边学边用"，而外语学习最常见的情况是"学成才用"，甚至学成了也不一定派上多大用场。学好一门语言需要三年五载，甚至是十年八载，若无特定的学习动机，若无巨大的学习动力，实难承受如此之长的时期而不中途辍学。中国是英语学习大国，但却是英语使用小国，学校之外几乎没有外语生活，除了升学晋职、出国留学、阅读一些专业文献之外，罕有用到外语的地方。学而无处用，浪费何其大！而中国香港、新加坡、印度等地的英语学习就不同，那里有英语使用环境，可以在学中用，学一点就能用一点。

汉语作为第二语言教育，能够做到"边学边用"至关重要。比如学了500字，就能阅读一些中国时政要闻；学了1000字，就能阅读不少中国历史文化故事；学了2500字，就能参与一些与中国相关的事务，等等。这需要进行专门研究，需要有专门机构对中文原文献进行改写，需要有关方面通力协作。学多少就能用多少，是保持学习兴趣的最佳途径，也是语言教育效用的提前发挥。

3.4 提升汉语的学习价值

语言的学习价值与学习动机、学习兴趣关系密切。外国学生的汉语学习动机千差万别：有理性的，有感性的；有文化的，有经济的；有学术的，有求奇的……这些动机，直接或间接地反映着汉语的学习价值。注意了解学习汉语的动机，善于肯定学生的学习动机，并要不失时机地将学生的汉语学习动机向理性方向转化。

学习一种外语，时间成本、精力成本和经济成本都很大，人们为何要花如此之大的成本来学习汉语？清朝末年，甚至到1949年前后，全世界已少有外国人学习汉语，应当说那时的汉语已不具有太大的学习价值。今天那么多人愿意学习汉语，是汉语有了较高的学习价值。汉语的学习价值是怎么增减的？汉语当今有哪些学习价值？这需要进行调查分析，更需要全面扩大汉语学习价值，设法创造新的汉语学习价值。

任何语言都有价值，即便是今人已经不用的拉丁语，也有研究价值。语言有价值，就有人去学习，于是便产生了学习价值。

只具有研究价值的语言,其学习价值是有限的,只有学者去学习它;而社会应用广泛的语言,才具有较大的学习价值。弱国之语言,尽管可能有悠久的文化历史,但学习价值并不大。国家强盛,其语言便具有了潜在学习价值,但要把潜在学习价值开发出来,成为显性的学习价值,则需要有全局性的谋划,需要有与之配套的有效举措。就汉语而言,扩大其学习价值的谋划与举措,还可以举出许多,例如:争取汉语作为更多的国际组织、国际会议的工作语言;签署各种国际协议应要求有效的汉语文本;中国的出口商品要有汉字标识和汉语说明书;多用汉语招待外国记者;外国学生攻读中国学位,应逐渐要求用汉语撰写学位论文和进行答辩;要帮助学习汉语的外国学生寻找较好的就业和发展机会;等等。

不同年龄、不同国度的人,汉语学习动机可能有明显差异。一般来说,成人比较实惠,更关心生活和就业;儿童则天真烂漫,中国文化的神秘、中国教师的漂亮,都会成为儿童学习汉语的动机。有着华人血统的人群,日本、韩国等受汉文化影响较大的国家,对汉语学习有着特殊的兴趣和热情。此外,在扩大汉语学习价值的过程中,舆论也很重要。随着中国的快速发展,不少国家的学生父母都感到或从舆论中感到,不学汉语,后代就可能减少竞争力,所以汉语逐渐成为很多国家的主要外语之一。

四、结语

孔子学院的汉语教育,是在非目的语环境下进行的第二语言教育,教育难度较大,经验积累较少,理论准备不足。语言学习同其他科学门类的学习有很大不同，它对于目的语环境具有极强的依赖性。所以，要提高孔子学院（孔子课堂）学习者的语言学习效率和水平，进行目的语的语境补偿、激发与保持学习者的学习兴趣，就显得异常重要。

语境补偿、兴趣激发，有微观层面的诸多技巧，但更要重视宏观层面的谋划。比如阳性教育问题，实现汉语教育的"边学边用"问题，处理好中国文化与域外文化的同异问题，教育内容"两贴近"，进而促进汉语教育"本地化"问题，充分提升汉语的学习价值问题，等等。

当然，学习环境的补偿，还有更重要的一条，那就是鼓励外国学生来华进修或体验，了解真实的中国和真实的汉语生活。

参考文献

[1] 毕继万（2009）《跨文化交际与第二语言教学》，北京：北京语言大学出版社。
[2] 崔希亮主编（2007）《汉语教学：海内外的互动与互补》，北京：商务印书馆。
[3] 戴曼纯、刘润清等（2012）《国外语言规划的理论与实践研究》，北京：外语教学与研究出版社。
[4] 菲利普森编著（2000）《语言领域的帝国主义》，上海：上海外语教育出版社。
[5] 郭熙（2012）《华语研究录》，北京：商务印书馆。
[6] 科林·贝克（2008）《双语与双语教育概论》，翁燕珩等译，北京：中央民族大学出版社。
[7] 李光耀（2011）《我一生的挑战——新加坡双语之路》，新加坡：联合早报出版社。
[8] 李英姿（2013）《美国语言政策研究》，天津：南开大学出版社。
[9] 李宇明（1995）《儿童语言的发展》，武汉：华中师范大学出版社。

[10] 刘珣（2000）《对外汉语教育学引论》，北京：北京语言文化大学出版社。
[11] 鲁健骥（1999）《对外汉语教学思考集》，北京：北京语言文化大学出版社。
[12] 鲁子问等（2012）《外语政策研究》，北京：北京大学出版社。
[13] 罗伯特·卡普兰、小查理德·巴尔道夫（2014）《太平洋地区的语言规划和语言教育规划》，梁道华译，顾利程审订，北京：外语教学与研究出版社。
[14] 迈克尔·拜拉姆（2013）《从外语教育到跨文化公民教育——文集与思考》，韩慧、荆红涛导读，北京：外文出版社。
[15] 尼古拉斯·奥斯特勒（2011）《语言帝国——世界语言史》，章璐、梵非、蒋哲杰等译，维舟校，上海：上海人民出版社。
[16] 苏·莱特（2012）《语言政策与语言规划——从民族主义到全球化》，陈新仁译，北京：商务印书馆。
[17] 王辉（2010）《澳大利亚语言政策研究》，北京：中国社会科学出版社。
[18] 王建勤主编（1997）《汉语作为第二语言的习得研究》，北京：北京语言文化大学出版社。
[19] 吴应辉（2013）《汉语国际传播研究理论与方法》，北京：中央民族大学出版社。
[20] 张西平、柳若梅编（2018）《世界主要国家语言推广政策概览》，北京：外语教学与研究出版社。
[21] 赵金铭（2012）《赵金铭国际汉语教育论文集》，北京：北京语言大学出版社。
[22] 周玉忠主编（2011）《美国语言政策研究》，北京：外语教学与研究出版社。

孔子学院意义的建构和延伸 *

卢德平

截至 2017 年 12 月 31 日,全球 146 个国家(地区)建立 525 所孔子学院和 1113 个孔子课堂[①]。自 2004 年孔子学院事业启动以来,国家汉办每年基本保持 3 亿美元左右的投入,迄今持续 13 年[②]。仅以 2014 年、2015 年和 2016 年这 3 年为例,孔子学院分别投入了 3 亿美元、3.11 亿美元和 3.14 亿美元,其中孔子学院(课堂)的启动和运营占据主要比例(2014 年占 75.9%,2015 年占 75.8%,2016 年占 77.3%)[③]。无论从全球孔子学院的规模,还是从其投资总量判断,孔子学院的发展都是很可观的,但孔子学院面临的挑战又是巨大的。

孔子学院的建设离不开经济投资,但这些投资不是单纯基于经济回报的商业行为,也很难用常规的商业逻辑加以验证。既然如此,那么从何处寻找其合理性呢?合理性涉及对于孔子学院的定性,也涉及围绕孔子学院形成的方向性争论。不仅如此,中国

---

* 原文发表于《文化软实力研究》2018 年第 5 期。
① 国家汉办官网:http://www.hanban.edu.cn。
② 参见自 2004 年之后各年度《孔子学院年度发展报告》,http://www.hanban.edu.cn。
③ 参见《孔子学院年度发展报告》,http://www.hanban.edu.cn。

对于孔子学院合理性的解释,在国际社会又遭遇连续不断的解构式消解(Schmidt Heather,2013)。如何理解这样的挑战,寻找挑战表象背后的逻辑性,是我们思考孔子学院意义的出发点。关于孔子学院意义的探讨,有助于回答孔子学院合理性的问题,或减少围绕孔子学院"身份"问题形成的争论(宁继鸣,2017)。

一、教育空间的"神龛化"与开放性

欧美一些国家围绕孔子学院的争论虽然以各种形式、各种名义出现,但争论的焦点是大学作为一种教育空间的定性问题,以及中方孔子学院与对方大学生(以及部分中学生)学习者在这一空间相遇的定性问题[①]。

确实,和法语联盟、英国文化委员会、塞万提斯学院、卡蒙斯学院、但丁协会、歌德学院等国际语言文化机构或组织相比,孔子学院设立于对象国大学校园(包括部分中学校园),表现出和其他国际语言文化教育机构或组织的不同之处(Liszka,

---

[①] 在美国、加拿大以及欧洲部分国家,自 2010 年开始,孔子学院所在的部分大学或教育机构,就围绕孔子学院发生过一些争议,少数孔子学院所在大学中止了和中方继续开设孔子学院的合作。Song, J.: The Manifestation of China's Soft Power Agenda in American Higher Education: The Case of the Confucius Institute Project America. UCLA Electronic Theses and Dissertations. http://escholarship.org/uc/item/80f4r0fq. 美国少数政界人士,如联邦参议院议员马尔科·卢比奥(Marco Rubio)对于孔子学院的严厉抨击,以及部分著名学者,如人类学家马歇尔·萨林斯(Marshall Sahlins)以学术自由为名对于孔子学院的尖锐批评,在政界和知识界具有较高的代表性。2018 年 5 月 28 日,美国参议员泰德·克鲁兹(Ted Cruz)向参议院提出了"外国势力威胁美国高等教育法案"(S2903 法案),更是对包括孔子学院在内的外国在美文化教育机构策划出行政干预前的法律议案,对于孔子学院的发展环境提出了前所未有的挑战。

James，2016）。因孔子学院进入了对象国大学（或中学）校园，教育空间问题成为欧美一些政界人士、学者倍觉敏感的症结所在。究其实质而言，大学空间因教育功能而被"神龛化"，与大学作为教育空间应提供更多教育机会、增加开放性相悖，反映了对于教育空间截然不同的定性。

由此，可以看出这样一些深层次问题：第一，"神龛化"的定性倾向以自我保护意识为特征，认为教育空间需要防止他者的进入以维护其神圣性，而将他者具体定位到孔子学院，则酝酿着对于孔子学院的排斥意识和行动。第二，"神龛化"倾向与知识的多元化和学习的开放性构成矛盾，这里产生教育空间的管理者和利用者之间的不同选择问题。第三，以学习者的选择为教育空间功能定位的基本标准，意味着对于学习者学习自主性的尊重，而教育空间中教育者的学术自由又对应到学习者的学习自主性，二者构成了统一。第四，孔子学院申请预先、合作跟随的设立机制，依据的是对象国高等教育机构的学术自主性和学习者的自由选择。第五，对于孔子学院的定性，需要依据其在教育空间中的基本教学职能，依据学习者在自主选择前提下做出的判断及其建构的有益于自身的意义为客观、合理的界定标准。第六，关于孔子学院的争议并非源于具体、现实的汉语学习者，而是源于学习者之外的政治家、教育管理者，这种争议实质上给自主选择、自由建构孔子学院意义的学习者带来了新的他者的干扰。对于这样的干扰，学习行动者自身的态度和声音难以听到。第七，在这种干扰之中，学习者与孔子学院之间建立的学习一致性，以及由此建构的意义过程处于风险之中，但风险的来源显然不是孔子学院。

诚然，孔子学院是一种大规模的跨国教育机构，一种和其他国际教育机构相比有明显区别的机构，还是一种来自发展中国家的教育举措，孔子学院的这些印象式特征，都容易滋生出多种多样的意见，形成孔子学院发展环境的不确定性[①]。但是，不同的理解和判断不是从同样的事实中自动派生的结果，而是孔子学院被建构意义的复杂性，以及意义的多重落脚点和定位路径让人们产生了不同的感知，形成了不同的理解和判断。意义的这种复杂性和多元性，并非相对单一的孔子学院教学活动所能衍生，而是学习者自主实践的产物。对学习者外部生活的关联和指向，学习者意义建构的自主性过程，不同的学习者面对意义路径形成的不同态度等，决定了孔子学院意义问题的复杂性。

对孔子学院的定位，离不开孔子学院的一个重要职能：国际汉语教学。国内院校对外汉语教学和孔子学院国际汉语教学，是教学场所的变更，二者形成互补关系。存在于外国，嵌入外国的教育和社会环境，是孔子学院的基本属性。离开了这一基本属性，单纯谈论汉语教学本身，显然无法理解孔子学院意义的被建构过程。但值得指出的是，孔子学院对于对象国教育空间的嵌入并非什么意志力量强加的结果，而是对象国语言学习者出于对汉语学习的浓厚兴趣而做出的一种自主性接纳，其接纳的代表是对象国相关教育机构管理方。简言之，学习需求促成了申请行动，而孔子学院的开设及其汉语教学活动，又是在对象国学习者自主选择、自主行动的过程中完成的。

---

① 孔梓（2018）多元文化关系中的不确定性与信任的建立，"孔院研究"（微信公众号 sdu-kyyj）。

二、孔子学院意义的基本特性

《孔子学院章程》对于孔子学院做出以下规范性界定："第一条 孔子学院致力于适应世界各国（地区）人民对汉语学习的需要，增进世界各国（地区）人民对中国语言文化的了解，加强中国与世界各国教育文化交流合作，发展中国与外国的友好关系，促进世界多元文化发展，构建和谐世界。""第十二条 孔子学院总部是具有独立法人资格的非营利机构，拥有孔子学院名称、标识、品牌的所有权，负责管理和指导全球孔子学院。孔子学院总部设在中国北京。"[1] 简单的逻辑是，对孔子学院的定性或定位，需要把《孔子学院章程》与孔子学院的具体活动加以对照，检验其一致性，才能确定孔子学院的行动是否偏离了章程的规范，才能对孔子学院的性质做出客观、科学的判断。但是，西方一些国家围绕孔子学院的争论，似乎忽视了这样一条简单逻辑，而转换为对于孔子学院背后深层次动机的推测。对于孔子学院性质的判断是从结果出发，还是从动机出发，涉及判断的科学性和可验证性的问题。这是关于孔子学院的一些争论所陷入的方法论误区。

西方一些国家认为，孔子学院是中国形成国际软实力的主要方式（Schmidt Heather，2013；Hubbert, Jennifer，2014）。软实力概念创始人约瑟夫·奈（Joseph Nye）指出："权力是影响他人获得所需要结果的能力。可以通过强制和偿付方式（硬实力）获得，也可以通过吸引力和劝慰方式（软实力）获得。"（Nye

---

[1] http://www.hanban.edu.cn/confuciousinslitutea/node_7537.htm.

Joseph and Philps Alan，2013）约瑟夫·奈还认为，软实力和硬实力一样，同样需要成本，二者并非处于矛盾的状态，软实力的资源来源于硬实力。中国软实力的增强方式主要包括经济资源和传统文化（Nye Joseph and Philps Alan，2013）。作为国际关系概念的软实力，具有鲜明的政治指向性（Wang Yiwei，2008：257—273）。是否能将传播中国语言文化的孔子学院和软实力政治目标挂钩，形成了中西方关于孔子学院功能的认识分歧。《孔子学院章程》明确宣布的语言文化传播意向，在西方则被解读为软实力的政治意向。即使是孔子学院教材和教学侧重于中国语言文化内容，也被解读为政治内容的故意缺位，或被解读为以政治缺位方法实现对历史和当代政治维度的故意遮蔽（Hubbert, Jennifer, 2014）。

但是，解读的自由，不能构成对于行动意向的强制性认定。孔子学院的行动意向，已经明确宣布为"致力于适应世界各国（地区）人民对汉语学习的需要，增进世界各国（地区）人民对中国语言文化的了解，加强中国与世界各国教育文化交流合作，发展中国与外国的友好关系，促进世界多元文化发展，构建和谐世界"。其教材和教学内容定位于中国语言文化的传播，恰恰又在具体的行动上验证了宣布的意向。那么，解读一种无法通过孔子学院行动验证的政治意向性，就缺乏了可信的实证基础，从而使立论立足于非科学的方法之上。

我们认为，与其围绕孔子学院行动的意向性开展缺乏根据的争论，不如从孔子学院的行动过程入手，探讨孔子学院在异邦所形成的意义建构问题。意义是行动的效果验证，孔子学院的意义体系，是学习者及其利益关联人群实践的结果。如果说中国设立孔子学院获得了什么回报，那么这种有益于学习者自身，以其自主性建构为前提的意义体系，不过是对于中国孔子学院巨大经济投入的验证性回报。收获一种意义体系，获得世界各国广大汉语学习者的积极评价，这种以他者为中心的评价，构成了孔子学院事业的真正意向。

事实上，作为跨越国境的教育机构，孔子学院嵌入他国语境，与异邦者发生联系，直接进入异邦经验。"直接经验的客体存在于和生物性、社会性个体的关系之中，并构成其环境。"（Mead, George H.，1922）虽非制度认定，但事实上，孔子学院的文化和语言教育活动，已经成为对象国社会环境的组成部分。可以说，孔子学院嵌入对象国的教育机构，参与了对象国教育语境的构成。在自主选择的前提下，孔子学院的教学活动进入对象国学习者的经验，因教育对象的认同以及对象国社会的判断，而成为一种被建构的社会事实。孔子学院被建构成社会事实，是一种教育性的社会事实（Searle, John，1995）。随着时间的延长，孔子学院可能进入对象国的整个社会事实体系之中，成为其重要组成部分。共有社会事实，分享日常经验，是社会构成的基本逻辑。这个临界点是否属于孔子学院嵌入异邦经验的风险关口，是一个前瞻性问题。这个问题的性质是，随着孔子学院嵌入异邦教育和学习经验，可能会成为对象国社会的重要模块，与异邦的日常生活经验产生内在的联系。

但是，这种嵌入是被动的，嵌入的高度和深度，取决于作为接纳者的汉语学习者的意义建构需要及其社会延伸要求。正是由于对象国汉语学习者在其学习和日常生活中产生了建构孔子学院意义的需要，发现了孔子学院学习期间所体验到的中国语言和文化经验，对于自我生涯的发展具有重要帮助，因而才产生了认知和理解孔子学院，在孔子学院的语言文化学习实践中建构孔子学院意义的现实需求。学习者将孔子学院的学习经验带到社会上，自主融入其社会性发展过程之中，并和家人、同学分享这种意义，又是对于孔子学院意义的延伸。

事实上，嵌入异邦语境的孔子学院，因和异邦者的经验发生关联，而产生意义界定和解释的需要。人们对于孔子学院产生感觉和认知，是因为在经验中获得了面对孔子学院活动的新的经验。新的经验，与已有的经验产生了联系，构成经验之流中的新元素。同时，这样的新经验，又成为今后其他经验的参照。经验是建构、理解意义的必要性来源。将新经验中的意义编进经验者的经验系统，则是对于意义的实践性衍生。对于孔子学院语言文化教育活动的参与，实质是在增加新的学习经验，这样的经验对于今后的经验产生什么样的贡献，取决于学习者的自主判断和选择。在孔子学院具体的语言文化教学活动中，参与者获得了意义解读的需要，也实践着对于相关意义的价值归类。可以看出，孔子学院的意义是实践性的，也是主体兴趣关联性的。

因为意义的解读，孔子学院成为一种符号性的存在。但仅仅以符号观照的方式，很难理解孔子学院的全部意义。对孔子学院符号的初始识别，可以参考自身的经验理解其部分意义，但这样的理解是想象式的，而且有可能和孔子学院学习实践衍生的意义不一致。通过对孔子学院语言文化教学活动的参与，体验并建构孔子学院的意义，并以此丰富孔子学院的符号意义，使之增加了生动性。符号的一个重要功能在于可传播。在孔子学院符号的传播过程中，人们从各自的经验出发不断辨识、解读，甚至丰富孔子学院符号的意义,使得孔子学院的意义实践具有了向对象国社会延展的可能性。说孔子学院的意义构成是实践性的,其延展的范围,恰恰体现了孔子学院的影响程度。孔子学院的影响,并非通过孔子学院单向供给实现的,而是在对象国的社会实践过程中,以意义增值的方式,产生的一种适应于异邦社会情景,由异邦者积极建构的社会效果。

孔子学院的意义生成是递增的,但又是开放的。这种开放性,不仅体现为面向语言文化教学活动参与者的开放性,而且体现为教学对象向家庭和社会传播、深化所建构意义的递进性。孔子学院学习者在生活上关联到家庭和社会,因其生活兴趣而建构适合于自我的学习意义,反映了孔子学院意义的空间转移和内容增量。但是,这种携带的意义,并非孔子学院的外部赠送,而是学习者在孔子学院语言文化学习实践活动中的感知和体悟。意义并非停留于孔子学院的设施或活动,而是产生于实践者,携带于实践者,是对象国学习者置身于孔子学院学习环境,生成和建构并关联到自我的意义。意义是行动者生成的,因而具有高度的主体性。

孔子学院的意义,不可能通过事先预制的方式简单输出他国。进入异邦,不仅仅是地理空间含义上的进入,而是一种实践的进入。在实践过程中,嵌入他国的生活经验,其意义的生成,根本上取决于对象国的实践者。实践是否可能,实践之后是否产生意义,产生什么样的意义,都是孔子学院无法预制的。虽然如此,孔子学院嵌入异邦经验,确实提供了意义生成的客观条件。但是,这种客观条件不能等同于学习主体对于孔子学院意义的自由建构。孔子学院的意义问题,实质上处于客观和主观、过程与效果的关系之中。对于孔子学院意义的解读自由,其限度在于实践者的认识。孔子学院意义的开放性，其边界在于建构者的自我兴趣关联度。

"作为跨境，牵涉所进入区域陌生权力结构的结果"（Theo, Rika & Leung, Maggi W. H., 2018），对孔子学院意义的解读，包括对于孔子学院的性质判断，产生各种摩擦是必然的。孔子学院的意义建构，本身就是在各种摩擦的语境下，协调、实践、认同的结果。意义存在于实践之中，取决于具体的建构者及其实践过程；同时，意义是效果，难以事先控制。孔子学院预制的是对语言文化教育活动的策划，而非对于语言文化教育活动所能实现意义的规定。

意义形成于建构者的积极行动，而对于建构者的选择，隐藏着关于意义的初始性定位，构成对于意义建构方向的控制。孔子学院对于学习中国语言文化的学习者所持的开放态度，表明孔子学院对于教育对象自身及其在意义建构的路径、方向、效果上，始终遵循着学习者自主选择、自由裁量、自行建构的原则。这种选择和裁量不仅表现在学习者建构何种意义，向何处建构意义，而且表现在学习者是否拒绝或放弃意义的建构等方面。事实上，学习者参与孔子学院的学习行动本身也表明，有益于自我的意义建构是学习汉语的重要动机。没有任何学生去选择一种毫无意义的行动，而是否有意义，其作用点在于学生自身。

目前欧美一些国家对孔子学院提出的一些尖锐批评，从政治想象出发，以对中方动机的想象式归因，做出偏离孔子学院性质的政治化意义建构，但这种建构，无论过程和结果如何，实质上都无视了孔子学院的真实意义建构者的主体性和自主性。在孔子学院学到什么，有什么用，孔子学院是什么，孔子学院带来了什么,这些涉及孔子学院本质特性的判断和理解,真正的话语权在孔子学院的自主性学习者。廓清关于孔子学院的各种非议和争论,实质是要把西方一些政治家借助政治权力攫取的话语权交还给孔子学院的语言文化学习者。学习者不仅是自主的,而且是实践者,以其学习行动及其理智的判断和思考,作为对象国的合格公民,在建构和延伸着孔子学院的意义。这也是孔子学院所蕴含的民主性。将关于孔子学院的各种争论,还原到这样的思路,不仅对于孔子学院自身,而且对于对象国的学习者以及政府官员,都非常重要。但对象国社会能否认识到这一点,并对孔子学院做出科学的判断,又超出了本文讨论的范围。

三、教学情景的界定和解读

孔子学院的意义存在于实践之中,是中国语言文化学习者的建构结果,但这一实践的过程依托于教学情景。教学情景本身是教育活动的过程性再现,基本上生成的是教育意义。孔子学院的主要实践环节是教学活动,其生成的教育意义,是建构孔子学院意义的出发点。同时,我们注意到,教育意义,虽属于但并不等同于孔子学院意义体系。目前以海外汉语教师志愿者为主体的中文教师是孔子学院教育情景的主要实施者,对于教育情景的界定发挥了重要作用。但即使是教育情景意义,也离不开学习者的建构努力,其意义表现为何种形态,还需要学习者去加工和延伸。

孔子学院的经济投入主要集中在孔子学院的启动和运营方面,占了总投入的七成。孔子学院的运营,其核心环节又是语言文化教学活动。经济投入与孔子学院实践重心的重合,说明了孔子学院意义构成的基本环节是教学情景。教学情景是孔子学院意义体系的生成起点,而孔子学院的整个意义体系,又超越了孔子学院开设的文化、语言课程,而延伸到孔子学院之外。超越孔子学院设施的意义建构,凸显了孔子学院的符号性,使之成为一种可以阅读、体悟、解释的意义之流。从意义建构这一角度判断,所谓孔子学院的影响,其辐射半径实质可以还原为这种意义之流的延伸长度和宽度。

教学情景是教育意义生成的基础。对于教学情景的界定,牵涉多种复杂的因素。正如论及情景界定的托马斯定律所言:"如果把情景界定为真实的,那么情景在结果上就是真实的。整个情景或多或少包括主观因素,并且行为反应也只有联系整个语境时才能予以研究。也就是说,情景是可证实、客观存在的,同时又是依据相关人而存在的。"(Thomas, W. I. and Thomas, D. S., 1970: 154—155)托马斯定律说明,在情景的界定中,行动主体发挥了决定性作用。对于情景的界定,实质是一种意义界定,是主体对于客观情景之于自我关联性的认识和判断。这里既有情景的客观条件,又有主观条件,并且主观条件决定了情景的意义。情景的参与者,正是从兴趣关联出发界定情景,从中体悟到与自我关联的意义,产生参与情景的能动性(Perinbanayagam, R. S., 1974; Rochberg-Halton, Eugene, 1982)。中国语言文化的教学情景,不单纯是一种客观教学场景,其作用并非在于教学环境的布置,而是教师和学生共同参与、持续建构的一种学习情景。

在教学情景的界定中,教师和学生存在着分工。就教育意义而言,在教师和学生之间呈现着一定的"语言劳动分工"(Putnam, Hilary, 1975: 215—271)。教师掌握着中国语言文化的权威知识,在指涉课堂的语言文化内容时，为学习者确认中国语言文化内涵提供了知识来源，形成了师生间"语言劳动分工"的前提。汉语教师提供的有关中国语言文化的权威知识，通过教学活动，进入了学习者的知识体系，由此形成关于中国语言文化话题的共享意义系统。可以进一步推测的问题是：孔子学院师生间共享的有关中国语言文化的教育意义，是否会走进对象国社会生活，融入对象国社会的整体"语言劳动分工"？对象国社会是否会推动这种突破，将孔子学院的意义纳入其日日不离的"语言劳动分工"？这是孔子学院影响的边际所在。

在教学情景的界定中，无论是海外汉语教师志愿者，还是对象国学习者，都在意义建构的分工之中确立了新的主体性。海外汉语教师志愿者，以跨文化教育经验，将原先的在校生（基本为国内在校硕士研究生）身份，更改为跨文化背景下从事中国语言文化教学的教师身份。身份的更动，是孔子学院人事制度的一种赋予，但身份的更动，又是一种基于跨文化教育经验以及异文化体验的心理认同结果。这种身份的变化，从实践角度看，是海外汉语教师界定教学情景，和学习对象共同建构跨文化教育意义的产物。海外汉语教师志愿者体验到教学情景的意义，赋予新的内涵，确立了这种海外汉语教师志愿者的新身份。这样的转变过程，以及对这一转变的主体性体验，在海外汉语教师志愿者发表的大量随笔类文章中可以见到[①]。

海外汉语教师志愿者确立新的主体性，又离不开教学对象的

---

① 参见国家汉办编辑发行的《志愿者之家》(http://www.hanban.org/volunteers/index.html)、《孔子学院院刊》（http://www.cim.chinesecio.com/hbcms/f/web），以及微信公众号"孔院长"（kzxylyz）等刊载的相关志愿者随笔。

合作。在教学对象学习中国语言文化的表现中，在学习者体态语言的反馈中，在教学活动的持续过程中，志愿者不断调整着自己确立的海外汉语教师志愿者主体身份。在这一调整过程中，汉语教师志愿者的背景构成发生了变化（Garfinkel, Harold，1967）。也就是说，在完成海外汉语教学活动之后，志愿者已经不是初来乍到的硕士研究生，而是具有跨文化教育经验，以及新的知识背景的跨文化青年汉语教师。在这一新的背景之中，中国语言文化，经由汉语教师志愿者的教学活动，获得了跨文化色彩。跨文化色彩，是中外不同文化背景者心理连接和共享意义的需要，也在一个更深的层次验证了孔子学院意义的建构、成立、接纳过程，以及之于孔子学院事业发展的内在关系。

教学情景是孔子学院意义的基础部分，也是增容和扩散孔子学院意义系统的出发点。在教学情景的界定中，海外汉语教师志愿者和汉语学习者产生了建构孔子学院意义的需求和分工，确立了志愿者和学习者新的主体性，孕育了跨文化背景下孔子学院意义建构的现实性。意义建构的现实性，是由行动者本身的现实性决定的。解读、体悟、建构孔子学院的意义，面向对象国社会，从教学情景中扩散开来，形成了孔子学院深刻的影响。

正如"语言的劳动分工"规律所揭示的，孔子学院的意义能否进入对象国的社会意义网络，又指向了对象国的社会信念体系。信念是行动的准绳，是社会规范的心理落脚点。孔子学院是否能够以教育意义为起点，逐步增长主体性意义，进而拓展到生活意义，并走向一个更高层次，进入对象国社会意义网络，最终落脚于对象国的信念体系，是一个值得遐想的命题。

孔子学院的意义建构表现出层次性，显示出延伸的宽广性。

将孔子学院的意义固化，将其局限于教学情景之内的基础意义，阻止其向主体性意义、生活意义、社会意义、信念意义延伸，并以"软实力"名号盖棺定论，正在转化为美国部分政治家抨击孔子学院的政治动机。这也是围绕孔子学院形成的各种争论的症结所在。

四、余论：意义的路径

上文我们论述了孔子学院的意义类型及其建构路径，但意义的本质是什么，其落脚点何在，又是需要进一步思考的问题。"意义是代码的出发点，是代码的引用。"（Barthes Roland，1988：158）巴尔特（Barthes Roland）关于意义问题的真知灼见，给我们带来了两点启发：第一，意义不是空灵的，而是可以进行具体定位的。说意义是代码的引用，就是要把意义定位到所引用的文本，说明意义具有外在的索引性。索引的类别是代码，如文化代码、地理代码、话语代码等，都是巴尔特分析意义问题时常用的分类概念（Barthes Roland，1988）。第二，对于意义的索引，体现了意义是动态的，是遵循一定路径的。意义的定位和分类，是一件事的两个侧面，都具有实践的成分。意义代码，实质相当于意义的形成路径。

孔子学院意义的代码，反映了孔子学院意义的类别。我们上文曾经揭示了孔子学院的教育意义、主体意义、社会意义、信念意义等几种类型。除了这些意义类型，孔子学院的文化意义具有普遍的适用性。在孔子学院教学实践中常见的包饺子、书法、剪纸等符号化的实践活动，似乎都指向了中国文化。然而，就教学过程而言，这些符号化的实践首先指向的是食品制作、中国式写字、小游戏。如何把这样的具体定位转化为对于中国传统文化的索引，似乎需要做出包括定义在内的观念性解释。不可否认，这些具体、可感的实践方式，为意义索引提供了凭借。从食品延伸到中国人饮食的团聚氛围，从写字延伸到中国文字的历史，从剪纸延伸到中国人的审美态度，则是向中国文化意义的延伸。

但是，孔子学院课堂的学习者是否具有对于中国文化的索引能力，或者说，是否会产生索引中国文化的需求，则是我们考察孔子学院意义时不得不思考的问题。这又涉及本文讨论的核心问题：孔子学院的意义，是在于提供中国文化形式，并从中呈现相关意义，还是通过中国文化的符号载体，让学习者产生一种新的经验，并使之关联到自我的生活兴趣，生成新的意义。由后者观之，孔子学院的意义不是中方的文化供给，而是对象国学习者将中国文化的符号载体，通过参与式实践，与自我的生活旨趣关联起来，从而形成孔子学院之外的意义。孔子学院的意义不存在于所提供的中国文化之中，而存在于中国文化的符号载体和对象国学习者的自我旨趣发生关联之处。因实践而产生关联，因关联而生成意义。

意义是一种可以延伸的影响。巴尔特所说的意义是引用和索引，就是从引用处、索引处指向了被引用和被索引之处。意义就在被引用和被索引之处。孔子学院的意义在孔子学院之外，在对象国学习者通过参与式实践，引用到自我的生活、自我的社会。世界上宝藏无数。然而只有把这些宝藏和自身关联起来，这些宝藏才相对于关联者产生意义和价值。孔子学院的意义逻辑揭示了同样的基本规律。

参考文献

[1] 宁继鸣（2017）《孔子学院的社会身份及其发展中的想象》，见宁继鸣主编《孔子学院研究年度报告（2017）》，北京：商务印书馆。

[2] Garfinkel, Harold (1967) *Studies in Ethnomethodology*, Englewood Cliffs: Prentice-Hall, Inc.

[3] Hubbert, Jennifer (2014) Ambiguous States: Confucius Institutes and Chinese Soft Power in the U.S. Classroom, *PoLAR: Political and Legal Anthropology Review*, 37 (2).

[4] Liszka, James（2016）孔子学院在美国，王小英译，《中国社会科学报》11月18日。

[5] Mead, George H. (1922) A Behavioristic Account of the Significant Symbol, *The Journal of Phyilosophy*, 19 (6).

[6] Nye Joseph and Philps Alan (2013) Joseph Nye, *The World Today*, 69 (3).

[7] Perinbanayagam, R. S. (1974) The Definition of the Situation: An Analysis of the Ethnomethodological and Dramaturgical View, *The Sociological Quarterly*, 15 (4).

[8] Putnam, Hilary (1975) *Mind, Language and Reality*, Cambridge: Cambridge University Press.

[9] Rochberg-Halton, Eugene (1982) Situation, Structure, and the Context of Meaning, *The Sociological Quarterly*, 23 (4).

[10] Schmidt Heather (2013) China's Confucius Institutes and the "Necessary White Body", *The Canadian Journal of Sociology*, 38 (4).

[11] Searle, John (1995) *The Construction of Social Reality*, New York: The Free Press.

[12] Theo, Rika & Leung, Maggi W. H. (2018) China's Confucius Institutes in Indonesia: Mobility, Friction and Local Surprises, *Sustainability*, 10 (530).

[13] Thomas, W. I. and Thomas, D. S. (1970) Situation Defined as Real are Real in Their Consequence, In: Stone and Farberman, eds., *Social Psychology through Symbolic Interaction*, Waltham, Mass.: Ginn-Blaisdell.

[14] Wang Yiwei (2008) Public Diplomacy and the Rise of Chinese Soft Power, *The Annals of the American Academy of Political and Social Science*.

孔子学院汉语教学现状与教学前景 *

赵金铭

孔子学院近十年来获得了长足的发展,已遍布世界各地,数量可观,规模宏大,成绩斐然,令世人瞩目。本文将探讨,在新形势下如何坚守开办孔子学院的宗旨,不断彰显汉语教学的特色,以保持孔子学院持续发展的势头。

据《孔子学院总部2012年年度报告》称:"截止到年底,已在108个国家建立400所孔子学院和535个孔子课堂,中外专兼职教师达2万多人。注册学员达65.5万人。"此外,"网络孔子学院实现46个语种上线,注册人数59.6万,来自124个国家和地区。网络孔子学院全年访问量9400万次"。

世界各地学汉语的人数逐年增加,各地孔子学院的汉语教学活动日趋多样化,层次丰富,品类繁多,影响很大,已呈现出孔子学院的汉语教学特色。

---

* 原文发表于《华南师范大学学报(社会科学版)》2014年第5期。

一、孔子学院的汉语教学现状

孔子学院创建宗旨很明确,是一个"以教授汉语,传播中华文化,促进世界各国与中国的友好交流为基本内容的非营利性教育机构"。孔子学院首要的工作是组织各种形式的汉语教学,伴随着汉语学习,推进中国文化的介绍。在汉语教学上,目前孔子学院呈现出如下特点。

1.1 孔子学院将汉语学习者推向低龄化

越来越多的儿童、少年,在孔子学院学习汉语,推动了不少国家在中学设置汉语课程,还有不少国家在小学甚至幼儿园就开设了汉语课程;美国还在2500所高中开设AP中文课程,其学习成绩可作为大学外语学分。北京大学交换生Annie是在高中开始零起点学习汉语,直到AP班,入大学后成为北京大学交换生。今年3月美国第一夫人米歇尔访问北京大学,并进行演讲。Annie对米歇尔说:"我学汉语,我来自美国。"米歇尔回答说:"你将要改变这个世界。"由此可见汉语学习的影响。在世界各地还有很多周末学校、业余学校、暑期学校,吸收大量低龄汉语学习者,因此了解少年儿童的成长心理,安排适合他们的课程、为他们编写特定的教材,留住学生,保持学习的连续性,并不断提升汉语教学水平,值得专门研究。

1.2 孔子学院汉语教学纳入外国国民教育体系

孔子学院的汉语教学,被相当一批国家纳入国民教育体系。从小学的汉语正规课程,到中学的选修课程学分体系,一些学校所设立的汉语必修课程,以及大学的本科汉语教育,成为所在国政府支持的有保障的汉语教学活动,成为其国民教育体系的一部分。比如"2012年，喀麦隆雅温得第二大学孔子学院培养的14位汉语专业本科生，均圆满毕业，这些学生被喀麦隆政府分配到雅温得、杜阿拉、马鲁瓦等10个地区的中小学从事汉语教学工作，并成为喀麦隆政府公务员，这标志着汉语正式纳入了喀麦隆国民教育体系"；意大利罗马大学孔子学院在罗马住读学校设立孔子课堂，在全意大利率先开设中意双语班，使汉语教学进入意大利高中教育体系（张晓慧、龚婧，2013）。

1.3 孔子学院已成为当地汉语教学的孵化器

一些国家的汉语教学已形成以孔子学院为孵化器的汉语教学辐射网。星罗棋布的汉语教学点、汉语教学课堂和覆盖小学、中学、大学和社会办学机构的各类汉语班次或课程，已经形成一个具有一定覆盖面的汉语教学网。美国韦伯斯特大学孔子学院立足于为圣路易斯地区的汉语教学服务，多次举办本土汉语教师培训，每次培训教师30—50人，基本满足了该地区汉语教学的需要。经培训的教师中，有部分人具有教育学、二语习得等专业学位，具有一定的理论素养，成为汉语教学骨干（葛立胜，2013）。澳大利亚昆士兰科技大学孔子学院的辐射作用或孵化作用，就更为明显。该院在昆士兰州内4个城市开设了5所下设孔子课堂，培训了一大批本土汉语教师，使得汉语教学在昆士兰州内形成了大范围的辐射性网络（张晓慧、龚婧，2013）。

1.4 孔子学院的汉语教学已形成一定的规模

面向社会的非学历的、开放式的汉语教学已形成规模，满足了不同社会群体的多样化的汉语学习需求。以此为导向，开设不同层次的汉语授课班，为特殊汉语学习目的而专门开设的汉语教学，丰富多彩，多种多样，其中尤其注重汉语的基础阶段学习和汉语口语的训练。例如荷兰海牙孔子学院根据荷兰家庭领养中国儿童较为普遍的情况,为已领养到中国儿童的荷兰父母及被领养的儿童开设了汉语和中国文化课程,促进领养家长与被领养儿童之间的沟通与交流[①]。又如澳大利亚西澳大学孔子学院联合当地商会,面向当地石油、天然气企业和矿业公司开办汉语培训班,并为公司高管举办经贸讲座,加深了其对中国的了解(徐丽华,2008)。

1.5 孔子学院将汉语作为应用型语言的汉语教学

孔子学院的汉语教学,大大地推动了汉语成为应用型的语言。当今世界众多汉语学习者的学习目的虽说多种多样,归根到底,是把汉语作为沟通与交际的工具,为的是了解当今的中国,或是出于职业的考量,以便未来适应自己工作的需要。由此看来,汉语已从过去学院式的研究语言,一变而逐渐成为一种具有应用价值的语言,这是一个了不起的飞跃。其重要标志就是汉语在商务领域中的应用。商务汉语孔子学院应运而生,正是适应了这种需求。英国伦敦商务孔子学院于 2006 年 10 月 25 日揭牌,是全球第一所商务孔子学院。此后陆续建立的有:丹麦哥本哈根商务孔子学院、希腊雅典商务孔子学院、美国纽约州立大学商务孔子学院、斯洛文尼亚卢布尔雅那大学商务孔子学院。这些商务孔子学院的汉语教学都是将汉语用于商务活动之中,首先是汉语教学,在汉语教学的言语内容上体现商务特点。以伦敦商务孔子学院为例,设置了三类商务汉语培训课程:

[①] 荷兰海牙孔子学院《第二届孔子学院大会交流材料》(欧洲卷),北京,2007 年。

A. 为公司总裁提供量身定做的汉语培训；

B. 为高级经理提供在公司内部的汉语培训；

C. 为伦敦政治经济学院的师生提供的初级、中级、高级商务汉语课程。（刘佳平、叶蓉，2012）

汉语虽为联合国规定的6种工作语言之一，但在联合国内并未能真正地应用。汉语在世界贸易中崭露头角，被用作业务谈判的语言，扩大了汉语的应用价值。此外还有一些特色型孔子学院，如以中医、戏曲、武术等为主的孔子学院，也在发展之中。汉语走向应用，是汉语走向世界的重要标志之一。

1.6 孔子学院汉语教学与华文教学融为一体

经过多年的磨合，孔子学院的汉语教学与华人、华侨的华文教学融为一体，互为补充。华人、华侨及其子弟汉语学习者占有相当大的比重。在全世界几千万的汉语学习者中，华人、华侨汉语学习者，竟占70%（贾益民，2007）。遍布世界各地的华文学校，与孔子学院相辅相成，共同推动汉语加快走向世界。华人、华侨汉语学习者是一个特定的学习者群体，他们具有自己特殊的语言文化背景，有着深远的中华文化渊源，处于一个复杂的社会文化环境之中，中国传统的教学理念深深地影响着他们，华文教学是国际汉语第二语言教育的重要组成部分，应予以足够的重视。孔子学院与华文学校的学习者多有交叉，互为往来，在汉语教学上形成互补，发挥着各自的特长，共同推动汉语和中国文化的传播。

综上所述，汉语教育的蓬勃发展，汉语教学的大力推进，是随着中国的和平发展而来的。如此大规模的语言与文化教学在世界范围内推进，是史无前例的，其影响深远，好评如潮。我们也清醒地看到，在引起世人的慨叹与欣羡的同时，也在一些人中泛起不安的情绪。

据报载，美国众议院曾通过决议纪念孔子诞辰，并报道美国马里兰大学校长牟德说：随着中国崛起，越来越多的美国人学习中文，预计到2050年，全球有一半人会讲中文（李秋恒，2009）。

《参考消息》曾援引新加坡报刊文章《中国软实力传播应"民间化"》，文章说："外电曾报道，中国政府资助的中文教育项目在美国南加州一些地区遭抵制。清华大学新闻与传播学院副院长史安斌认为，孔子学院遭到部分人抵制和指责，原因就在于孔子学院背后浓厚的'官方色彩'和鲜明的'政府行为'，不符合一些国家的受众习惯。在史安斌看来，孔子学院的'去官方化'和'民间化'，是中国在对外传播文化软实力的过程中下一步努力的方向。"（沈泽玮，2011）

中国的孔子学院是在借鉴世界各国向世界推广民族语言的经验，依据中国的具体实际，适应改革开放的需求，所设立的教授汉语和中国文化的公益机构。起名孔子学院，正是秉承孔子"和为贵""和而不同"的理念，推动中外文化的交流与融合，加快汉语走向世界，让世界了解中国，共同构建一个和谐的世界。汉语教学工作者有责任、有义务用我们的实际行动解除他人的顾虑，实心实意地搞好汉语教学，让更多的人学习汉语、学会汉语，是我们的根本宗旨。

二、孔子学院的汉语教学前景

在孔子学院汉语教学中，我们应用优质的汉语教学来赢得学生，用中国传统文化和当代文化相结合的魅力吸引学生。用灵活多样的汉语教学安排，来吸引学生并留住学生。汉语教学要能满足各种不同需要的学习者，让有志于学习汉语、了解中国文化的人，都能在孔子学院获得汉语成就感。为此，应结合当地实际，合理安排教学，让更多愿意学习汉语者进入孔子学院，让已学过汉语的不同水平的人在孔子学院得到提升。在教材内容方面要采取多元文化态度，在介绍自家文化的同时，尊重所在国文化，用受众可以接受的话语体系，讲述中国故事。在语言教学的同时，注重汉语书写系统的特殊性，采用正确的汉字教学方法，消除对汉字的误解，破解汉字学习的瓶颈，依据实际情况组织汉字教学，用汉字教学促进汉语教学。

2.1 提升孔子学院的汉语教学水平

孔子学院的汉语教学，是一种非学历的教学活动，具有短期、速成、强化的特点，但却显现出不同的层次。因此，如何使这种汉语教学既具有短期、速成的实用性，又可留住学生，使其持续学习，有进一步提升汉语水平的机会。也就是说，将短期学习与长期、系统学习相结合，将普及性的初级汉语教学与中、高级汉语教学相结合，使孔子学院的汉语教学具有科学的连贯性。这是一个值得探讨的问题。

在结合当地实际，灵活安排教学方面，波兰克拉科夫孔子学院的办学模式，可供参考。该院汉语培训分为三个层次：一级班，招收零起点汉语学习者；二级班，招收在孔子学院学习过一学期，掌握了最基本日常用语的学生；三级班，招收在孔子学院学过两个学期，或在大学里学过半年以上，词汇量相对丰富，对基本语法结构有所了解的学生。

这种安排满足了有继续学习汉语愿望的学生。据后续调查结果显示：第一学期一级班、二级班的学员中有70%继续报名参加了第二学期的学习，成为第二学期二级班、三级班的成员。而这部分老学员占第二学期二级班、三级班学员总数的83%（包涵，2009）。

加拿大魁北克孔子学院面向社会所提供的系统的汉语课程，也保持了一种连续性，其中针对说英语的学习者开设了15个班，包括：

初级班8个：1A 1B/2A 2B/3A 3B/4A 4B

中级班4个：1A 1B/2A 2B

高级班3个：1/2/3

15个班次是针对不同汉语水平的学习者而开设的，每个班的总课时为30学时，共10次课，每次课3学时。如果一个学生从零起点开始学习汉语，坚持学习，那么，当其学完中级班2B时，就能达到相当于学完360学时的汉语水平，这已大致相当于在中国国内学完基础阶段的汉语，已达到一定的汉语水平，可以进入更高一级的学习（曹嵘、吴丽君，2012）。

德国杜塞尔多夫孔子学院又是一种情况，该院的大部分学员只能利用晚上的业余时间学习汉语，该院的学期设置与一般大学不同，分为春季、秋季、冬季和夏季四个学期。春、秋、冬季每学期教学时间为两个半月，每周授课一次，每次2学时，共授课10—12学时，一学期总课时量为20—24课时。这种安排，是因有效教学时间较少，要选择合适的教材容量，调整教学内容，在难易度上循序渐进，使学习者在有限的学习时间内，真正学到东西，不能消化不良。要保持温故知新，不断提升汉语学习水平（李明，2012）。

上述汉语教学安排，皆为普及性、大众化的汉语教学。除此之外，还有希望获得更高水平汉语教育的学习者，要满足其学习需要，孔子学院的汉语教学就应进一步向纵深发展，孔子学院正朝这个方向努力。

众所周知，汉语作为第二语言／外语教学在教学法方面，深受听说法的影响，加之汉语本身的特点，历来注重听说，读和写就成为汉语学习者语言技能中的短板。不少汉语学习者止于初级汉语学习，往往口语尚好，读写就弱一些。但孔子学院接触到不少学习者，他们不满足于现有水平，希望提升汉语语言能力，特别是读与写的能力。一些人或想进入跨国公司工作，或想在政府部门任职，故希望获得更高水平的汉语教育，特别是提升阅读与写作能力，以便使其具有翻译能力和获取信息的本领，因此加强高级汉语教学就成为当务之急。

可喜的是，孔子学院总部颁布了"新汉学计划"，旨在培养高级汉学人才。对汉语教学来说，就是不仅要教授普通汉语，也要教授应用汉语，更要教授作为学术和科学语言的汉语。也就是说，为了培养高级汉语人才，应该将汉语作为研究型语言、学术型语言来教授。所谓达到高级汉语教学水平，就是教会学习者以受过高等教育的身份，在正式的场合，在高层次社会环境中，在学术和业务交往中，能用得体的汉语与人进行口语或书面语的沟通和交际。据报道，美国哥伦比亚大学、斯坦福大学将要建立以研究为重点的孔子学院,研讨如何提升高级汉语教学,值得赞赏(王建琦,2013)。

2.2 教材内容的文化多元与教学法的针对性

世界各地孔子学院使用的汉语教材虽多种多样,但大多采用的是国内编写的供来华留学生使用的教材,不过稍加改变,以适应当地的教学而已。只有很少一部分是根据当地实际情况编写的教材。总的说来,还不能满足各年龄段、各社会阶层的各种类型学习者不同的需求,尤其是还不能照顾到本土的教育传统和学习习惯,特别是在文化内容上显现的跨文化隔阂,在一定程度上影响了学习者的学习积极性。

在欧洲从事汉语教学的德国汉语教师顾安达说出了德国学生对教材内容的诉求:"学生经常抱怨课文内容显得有些幼稚或肤浅,说明教材内容不太适合欧洲已完成高中学业的学生。比如,不必告诉学生中国人是用筷子吃饭的,北京是中国的首都,中国是人口最多的国家,等等。西方人在中国日常生活中经常听到的,而且应该学会的一些句子,教材中很少见到,如'中国菜吃得惯吗?''你是来中国留学的吗?'等等。又如怎样回答中国人提出的一些问题,怎样通过一些话题开始聊天,并能有礼貌地结束这种聊天,等等,在教材里很少提到。"(顾安达、万业馨,2009)

本着孔子学院的办学宗旨,汉语教材应该既讲中国,也讲世界。汉语教材不仅是传授中国知识或世界知识,更是将中国人如何看世界,以及世界人们眼中的中国,告诉学习者。汉语教材的内容应该真实、有趣、合情合理,是学习者在现实生活中最有用的。如果能结合学习者自身的生活经验就更好。教材要少讲古代中国的故事，多讲当代中国人的精神风貌，多介绍当代中国人是怎样生活的，他们在想些什么，做些什么，而这些既是我们要介绍给外国人的，也是学习者很想知道的。"孟母三迁""阿Q正传"可以讲，高铁、三峡大坝、中国的医保、独生子女教育、青年人就业等，更是学习者想要了解的。

如果进入课文，教材中有些中国习俗就要照顾到当地的风俗。比如讲中国节庆宴会，频频干杯，这在禁酒的信奉伊斯兰教的国家就很不相宜。汉语教材《说汉语》第22课"我属猴"，其中涉及12生肖，而属猪，在伊斯兰国家是忌讳的。在讲季节时，一般会说中国有四季，春夏秋冬，还要照顾到有的国家只有两季：旱季和雨季。所以，教材选材时，应视野宽阔，并有所顾忌。

有的教材的课文是"让我们去游泳"。蓝天大海，人们手挽着手，奔向大海，本无问题。但是插图是女孩儿穿着比基尼，这在一些国家是犯忌的。据报道："伊朗媒体为阿什顿'提高'衣领"，说的是，欧盟外交事务与安全政策高级代表阿什顿在土耳其参加伊朗核问题会谈的照片，被伊朗媒体在衣领部分做了"提高"处理。媒体认为阿什顿的衣服过于暴露，不符合伊朗人的品位，故将其衣领提高了些[①]。

一些涉及个人隐私的话题，更要谨慎处之。如教材中有购物一课，讲到衣服的大、中、小号，老师在课堂上练习时，曾问同学："你穿多大号的衬衫？"一位英国女同学就拒绝回答。可见，教材的跨文化交际问题应引起我们的重视。

至于孔子学院的汉语教学方法，要努力探索海外汉语教学规

---

① 传伊朗媒体为阿什顿"提高"衣领，《环球时报》2011年1月27日。

律，充分考虑到汉语和汉字的特点，探索符合当地教学实际与学习特点的教法，要研究与国际第二语言教学潮流相同步的、适应各种学习群体和各种学习需求的丰富多彩的海外汉语教学模式。教学模式、教学方法不求整齐划一，不追求最佳教学法，一定要符合所在国的国情，灵活多样，发展适合当地学习者群体的汉语教学模式。同时，借鉴世界第二语言教学已有的成功经验，采用各种有效的教学方法，为我所用，形成具有孔子学院特色的汉语作为第二语言教学法。

从汉语教学角度来看孔子学院，应大大提高学习者学习汉语的兴趣，要能吸引学习者，并留住学习者。因此，必须改变以往在国内对外汉语教学中所存在的教学手段落后、模式单一、情景缺乏的状况，采用以学习者为中心的互动式教学，汉语教师要善于用当地学习者乐于接受、容易接受的方式来教授汉语，以鲜活、生动的教学形式，学习者感兴趣的学习内容，大幅度提升孔子学院和孔子课堂的教学质量。我们的终极目的是：要能用较短的时间、用较为轻松的方式使更多的海外学习者学习汉语、学会汉语。

2.3 注重汉字教学，破解汉字难学瓶颈

在孔子学院的汉语教学中，必须认识到，汉字教学是汉语作为第二语言教学不同于其他语言作为第二语言教学最大的区别之一。汉字和汉语的关系与其他西方语言和文字的关系截然不同。汉语和汉字对西方人是十分陌生的，跟他们接触过的其他外语是不一样的。德国汉语教师顾安达等（2009）认为："欧洲的外语教学普遍认为，外语的文字系统可不必纳入既定的教学内容，或者讲授某种语言的文字几天之内即可完成。这种看法是基于欧

洲所有语言使用的都是字母或表音文字，像汉语这样的表意兼表音的文字没有被考虑到。"对于西方人来说，汉语才是真正的外语，而其中最复杂、最困难的是汉字。要突破汉字教学的瓶颈，首先应对汉字有正确的认识。建立科学的汉字观，那就是汉字是一个科学完整的系统。

一个人初学汉语的时候，主要的习得关键是汉语输入，这个时候先不要输入汉字，可以集中精力获得相当好的语言能力，在掌握了初步的汉语交际能力后，再引进汉字教学。这就是我们所说的"先语后文"的教学模式。学会汉语口语并不难，教会学习者认汉字、写汉字，却不容易。我们认为，应把汉字教学和认知理论有机结合起来，寻求科学有效的方法，突破汉字教学与学习的瓶颈。

一是要根据学习者的需求教授汉字，根据不同的学习目的，长短不一的有效学习时间，以及所处的学习环境，灵活安排学习内容，灵活处理汉字教学。汉字教学要先认后写，先描红再写字，并且多认少写。变"汉字难学"为容易学。学习者在最初阶段主要是依靠汉语口语的技能来帮助汉字的识别。虽说不应一开始就学汉字，但汉字的导入也不应太晚，至少应在语音阶段之后，或在第一学期中间导入汉字，较为合适。

二是要整体教授汉字，不要将汉字打散。依据"学习者对于笔画不同、繁简不同的汉字辨识速度是没有区别的"结论（转引自刘乐宁，2013），应该整体识字。所谓的汉字部件教学，应该在掌握了一定量的汉字之后，才可辨识不同的部件和部首。

三是坚持教授简体字，如有特殊需要可认识繁体字。台湾一些人将繁体字叫作正体字，这是错误的。有正体，似乎还有非正体,混淆了视听。在美国从事多年汉语教学的周质平(2013)说:"台湾人造出一个很奇怪的概念,所谓繁体字是正体字。很多从事对外汉语教学的教师都有意无意地让美国学生感到繁体字是比较高深的一个书写方式,而简体字是某种程度的次等汉字。这个观念得改过来,这个观念是洋人的看法。"

四是要正确对待汉字文化。在汉字教学过程中,要依照汉字造字原理科学地讲解汉字,如:信:人言为信。武:止戈为武。美:羊大为美。莫(暮):日落草中。寒:甲骨文上面是房屋,最下面是冰,中间是草,草中间是人。意思是天冷了,结冰了,人躲进房屋里,在草中取暖。不能随心所欲地任意解释汉字,否则将破坏汉字结构,违背造字初衷。下面一些解释都是错误的,如:一百个人住在一间屋子里为"宿";一滴眼泪从两眼中流出是"哭";"笑"是一张高兴的脸;"人"像人两腿站立;"大"是人把两臂伸展开。

五是依据汉字的特点,在初级汉语阶段重新设计教材,可设计为:"听、说汉语读本"和"读、写汉语课本"。"听、说汉语读本"从汉语拼音出发,注重理解与表达,多实况录音与影像、话题训练、角色扮演;"读、写汉语课本"从汉字的认、描、写出发,注重短语训练,讲究诵读,有大量的泛读。

六是爱护汉字学习的积极性,杜绝将汉字庸俗化的倾向。有些外国人喜欢将汉字作为文身,或写在名片上,如足球明星贝克汉姆在体侧刺上"生死有命,富贵在天",这也还算说得过去。一些球星身上的汉字,莫名其妙。如篮球队打前锋的肯扬·马丁左臂上文的是"患得患失",步行者队小奥尼尔左臂文的是"棺材佬"。有人在伊朗的超市里,为冒充中国产品,在商品上标着不知所云的汉字"府水夕火会"。更有甚者,在西班牙将人名用不雅汉字译出,如在一份会议通知中老师的名字叫YOLANDA,这是一个极普通的西班牙女性的名字,一般中文译法应为"悠兰达",但在中文通知上却翻译为"要烂的"。JOAQUIN 是个常见的男名,应译为"霍金",有人却将其译为"坏精"。这种糟蹋汉字的现象,在孔子学院中应予以批评(王方,2011)。

我们也应该看到不少汉语学习者,喜欢汉字,对汉字有极大的兴趣,这甚至成为其学习汉语的动力。比如在欧美"对汉字的好奇心和希望自己能够'看懂'汉字的欲望,是相当一部分学生选修汉语的动机,也是他们学好这门课最宝贵的可利用资源"[①]。捷克帕拉茨基大学孔子学院吴大伟博士(捷克人)告诉我们,在捷克对汉字书法感兴趣的人,比对汉语本身感兴趣的人还要多。他们希望口语教材用汉语拼音,而汉字教材用捷克文编写,以便学好汉字,用汉字阅读和写作(吴大伟,2008)。我们认为孔子学院应因势利导,爱护这种汉字学习积极性,扩大汉字教学影响,总体提升汉语教学水平。

参考文献

[1] 包涵(2009)波兰克拉科夫孔子学院的办学模式与发展前瞻,《国际汉语教育》第 2 期。
[2] 曹嵘、吴丽君(2012)加拿大汉语教学及汉语推广考察分析——以加拿大魁北克省为例,《国际汉语教育》第 2 期。
[3] 葛立胜(2014)让更多外国人来教汉语,见《北京语言大学报》3 月 17 日。

---

① 江岚(2008)《美国高校汉语入门教学问题》,中国华文教育网,http://www.hwjyw.com/。

[4] 顾安达、万业馨（2009）德国大学、中学汉语教材使用现状与需求，《国际汉语教育》第3期。
[5] 贾益民（2007）海外华文教学的若干问题，《语言文字应用》第3期。
[6] 李静（2009）汉字出国，遭遇糊涂的爱，《世界新闻报》1月4日。
[7] 李明（2012）试论汉语教材的针对性调整——以孔子学院教学为例，《国际汉语教育》第2期。
[8] 李秋恒（2009）美众议院通过议案纪念孔子诞辰2560周年，《环球时报》10月30日。
[9] 刘佳平、叶蓉（2012）商务孔子学院初探，《国际汉语教育》第2辑。
[10] 刘乐宁（2013）美国汉语教学新模式和新趋势，《世界汉语教学学会通讯》第4期。
[11] 沈泽玮（2011）中国软实力传播应"民间化"，《参考消息》2月7日。
[12] 王方（2011）西班牙人中文译名笑话多：公司高管叫"好色"，《环球时报》4月1日。
[13] 王建琦（2013）美国第二语言习得理论研究现状与趋势，《世界汉语教学学会通讯》第4期。
[14] 吴大伟（2008）捷克帕拉茨基大学的汉语教学情况及其历史，中欧四国孔子学院汉语教学研讨会论文，波兰克拉科夫。
[15] 徐丽华（2008）孔子学院的发展现状、问题及趋势，《浙江师范大学学报（社会科学版）》第5期。
[16] 张晓慧、龚婧（2013）孔子学院特色发展的解读与例证，《国际汉语教育》第1期。
[17] 周质平（2013）美国汉语教学新模式和新趋势，《世界汉语教学学会通讯》第4期。

孔子学院与公共外交 *

高金萍　郭之恩

随着近年来世界各国对汉语学习的需求急剧增长，孔子学院已成为汉语国际教育的重要机构。自 2004 年 11 月 21 日韩国设立第一家海外孔子学院（首尔孔子学院），近 8 年中，中国孔子学院飞速发展，截至 2011 年年底，中国已在 105 个国家和地区建立了 358 所孔子学院和 500 个孔子课堂[①]，已有专兼职教职工 4 109 人，其中中方院长和教师 2 049 人；已运行孔子学院和孔子课堂的教学场地总面积达到 128 万平方米；开设各种层次的汉语课程 18 000 多班次，注册学生 50 万人；举办各类文化活动 10 000 多场次，参加人数 500 多万人（许琳，2011）。孔子学院面对国外公众进行的语言教育和文化交流活动，以汉语教学和事实传播来介绍中国社会的现状及进步、表达中国国情、诠释国家政策，成为外国公众了解中国、认识中国的一个重要渠道，汉语国际教育已经从语言教育走向公共外交领域。

孔子学院是中国崛起、国际格局加速转换背景下应运而生的

---

* 原文发表于《中国文化研究》2013 年第 4 期。

① 见 http://www.hanban.edu.cn/hb/node_7446.htm，国家汉办网站 2012 年 4 月 9 日。

产物，是全球客观需求与中国自主推动双重作用的结果（冯凌宇，2010）；它也是中国提升国家软实力、主动构建国家形象、掌握国际话语权的一种重要方式，已成为公共外交的新渠道。

一、孔子学院与提升国家软实力

"软实力"（soft power）概念源自美国哈佛大学肯尼迪学院院长约瑟夫·奈1990年出版的著作《美国定能领导世界吗》（*Bound to Lead: The Changing Nature of American Power*）（约瑟夫·奈，1992）。奈在《美国定能领导世界吗》一书中，从21世纪国际政治力量的角度出发，认为当代世界政治可能正在面临着一场权力之源的巨变（Joseph S. Nye，1990）。奈的核心观点是，传统的以资源、军事实力作为衡量一国实力的时代已经过去，权力（power）应该回归其政治学本义——一种实现自己意图的能力（Joseph S. Nye. Jr.，2004）。就国际政治而言，权力就是一国拥有按自己意图影响其他国家行为的能力。这种影响可以通过三种途径实现：其一，通过威胁进行胁迫；其二，通过给予好处进行诱导；其三，通过自身的吸引促使他国按本国意志行动（Joseph S. Nye. Jr.，2004：2）。前两种实力（力量、权力）就是我们常说的"大棒"和"金元（胡萝卜）"；最后一种实力是通过影响他国倾向构建本国意图合法性的力量。这种通过吸引而不是操纵来实现本国意图的力量就是软实力（Joseph S. Nye. Jr.，2008）。与之相对，通过军事、经济力量操纵、干预他国的能力就被定义为"硬实力"（hard power）。

在软实力概念提出伊始，奈认为，软实力的本质是在世界政治中"设定他国议程、吸引他国的""无形资产"（Joseph S. Nye. Jr., 2004：5—6）。亚当·斯密在观察自由市场中人们的决策行为时提出了"看不见的手"，而所谓的软实力是人们在观点的自由市场中做出决策的"无形的吸引"，这种吸引不是威胁或是交易，而是通过说服使人们按照他人的意图办事（Joseph S. Nye. Jr., 2004：7）。奈论述软实力的重点所在，是阐述在信息时代里，传统以硬实力为主的外交手段"成本高昂"，战争不仅耗资巨大，而且会引发国际社会的不满、民族主义情绪的高涨，影响本国经济发展目标的实现，因此显得越来越不"经济"（Joseph S. Nye. Jr., 2002：5—6）。相反，国家的软实力将变得越来越重要。

2008年，奈对软实力理论进行了进一步的完善，提出"软实力"的本质是领导者的一种"吸引追随者"的能力。软实力不仅仅如前所述是一种通过说服、争辩改变人们行为的能力，而且是一种诱惑及吸引的能力，这种吸引力最终将带来默许。从行为方面看，软实力是一种吸引力量；从其来源看，软实力是一种能够影响人的有形及无形资产（Joseph S. Nye. Jr., 2002：31）。奈认为，一个国家软实力的来源主要有三：其一，文化（对于被该国文化吸引的地区而言）；其二，政治价值观（当该国在本国和海外能恪守这些价值观时）；其三，海外政策（当其他国家视该国的海外政策具有合法性，这些政策具有道德权威性时）。

语言作为文化的一个重要载体，是国家软实力的组成部分之一，也是人们建构世界的一种重要方式。语言除了基本的交际功能之外，还具有身份认同、意识形态"合法化""自然化"的功能，在此基础之上，语言的使用也体现着社会的权力结构与关系。

维特根斯坦曾言,"我的语言的边界就是我的世界的边界"。也就是说,人创造了语言,但同时也成了语言的囚徒,语言制约着人的思维路径(单波,2010:146)。

萨丕尔也认识到语言对世界的建构性功用。1929年他指出:"语言是'社会现实'的一种引导……语言有力地限制了我们对社会问题和社会进程的思考……事实上,'真实的世界'在很大程度上是由群体的语言习惯无意识地建构起来的。就表征社会现实而言,在世界上找不到两种完全一样的语言。不同社会所存在的世界是截然不同的,他们的区别并不仅仅是标签的不同。"(David G. Mandelbaum,1951:162)萨丕尔的学生沃尔夫继承并发展了萨丕尔的观点,后被称为"萨丕尔—沃尔夫假说"。这一假说的核心是:从语言的功能来看,语言对人类而言不仅仅是经验的描摹,更为重要的是,语言决定着讲述者的经验(Harry Hoijer,1954)。也就是说,所有较高层次的思维都依赖于语言,语言的结构影响着人们理解世界的方式,语言形式决定着语言使用者对世界的看法,语言的不同导致了世界的不同。

这种语言建构世界的思想为符号学所继承。1978年,美国哲学家纳尔逊·古德曼出版了《构造世界的多种方式》(*Ways of Worldmaking*)一书,从哲学、逻辑学总结并阐发了语言建构的思想。古德曼认为世界是多元而不是唯一本质的,世界是被构造而不是被发现的,世界的构造是通过使用符号构造适合的世界样式而实现的,哲学、艺术、科学都是人们构造世界的方式,它们的目的都是推进人的理解,没有一个世界样式将被视为唯一的真理,真理是相对的合适和可接受性①。

人类学者克鲁克洪曾说过，文化存在于思想、情感和起反应的各种业已模式化了的方式当中，通过各种符号可以获得并传播它，同时，文化构成了人类群体各有特色的成就，这些成就包括他们制造物的各种具体形式；文化基本核心由两部分组成，一是传统（即从历史上得到并选择）的思想，一是与它们有关的价值（Geert Hofstede，2008：9）。

由此看来，语言在承载文化、传播文化的过程中，不仅是人们交流的一种工具，而且承载着文化深层的价值观。孔子学院开展的汉语国际教育包含着中国传统文化、中国传统价值观的输出。这正是约瑟夫·奈所言的软实力三大组成部分之一。孔子学院的汉语国际教育以及其背后所蕴含的中国文化价值观的推广，是中国向世界说明中国国情、阐明国家政策、介绍国家发展战略的新渠道，是提升国家软实力建设的重要途径。

二、孔子学院与国家形象建构

国家形象是一个国家软实力的象征，良好的国家形象能够为国家的发展创造条件。

中国传媒大学孙英春教授（2010）认为，"国家形象是特定国家的历史和现状、国家行为、国家的各项活动及其外部影响在国际社会和内部公众心目中产生的印象、认知和评价"。应当

---

① 纳尔逊·古德曼《构造世界的多种方式》，姬志闯译，上海：上海译文出版社 2008 年版，译者序言第 2 页。古德曼的著作横跨哲学、逻辑学、自然哲学，是研究相对主义认识论的经典著作。

看到，国家形象是一个国家政治、经济、文化、教育等等方面的综合，是人们对一个国家物质基础和精神文化的综合认识。由此来看，国家形象是软实力的一个部分，良好的国家形象能够提升国家软实力。

在西方语境中，没有国家形象的专门研究。但是，约瑟夫·奈曾指出，一个国家的实力，不仅在于其资源，而且在于其资源的应用。从这个角度来看，国家形象实质上就是综合国力的现实体现，换而言之，就是国力资源的应用之一。国内学者一般认为，国家形象建构的着力点在于国力增强、社会进步。国力的提升和社会的进步属于国家自身建设层面，而国家形象建构的实质在于国家的影响力。国家影响力的打造，既需要内在的国力提升、社会进步，更需要借助媒体传播、国际公关、民间交流等多种合力推动。在西方主导的国际话语格局中，由于各方面的原因，中国国家形象的塑造表现出严重的"他塑"，很多时候中国只能被"他塑"为"东方的"或"社会主义体制下"的怪物。正如东方主义的代表性人物爱德华·萨义德所指出的，在"西方"的知识、制度和政治经济政策中，存在着一种长期积累的将"东方"假设并建构为异质的、分裂的和"他者化"的思维。萨义德认为，这种思维引导下的形象建构及论述，与那些东方国家的真实面貌几乎毫无关系（爱德华·W. 萨义德，2007）。同时，由于中国国家形象的"自塑"能力弱，甚至在国家形象塑造中的"失语"，一定程度上导致了西方舆论机器将中国形象"定型"、丑化，使中国国家形象处于十分不利的局面。

在国家形象塑造中，政府的力量往往大于民间的力量，但是政府在塑造形象中应选择适当的方式，在复杂的国际环境中，政府以传统外交行为来塑造国家形象，往往收效甚微。20世纪90年代后，"中国威胁论""中国崩溃论"在国际社会甚嚣尘上，西方世界遏制中国的势头不减，在这样的背景下，2009年商务部推出的"中国制造"广告、2011年国务院新闻办推出的"国家形象片"，这些由中国政府主导的国家形象塑造活动，耗资巨大、引人注目，但是对提升中国国家形象却收效不明显。在国际舆论不利于中国的客观现实中，公共外交在塑造国家形象方面却可能产生奇效。

一般而言，媒体传播和国际公关可归属于政府外交行为，而孔子学院可以走民间活动之路，归属于公共外交行为。孔子学院开展的汉语国际教育以语言教育为核心、文化传播为载体，真实、客观地向西方民众介绍中国的发展、中国的现状，以事实来塑造中国的大国和强国形象。上海外国语大学金立鑫教授认为，当前在国际上出现的"汉语热"，内在动因是中国经济发展的推动，并非是政府汉语推广的结果。因此，应当将汉语国际教育归于市场现象，尊重市场规律来进行汉语国际教育（金立鑫，2006）。根据《孔子学院章程》：孔子学院定位于"非营利性公益机构""致力于适应世界各国（地区）人民对汉语学习的需要，增进世界各国（地区）人民对中国语言文化的了解，加强中国与世界各国教育文化交流合作，发展中国与外国的友好关系，促进世界多元文化发展，构建和谐世界"。由于汉语国际教育的主要对象是市场经济体制国家的公众，在推广汉语的过程中本土化是一个重要问题。在市场经济体制国家运作时，孔子学院应遵循所在国家的传统。特别是在市场经济体制的国家，如果过于强调"非营利性"，反而引发本地人的猜测，甚至这种猜测为人利用，不仅不利于汉语推广，而且可能导致对中国文化传播的误解，曲解其为"文化侵略"，进而丑化中国国家形象。

法语联盟是在法国政府的支持下推广法语的文化机构，其名誉主席是法兰西共和国总统，但是法语联盟在全球 136 个国家的授课点，均追求经济效益，并且在经济效益之余于无形中推广了法兰西文化。法语教学与社会交流、国际传播共同塑造"伟大法兰西"，进而成为确立法国作为文化大国国家形象的重要渠道。中国孔子学院在汉语国际教育中，应当借鉴这种模式，在国家政策支持下开展汉语教育，同时开展文化传播，于文化传播中争取各国民众对中华文化的兴趣和好感，最终完成模塑中国国家形象的使命。

任何一个国家，内部经济力量的提升必然导致其外在影响力的增加。在现代国际社会，经济实力仍然是一个国家最主要的力量。2010 年，中国超越日本成为第二大经济体，但是中国缺乏与之相适应的、能够与西方社会沟通的价值体系，这是中国打造国家软实力路途上的一个主要障碍。汉语国际教育，正是中国表明自己的价值观、展示自身价值体系的一个重要方式。

三、孔子学院与掌握国际话语权

话语权是指通过语言来运用和体现权力。1970 年法国哲学家米歇尔·福柯在就任法兰西学院院士时，发表就职演讲《话语的秩序》，提出了"话语即权力"的著名命题，他从话语中发现权力本质，将话语作为权力来理解。由此，话语权被认为是一种"权力"概念（高金萍，2008：168）。

国际话语权，是以国际环境为背景、以国家利益为核心，综合体现为某个国家在国际事务中的知情权、表达权和参与权。对外经贸大学学者梁凯音认为，国际话语权"就其内涵而言，是对国际事务、国际事件的定义权、对各种国际标准和游戏规则的制订权以及对是非曲直的评议权、裁判权"（梁凯音，2011）。国际话语权涉及国家在国际事务中能否及时、有效地表达它的立场和态度，能否争取它的应得权益。

在各种力量和矛盾相互交织、各种利益错综复杂的国际社会，话语权的运用和争夺实质上体现的是国家利益的博弈。掌握国际话语权的国家可以利用话语权优势，按照自己的标准定义国际事务、影响国际事件的走向，按照自己的利益制订国际游戏规则和定价规则，按照自己对国际事务的判断对其做出解释、评议和裁决。换而言之，掌握国际话语权就掌握了在国际社会中的优势地位和主动权。国际话语权与国家硬实力直接相关，一般而言，经济、军事力量雄厚的国家拥有较大的国际话语权，但是由于历史渊源和发展先后等客观原因，也存在国际话语权与硬实力不相匹配的情况。

两次世界大战后，全球建立起以西方发达资本主义国家为主导的国际体系，在这一体系中，西方主要发达资本主义国家建立起以自己为中心的国际传播秩序，牢牢掌控国际话语权，以自己的利益为出发点来裁度他国事务。20世纪五六十年代以后，在亚、非、拉美有几十个民族摆脱了殖民帝国统治，但是这些新兴的民族国家并没有因为政治上的独立而完全摆脱对西方经济上的依附，这种状况鲜明地体现在国际传播秩序、国际话语权方面。包括中国在内的一些发展中国家，在重大国际事务中，缺乏相应的媒体传播自己的声音、缺乏相应的话语表达自己的利益。西方一些国家把中国视为早期殖民主义或者帝国主义崛起中的大国，以"妖魔化"手法歪曲事实、丑化中国国家形象。20世纪90年代以来，经济全球化推动着自1500年以来的民族国家组成的国际体系正在向着新的全球体系发展，世界正在步入一个"无极时代"（赵可金，2010）。受国际格局和国际思潮变化的影响，后金融危机时期的国际竞争重心逐渐从实力角逐转移到话语竞争上来，美国等西方国家把持话语霸权的局面正在发生微妙的变化。

国际话语权的竞争，实质上是影响力的竞争。在重大国际事件中，谁能掌握话语主动权，谁就能引导事态发展。2008年"3·14"拉萨事件爆发初期，美、德等国新闻媒体传播虚假新闻图片和报道，激化了矛盾，使得中国政府遭受国际社会的巨大压力。一周之后，中国政府组织外国记者赴拉萨采访，积极主动地公开事件进展、揭穿国外媒体的虚假报道，最终阻断了"3·14"事件的继续蔓延。随着中国综合国力的上升，中国以世界第二大经济体的形象身处国际舞台的中央，中国理应拥有更多的国际话语权，以与为国际社会所做出的贡献、所承担的责任相适应。

长期以来，英语作为国际通用语言，在全球文化交流、经济合作等领域发挥了重要作用，英语国家的文化价值观也借助语言的使用得到了极大的传播。从语言使用的角度来看，汉语是当今全世界使用人口最多的语言，21世纪以来在全球出现的"汉语热"，是西方国家感受到与华交流的重要性而出现的必然结果。孔子学院等汉语国际教育机构的出现，应和了这种需求，一方面通过语言这座桥梁，帮助世界各国了解中国社会的发展与进步；另一方面通过语言承载的中国文化，帮助世界各国理解中国特色社会主义的特点与优长。汉语是中国话语权的语言表达形式，更重要的是体现中国利益的话语内容。汉语国际教育的首要目的是将这种语言表达形式散播于世界各地，而汉语国际教育的最终目标，是作为公共外交的渠道之一，为构建世界传播新秩序建设平台，为中国掌握话语权铺平道路，助力中国占领国际舆论的制高点。

四、作为公共外交渠道的孔子学院

从国际关系角度来看，国家权力的硬实力体现于军事和经济的干预当中，而软实力往往通过媒介传播、文化和意识形态等多种渠道实现。约瑟夫·奈认为，软实力的发挥并不是一件容易的事，因为软实力的很多来源并不掌握在政府手中，此外，软实力效果的实现依赖于其接收者的接受（Joseph S. Nye. Jr., 2004：99）。在"运用软实力"方面，奈提出在冷战后的今天，国家间软实力的较量往往是通过公共外交方式实现的。

1965年美国塔夫茨大学弗莱彻法律与外交学院院长埃德蒙·格里恩教授在公共外交研究中心成立之际明确提出了公共外交的概念："公共外交旨在处理公众态度对政府外交政策的形成和实施所产生的影响。它是超越传统外交范围以外的国际关系领域的一个层面，它包括一国政府对其他国家舆论的开发和培植，一国的利益集团与另一国的利益集团在政府间体制外的互动，以通讯报道为职业的人如外交使节与国外记者之间的沟通联络。它通过上述过程对政策制定以及涉外事务处理造成影响。"（李智，2006：30）

与政府外交相比，公共外交的实质是公众参与的信息和观点的流通，公共外交的行为主体包括政府、社会精英和普通公众，其中政府是主导，普通公众是基础（赵启正，2010）。公共外交的施予对象是公众，公共外交的目的在于借助公众舆论，为本国的外交争取支持，并影响外国政府的外交政策。与民间外交相比，公共外交是国家政府出面组织或者幕后支持，按照政府的意志，向本国和外国公众、非政府组织提供消息，组织交流，间接影响公众支持本国的外交政策和针对外国政府的外交政策。从外交策略上来看，公共外交不同于宣传。宣传在西方语境中是一个贬义词，有不择手段"强行灌输"之意。而公共外交强调要"讲真话"。此外，公共外交还具有明显的公开性（高飞，2005）。

冷战结束后，公共外交发生转型，从宣传导向转向了战略传播导向。公共外交的国际宣传导向，重视的是对传播内容的选择和操纵能力；而战略传播导向，重视公共外交中对信息的控制能力、协调能力和影响能力（周庆安，2011）。战略传播是指政府为了实现战略目标采取一系列必要的手段来理解国际态度和文化，参与和其他组织或人民的意识形态对话，对政策制定者和外交官给予舆论方面的建议，通过传播战略来影响目标国受众的态度和行为。它的主要传播方式是通过语言符号和行动，在第一时间传递事实、意图和价值判断。

周庆安认为，以战略传播导向为主的公共外交，一方面强调政府部门与商业机构或者独立机构之间的合作，另一方面强调各种媒介手段的综合应用，这两种策略使得公共外交活动能够更加隐蔽地完成传统外交所无法实现的目的。战略传播的导向使得公共外交形成了新的特性，如果说公共外交是对一个国家对外传播政治文化甚至价值观的一种国际政治表述方式，那么战略传播实际上更多的是政府主体将公共外交作为一种对外战略进行通盘规划，通过确立目标、设计议程、借助渠道、抵达目标受众，最终完成传播过程（周庆安，2011）。

公共外交的新发展，已经将作为国家软实力建设重要手段的文化、语言等纳入其范畴之中。奈在分析美国软力量与公共外交时，曾提及苏联解体与美国倡导的留学、访学、学术交流等公共外交机制的关系：自20世纪五十年代开始，福特基金会、知识社会基金会和社会科学研究委员会就在110所大学中推动美苏人才交流计划。1958至1988年共有5000多名苏联记者、作家、政府官员、音乐家、舞蹈演员、运动员以及学者出访美国，文化交流影响的是社会的精英，一两次的接触便会有巨大的政治影响。前苏共政治局委员亚历山大·雅科夫列夫是苏联戈尔巴乔夫改革时期发挥关键影响的自由派代表，人称"公开性改革之父"。雅科夫列夫1958年访问哥伦比亚大学期间，师从美国著名政治家戴维·杜鲁门，这段经历给雅科夫列夫留下了深刻的影响；克格勃高官奥雷格·卡路金曾作为访问学者访美，1997年卡路金回忆这段经历，认为"交流，对于苏联而言就是特洛伊木马。他们对苏联制度的侵蚀起到了无与伦比的作用……他们影响了一拨又一拨人"（Joseph S. Nye. Jr., 2004：46）。

除了文化交流、学术交流，借助语言来实现公共外交的例子也不胜枚举。从历史上看，以本国语言为主要载体、向世界输出意识形态最为坚定的国家是法国。早在17、18世纪，法国就开始向欧洲各国推广自己的文化，此时的法语不仅成了外交语言，甚至是普鲁士和俄国的法庭语言。法国革命时期，法国政府努力影响外国政府的首脑，通过法语宣传革命理念直接谋求国外民众的支持。1883年法国创建法语联盟（Alliance Francaise），以促进法国殖民地以及世界其他地区的法语教学活动，一个多世纪以来，它已经构建起遍布全世界的庞大法语教学网络。2007年在法国政府的支持下，法语联盟重组新的法语联盟基金会（Foundation Alliance Francaise），与全球100多个国家签订了文化协定和文化交流计划，在全球建立了1040个授课点，仅2008年就培训了461 377人（郭大玮，2009）。正如美国历史学家理查德·佩尔斯指出的，法国的文化计划是法国外交的重要组成部分（Joseph S. Nye. Jr., 2004）。

　　国内一些学者也认识到孔子学院从事的汉语国际教育作为公共外交新渠道的重要价值。包文英（2011）对当下的汉语国际教育研究进行了反思："汉语国际教育，在我国学术界一向被认为是语言学的一个分支，众多的汉语国际教育硕士、博士，研究的也基本都是如何运用语言学尤其是汉语言文字学的理论和方法解决对外汉语教学中的教材与教法问题，却很少有人注意到，汉语国际教育其实首先是一个公共外交的问题。"国家汉办主任许琳（2007）曾表示："中国汉语国际教育工作，作为中国国际战略中的一部分，是传播中国语言、弘扬中华优秀文化、推动中华文化走向世界、树立我国良好国际形象的基础工程。"由此可见，孔子学院开展的汉语国际教育工作是由国家主导，以扩大中国文化在世界其他国家公众中的影响力为依归的一项公开的国际活动。

　　孔子学院在汉语国际教育中，将汉语视为一个可以激活、可以互动的完整的符号系统。汉语是"文化中国"的承载基础，孔子学院的文化传播必然涉及汉语所承载的观念、价值、思维方式和文化传统，必然通向汉语所涵纳的符号整体，必然从语言导入汉语世界的独特的精神内涵、价值体系（陈永莉，2008）。孔子学院的重要目标之一，在于为中国的"和平崛起"创造有利的国际环境。通过孔子学院的文化传播可以促进世界对中国的了解、打通不同文化之间的隔阂，为中国的和平崛起做出巨大贡献。

参考文献

[1] 爱德华·W. 萨义德（2007）《东方学》，王宇根译，北京：生活·读书·新知三联书店。
[2] 包文英（2011）试论汉语国际教育中的公共外交意识，《华东师范大学学报（哲学社会科学版）》第 6 期。
[3] 陈永莉（2008）试论汉语国际推广的文化战略定位，《北京社会科学》第 4 期。
[4] 冯凌宇（2010）汉语国际推广与中国公共外交，《长江论坛》第 6 期。
[5] 郭大玮（2009）法国同盟对汉语国际推广的启示 L'inspiration de l'Alliance Francaise pour la propagation du chinois dans le monde（法语版），外交学院硕士学位论文。
[6] 高飞（2005）公共外交的界定、形成条件及其作用，《外交评论》第 3 期。
[7] 高金萍（2008）《西方电视传播理论评析》，北京：中国传媒大学出版社。
[8] 金立鑫（2006）试论汉语国际推广的国家策略和学科策略，《华东师范大学学报（哲学社会版）》第 7 期。
[9] 梁凯音（2011）国际话语权：文化强国的必然要求，《中国教育报》12 月 6 日。
[10] 李智（2006）《文化外交：一种传播学的解读》，北京：北京大学出版社。
[11] 单波（2010）《跨文化传播的问题与可能性》，武汉：武汉大学出版社。

[12] 孙英春（2010）中国国家形象的文化建构，《教学与研究》第11期。
[13] 许琳（2007）汉语国际推广的形势和任务，《世界汉语教学》第2期。
[14] 约瑟夫·奈（1992）《美国定能领导世界吗》，何小东、孟玉云译，北京：军事译文出版社。该译本对原书内容有删节。
[15] 周庆安（2011）从模式演变看冷战后公共外交的转型，《欧洲研究》第4期。
[16] 赵启正（2010）中国登上公共外交世界舞台，《公共外交通讯》第1期。
[17] 赵可金（2010）后危机时期的大国关系集中为话语权的竞争，《学习时报》12月28日。
[18] David G. Mandelbaum (1951) *Selected Writings of Edward Sapir*, Berkeley and Los Angeles, University of California Press.
[19] Geert Hofstede (2008) *Culture's Consequences: Comparing Values, Behaviors, Institutions and Organizations across Nations (2nd Edition)*, Shanghai Foreign Language Education Press.
[20] Harry Hoijer (1954) *The Sapir-Whorf Hypothesis, from Language in Culture*, The University of Chicago Press.
[21] Joseph S. Nye. Jr. (1990) Soft Power, *Foreign Policy*, No. 80.
[22] Joseph S. Nye. Jr. (2002) *The Paradox of American Power: Why the World's Only Superpower Can't Go It Alone*, Oxford University Press.
[23] Joseph S. Nye. Jr. (2004) *Soft Power: The Means to Success in World Politics*, Public Affairs, Preface.
[24] Joseph S. Nye. Jr. (2008) *The Powers to Lead*, Oxford University Press.

孔子学院建设的若干思考 *

——以中华文化"走出去"为视角

沈庶英

推动中华文化走向世界，是中国政府以高度的文化自觉和文化自信，从增强中华文化的感召力和影响力、推动建设和谐世界出发而提出的一个重要命题。作为以推广汉语和传播中华文化为己任的孔子学院，其责任和使命尤为重要。

一、孔子学院在推动中华文化走向世界进程中具有独特的优势和作用

孔子学院是基于经济全球化深入发展，各种思想文化交流交融交锋日趋激烈、文化在综合国力竞争中的地位和作用更加突出的时代大背景下诞生的。经过近些年的发展，孔子学院已形成了独特的优势；进一步发挥孔子学院作用，正逢其时。

1. 孔子学院为中华文化走向世界发挥了重要作用。2004 年，

---

* 原文发表于《中国高教研究》2012 年第 5 期。

全球第一所孔子学院在韩国建立。随后,孔子学院从无到有,从小到大,迅速成为加快汉语走向世界、推动中华文化走出去的重要平台。一是规模稳步扩大。到2011年年底,已在全球105个国家和地区建立了358所孔子学院和500个中小学孔子课堂。2011年注册学员达到50万人。网络孔子学院已开通上线46个语种,覆盖近100个国家。二是质量不断提高。全国20多个省(区、市)260多所大学和500多所中小学积极参与孔子学院(课堂)建设,选派了2.5万名教师和志愿者到各国任教;为80多个国家培训汉语教师10万人次;设立"孔子学院奖学金",招收110多个国家和1万多人次来华攻读学位,培养本土师资。三是影响越来越大。在孔子学院的带动和影响下,全球汉语学习人数快速攀升,达到5000多万人。37个国家和地区已颁布政令,将汉语教学纳入本国国民教育体系(袁贵仁,2011)。短短8年多来,孔子学院遍及全球,影响越来越广,作用越来越突出,实现了汉语走向世界的历史性跨越,既为推动中外教育文化交流、增进中国人民与世界各国人民的友谊做出了重要贡献,也为更好地担负起推动中华文化走向世界、共同维护文化多样性打下了坚实基础、创造了有利条件。

2. 孔子学院是推动中华文化走向世界的最好载体。语言是人类交际和交流思想的工具,是文化的载体。随着我国综合国力的不断增强、国际地位的不断提高、中国发展道路和发展模式的影响辐射力日益扩大,世界各国越来越关注中国,越来越希望了解中国,越来越注重加强与中国的合作与交流。汉语在国际经济贸易、文化交流过程中的作用空前突出,其实用价值和文化价值不断提升,"中国热""汉语热"在世界范围内蓬勃兴起。据估计,目前世界上学习汉语的人数达5000多万。孔子学院的建设和发展，对于更好地满足世界各国人民学习汉语的旺盛需求，加强同世界各国的文化交流和人文对话，增进国际社会对我国基本国情、价值观念、发展道路、内外政策的了解和认识，展现我国文明、民主、开放、进步的形象，有着极富长远的战略意义。

3．孔子学院这一品牌为推动中华文化走向世界架起了友谊的桥梁。孔子是中国古代伟大的思想家、教育家，是中华传统文化的杰出代表。他主张的"和而不同""己所不欲，勿施于人""有教无类"的思想，对于加强不同文明交流交往，促进人类多元文化共同发展，有着重要的作用。以孔子命名学院，形象亲和、内涵丰富。孔子学院自建立以来，坚持中外双方自愿、平等、共赢的合作办学方式，有利于调动各方积极性；坚持以语言为载体，注重兼顾汉语教学和传播中华文化，有利于适应学习者的多样化、多层次需求；坚持民间性、非营利性、包容性，紧密结合当地社会实际，融入当地文化、内生式发展，有利于为各方所接受。实践证明，孔子学院已成为最稳定、最有效、最成功的中华文化走出去的重要品牌。

二、着力破解制约孔子学院发展的三大瓶颈

1．着力建设一支数量充足、素质较高的专兼结合、国内外结合的教师队伍。教师是提高孔子学院教学质量的核心要素。孔子学院的性质、特点和使命对师资队伍建设提出了新的、更高的要求。教师既要掌握中外两种语言，还要熟悉两种文化；既要深谙汉语教学和中华文化，还要具备跨文化交际和沟通协调能力；

既要掌握第二语言教学理论、规律和技能，还要有丰富的实践经验。总之，作为孔子学院的师资，应该具备汉语教学能力、跨文化交际能力、文化传播能力和沟通协调能力。孔子学院师资队伍建设可以多策并举，培养和选拔并重。一方面，要充分利用国内资源，在高校现有的师资队伍中选派优秀教师到国外任教；同时，选拔汉语国际教育专业的大学生、研究生作为外派教师或志愿者的重要储备，在实践中培养和提高能力，逐步形成一支教学骨干队伍。另一方面，要积极开展国外本土化师资培养培训，使其逐步成为孔子学院教师队伍中的主力。

2. 着力研发和编写一批针对性强、灵活多样的海外本土化教材。根据各地区实际情况编写本土化教材是当务之急。一是深入调研，通过语言文化的对比分析，寻找二语学习的共性特征，建设满足各国、各地区通用的汉语教材。二是根据各地实际需求和各种语言的特质，建设地区化、国别化汉语教材。三是根据中外社会经济文化交流的实际情况，建设具有中国文化特质的汉语教材。四是为汉语和中华文化的爱好者建设配合汉语学习的浅易读物。五是为自学者建设配合汉语教学的多媒体资料、网络数字化教学平台。六是为各种教材配齐教师用书、备课手册、教学讲义、课件范式等，方便志愿者特别是本土教师备课使用。目前出版的教材多以中国教师编写为主，难免或多或少带有"一家之言"的局限性。作为海外孔子学院教材，需要考虑课文选材内容本土化、教学重点难点本土化、设计编写形式本土化、依据的教学法原则本土化等（沈庶英，2009）。为此，采用中外联合研发的形式是最好的选择。

3. 着力探索适宜各国文化、习俗和不同人群的教学方法。

中华传统文化蕴藏了许多优秀的教育教学方法，如学思结合、知行合一、因材施教等。这是汉语教学的总原则，应结合各地孔子学院实际发扬光大。特别是应注重与本土文化相结合，根据学生个体因素，创新教学理念和教学方式。

首先，要深入研究国内外第二语言教学法。对外汉语教学在其产生之初就受到来自世界第二语言教学法思想的影响，并从中不断吸取营养。"语言学理论的发展和第二语言教学、语言习得、语言认知研究的发展催生了各种各样的教学理念。而教学理念的多元化势必带来教学法的多样化。汉语第二语言教学借鉴了很多其他语言作为第二语言教学的理论和方法，因此在全球范围内的汉语教学也呈现出多元化的趋势。"（崔希亮，2010）研究这些教学法原则。对于汉语教学法的形成和发展具有重要指导意义。

其次，结合汉语与学习者母语的特点，研究其中的差异，寻找最具针对性的教学法。孔子学院的教学法要结合所在国的汉语教学实际，根据学习者母语和文化特点，与汉语进行对比分析，发现其中的相同点和差异，寻找适当的教学方法。

再次，结合不同的教学环境、办学条件、教学对象，研究适用的教学法。教学法受现代语言学理论的影响产生了各种流派，在不同国家其影响各不相同。孔子学院要因地制宜采取相应的教学方法，以激发学习者兴趣，提高教学效果。

三、充分发挥中方高校在孔子学院建设中的支撑作用

据统计，在全球350多所孔子学院中，中外高校合作办学的占90%，国内有160多所高校参与了孔子学院建设（赵秀红，

2011)。可以说，中方高校的有力支持是孔子学院蓬勃发展的重要保证，同时孔子学院的发展也为中方高校开展对外交流合作、推动中国高等教育国际化搭建了重要管道。

1. 把推动孔子学院建设作为高校大力推进文化传承创新的重要任务。中外大学合作共建孔子学院，为中国大学传承和创新文化开辟了新的空间和形式。承担孔子学院任务的高校应切实把孔子学院工作纳入本校发展的重点建设内容，从经费投入、人员配置等方面加大支持力度，形成各方共同参与孔子学院建设的良好工作局面。孔子学院的历史还很短，办学的经验还有待进一步积累，教学管理和教学模式还需要加强研究，为此，高校应该组织专门人员进行专门研究，为孔子学院的健康发展提供理论支持。

2. 在政策上对海外孔子学院予以支持。在师资上，制定特殊政策以鼓励支持相关教师接受外派，如在职称评聘和职务晋升上向派出教师倾斜等等。在科研上，鼓励支持创新和学术交流，如积极鼓励和支持教师因地制宜探索试验创新多种教学方法；鼓励教师自己编写好用、适用的教材；利用孔子学院组织相应的学术交流活动，为外派教师参加海内外科研和学术交流活动提供经费，等等。

3. 调整学科专业结构，建立人才孵化器。根据中华文化"走出去"的新形势，积极调整学科、专业结构，加强汉语国际教育专业建设，培养大批适应国家文化软实力建设需要、具有较强跨文化交际能力的汉语和中华文化传播人才。如，建立本硕博连读模式，扩大海外师资培训，招收中外学习者，国内外联合培养国际化师资队伍；调整课程体系，加强中华文化课程比重，加强人文艺术技能培训，传承、创新中华文化，提高孔子学院教师的综合素质；确立多层次的教学内容，适应中小学教育、短期旅游培训、专业汉语教学、培养汉学家等多种目标；积极引进世界一流学者从事教学、科研、管理工作，为孔子学院孵化各方面人才。

4. 与海外孔子学院承办方建立顺畅的交流通道。孔子学院既为中外高校双方合作搭建了平台，也需要通过巩固这一平台为孔子学院建设和发展营造良好的环境。中方高校应该积极走出去，主动与孔子学院外方高校联系，探索合作培养人才的新模式。通过开展教师互派、学生互换、学分互认和学位互授联授活动，为各国汉语学习者搭建多样性、可选择的教育平台。通过建设联合实验室、联合研发基地等为共同攻克人类面临的新情况、新问题，探索合作科研的新方式、新机制。通过开通本硕博连读和高级访问学者的通道，共同培养新一代海外汉学家。目前，国外已有许多大学开展了汉学和中国问题研究，切实加强中方高校和孔子学院外方承办高校在汉学、中国问题研究方面的交流、合作，对于孔子学院可持续发展将起到长期的支持作用。

5. 在高校加强国际理解教育。国际理解教育（Education For International Understanding）是联合国教科文组织倡导的以"国际理解"为教育理念而开展的教育活动，其目的是增进不同文化背景的人们相互了解、宽容，从而加强相互合作以共同应对和处理全球存在的重大共同问题。《国家中长期教育改革和发展规划纲要（2010—2020年）》明确提出了要加强国际理解教育，推动跨文化交流，增进学生对不同国家、不同文化的认识和理解。孔子学院的教师和志愿者在海外不仅仅教授汉语，还要到社区组织一些活动，与各方人员进行交流沟通，国际理解教育是必修之课。

可以在高校的课程中渗透国际理解教育的内涵，或者开设国际理解教育课程。

参考文献

[1] 崔希亮（2010）汉语国际教育"三教"问题的核心与基础，《世界汉语教学》第 1 期。

[2] 沈庶英（2010）海外汉语教材本土化的路径选择，见"2009 中国—欧盟语言合作研讨会"论文集编委会编《"2009 中国—欧盟语言合作研讨会"论文集》，北京：外语教学与研究出版社。

[3] 袁贵仁（2011）充分发挥综合文化交流平台作用 努力开创孔子学院工作新局面，《人民日报》12 月 15 日。

[4] 赵秀红（2011）高校积极参与文化走出去工程，《中国教育报》11 月 25 日。

秘鲁汉语教学情况分析 *

——以秘鲁天主教大学孔子学院为例

王兰婷

一、引言

随着海外汉语教学和文化交流的日渐发展，孔子学院的建设已经成为国家汉语国际推广领导小组办公室（简称"汉办"）的旗舰项目。截至 2014 年 12 月，各国已建立 475 所孔子学院和 851 个孔子课堂，分布在 126 个国家（地区）。孔子学院是中外合作建立的非营利性教育机构，其宗旨和使命是：增进世界对中国语言和文化的了解，发展中国与其他国家的友好关系，促进世界多元文化的发展，为构建和谐世界贡献力量。

2007 年 12 月 11 日，秘鲁天主教大学校长路易斯·古斯曼·巴隆在北京与国家汉办主任许琳女士签订了创办秘鲁天主教大学孔子学院的协议。2009 年 3 月 1 日起汉语班正式开始授课。自此，已经有 4 所孔子学院在秘鲁这片土地上扎根生长了。短短两年多

---

* 原文发表于《现代语文（语言研究版）》2015 年第 12 期。

的时间，这些孔子学院取得了巨大的成就，为汉语的传播和中国文化的推广做出了应有的贡献。然而，在孔子学院发展的同时，也难免会存在一些问题和不足。如何应对这些问题，继续发挥优势，是我们必须思考的。

本文将以秘鲁天主教大学孔子学院为例，分析秘鲁目前汉语教学的现状、孔子学院的相关情况，并指出目前孔子学院发展中存在的问题，为今后孔子学院的发展建设提供借鉴。

二、秘鲁汉语教学现状

2.1 秘鲁汉语教学所处的社会环境

2.1.1 中秘交流源源不断

中国和秘鲁虽相距遥远，但两国人民友谊源远流长。中国于19世纪上半叶开始与秘鲁进行交往，秘鲁是第一个向中国开放国门的拉美国家。1849年，第一批中国人到达秘鲁，目前大约有占全国人口10%的秘鲁人有中国血统，他们完全融入了秘鲁社会，成为多元文化的秘鲁社会的重要元素。在秘鲁至少出版6种中文报纸。由于秘鲁华人比较多，所以中秘之间一直存在贸易往来，主要的通商组织有：秘中友好组织秘中商会（Camara de Comercio Peruano China）；秘华裔友好组织—秘华协会（Asociación Peruano China）；中华通惠总局（Sociedad Central de la Beneficencia China）。

自从国家主席胡锦涛2008年11月19日在利马同秘鲁总统加西亚举行会谈，共同宣布两国自由贸易协定谈判成功完成时起，中秘两国之间的贸易往来更为频繁。目前，中国是秘鲁第二大贸易伙伴，秘鲁是中国在拉美第七大贸易伙伴。这些都成为促使秘鲁学生学习汉语的动力，也是汉语教学得以发展的重要因素。

2011年为中秘建交40周年，两国举行了隆重的庆祝活动。2011年11月11日，国家主席胡锦涛在美国夏威夷州首府檀香山会见秘鲁总统乌马拉。两国元首就双边关系及共同关心的问题坦诚深入地交换了意见，一致同意共同努力推动中秘战略伙伴关系进一步向前发展。此次两国领导人的会见，对于推动中秘两国的发展无疑具有重要意义。也为孔子学院的进一步发展创造了有利的社会环境。

2.1.2 汉语教学在秘鲁教育体制中的地位

因为中国与秘鲁之间的渊源以及相互之间的经济往来，极大地促进了秘鲁人民学习汉语的热情。然而，汉语教学在秘鲁的教育体制中尚未得到足够重视，一方面是由于秘鲁自身教育体制不够完善，教育普及程度不够；另一方面，是因为秘鲁没有相应的语言规划政策，大学里也几乎没有设立外语专业（里人卡多·帕尔马大学是秘鲁唯一设有中文专业的大学，但是中文专业设在翻译系下）。学生的外语学习基本是在培训机构中完成的，国家缺乏相关规划与调控。这样，也大大降低了汉语的推广力度与普及度。

2.2 秘鲁汉语教学现状

2.2.1 孔子学院（课堂）

2008年11月19日，国家主席胡锦涛抵达秘鲁首都利马，并与秘鲁总统加西亚共同见证了秘鲁天主教大学孔子学院等3所秘鲁大学孔子学院授牌仪式。3所孔子学院分别是由上海外国语大学与秘鲁天主教大学，广东外语外贸大学与阿雷基帕市圣玛利亚天主教大学，首都师范大学与皮乌拉大学合作建立的。

孔子学院成立以来，获得了飞快的发展，以秘鲁天主教大学孔子学院为例，学习汉语的学生数量呈快速上升趋势，从2009年的不足百人，到2010年突破800人。学院2010年开设了4期汉语培训班，共招收1000多名学生。同时，还计划在学院附近的一些中学和公司开设汉语学习班。本文主要以成人汉语教学班为例进行研究。

名称	学生人数	教师人数	汉语教材	年度学期
秘鲁天主教大学孔子学院	337人	中方教师9人 本土教师6人	《今日汉语》《新实用汉语课本》	4
秘鲁里卡多帕尔马大学	193人	中方教师6人 本土教师2人	《今日汉语》	学历教育2 非学历教育3
秘鲁圣玛利亚天主教大学孔子学院	100人	中方教师6人	《今日汉语》 拟使用《长城汉语》	3
秘鲁皮乌拉大学孔子学院	80人	中方教师6人	《今日汉语》	3

注：秘鲁天主教大学孔子学院开有周末儿童汉语班，所用教材为《快乐汉语》，还有在当地中小学开设的汉语班，教材同为《快乐汉语》，同时还有面向秘鲁商务部工作人员的培训班，所用教材为《汉语口语速成》；秘鲁圣玛利亚天主教大学孔子学院（孔子课堂）拟开两所中学孔子课堂，教材同为《快乐汉语》；秘鲁皮乌拉大学孔子学院有中学孔子课堂8个班，200人左右，教材都是《快乐汉语》。

2.2.2 中小学中文教育

在中学，秘鲁的若望中学（Juan23）规定中文是全校3000名学生的必修课。除此之外，还有三民学校（Diez de Octubre）、瑞士学校（Colegio Suiza）、圣西尔维斯特学校（San Silvestre）、卡刷里那斯学校（Casuarinas）开有汉语课。

笔者曾对若望中学的中文负责人做过问卷调查，借此了解当地中小学中文教育的特点。在此,以若望中学为例,当地中小学中文教育可见一斑。

(1) 学校基本情况。若望中学(Colegio peruano chino Juan XXIII),全名为若望二十三世秘中学校。若望二十三世学校成立于 1962 年,现有学生 1560 人,其中华裔子女占总人数的 25%~30%。学生选择该校学习的主要动机有:该校开设中文课,而且中文越来越重要;除此之外,还有该校的知名度以及升学率较高,该校拥有优越的师资和教学设施。

课程名称	课时数	学生数	教材
汉语课(幼儿班)	每周一节	157	学校自编
汉语课(小学)	每周三节	767	学校按《快乐汉语》和学生的需要编印教材。
汉语课(中学一至四年级)	每周三节	506	学校按《快乐汉语》和学生的需要编印教材。
汉语课(中学五年级)	每周两节	130	学校按《快乐汉语》和学生的需要编印教材

由上表可见:①中文为该校的必修课,每个学生都要学习。但是课时数相对较少,最多为每周三节。②学校所用汉语教材为参照国内汉语教材而编写的自编教材。但是据该校负责人所说,该校拟使用国内编写的教材《快乐汉语》。

(2) 师资构成。该校有汉语教师 8 名,受过汉语教学专业教育的有 0 名;受过大学中文专业教育的有 0 名;未接受相关中文教育背景的有 8 名;其中,西班牙本土汉语教师 1 名,专职教师 6 名,兼职教师 1 名。

由此可见,该校汉语师资的主要问题是,这些汉语教师均非汉语教学科班出身,无疑在汉语教学法、教学技能等方面存在着欠缺。

2.2.3 其他中文培训机构

除了孔子学院、学校里的中文教学外，秘鲁利马还有大量的中文培训机构。北京文化馆（El centro cultural de Beijing）、秘鲁利马育华语言中心（旅秘华侨余丽嫦女士开办，现有2个班，华侨教师2人，学生20人）。秘鲁中华会馆汉语班（学员30人，华侨老师1人，近年开办）。通常这类培训机构都由台湾人或者当地华人开办，使用教材以及教学内容与普通话教学有很大区别。

三、以秘鲁天主教大学孔子学院为例

3.1 秘鲁天主教大学孔子学院的基本情况

3.1.1 硬件设施

目前，秘鲁天主教大学孔子学院拥有固定教室2间，均配有网络多媒体设备。另外在大学中还有若干借用教室。孔子学院还有图书馆1座，馆内有汉办赠书和社会各界赠书若干。

3.1.2 人员构成

目前，秘鲁天主教大学的管理人员有中外方院长各1名，本土工作人员8名。

中方教师9名，其中汉办公派教师2名，志愿者教师7名。秘鲁本土汉语教师6名。

3.1.3 学生特点

以2011年第4学期成人汉语班为例，共分为入门、初级一、中级一、中级二、高级一、高级二、超高级一、超高级二8个级别，共有237名学生，全年共计1000名学生左右。

这些学生的来源大体分为三类：一类是中学生，占总人数的

8%；另一类则是在校大学生，这也是孔子学院学生的主体部分，占总人数的 57%；最后一类则来自于社会中的工作人员，占总人数的 35%。

关于这些秘鲁学生学习汉语的动机，笔者做过相关调查（本次调查共包括问卷 100 份，其中使用《新实用汉语课本》的学生调查问卷 50 份，涉及入门级学生 22 人，初级一的学生 28 人。使用《今日汉语》的有 50 份，其中中级学生 8 人，高级班 26 人，超高级 16 人）。调查结果如下：

学习动机	分数
对中国文化感兴趣	540
汉语有意思	531
想去中国	510
为将来找工作做准备	466
想同中国做贸易	423
喜欢挑战	417
工作需要	334
父母的要求	124

注：本题设计为将各项学习动机按照重要性排序。统计时，最重要的学习动机为 8 分，依次递减，最后将所有样本的分数累加，得出最终结果。

由上表可见，秘鲁天主教大学孔子学院汉语学生学习汉语的动机主要可以归结为以下几方面：

（1）兴趣满足的需要

由上表可知，对中国文化感兴趣、觉得汉语有意思，这两项的得分最高。说明大部分学生选择学习汉语还是出于对汉语感兴趣。另外，对中国的兴趣也是他们学习汉语的重要原因。从调查中可见，对中国感兴趣，为去中国而学习汉语，这个原因也占有相当高的比重。

（2）职业需要，包括就业的考虑和职业发展的需要

改革开放以来，中国的综合国力不断增强，并且保持着持续快速的发展。中国的发展在秘鲁受到很大的关注，几乎每天都可以看到有关中国经济状况的报道。中秘两国的经济合作非常紧密，根据中国驻秘鲁大使馆经济商务参赞处提供的名单，目前至少有50家中国企业在秘鲁投资，建立合资或独资企业；秘鲁人的日常生活中随处可见"中国制造"的产品。这种互利互惠关系，今后将会更加紧密，也就需要越来越多懂得中国语言和文化、能为中秘两国经济交往牵线搭桥的人才。作为一种重要的商业语言，汉语势必带给学习者更多的就业机会和商业机会，其实用价值和潜在价值自然就不断提升。

由调查结果我们也可以看出，为将来找工作做准备和想同中国做贸易这两项的得分也相当高。也正体现出大部分学生出于职业需要而学习汉语的动机。

（3）其他动机

由调查结果可见，因为喜欢迎接挑战而学习汉语的人，也占有一定比重，这是出乎笔者意料的。而工作中需要汉语，这一项所占的分数并不高，说明目前汉语在秘鲁的使用范围不够广泛。

3.1.4 教学活动的安排

因为海外汉语教学本身的局限性，比如：学生学习时间少，缺乏语言环境，加之汉语在秘鲁只是作为选修课，秘鲁天主教大学的汉语学生主要来自三大群体：中学生、大学生、社会工作人员。他们只能利用自身学习或者工作的空余时间来学习汉语，这无疑需要孔子学院灵活地设置课程，合理地安排教学进度，适当

地安排课时数量，采用符合秘鲁实际情况的评估方法。

课程名称		教材	课程进度	课时数	评估方式
Inicial（入门）		《新实用汉语课本》	第一册，1 至 6 课	一三五（每节课 105 分钟，每周共 315 分钟）二四（每次课 150 分钟，每周共 300 分钟）	期中考试（25%）期末考试（30%）口语考试（20%）课堂表现（10%）平时作业（15%）
Básico（初级）	Básico 1	《新实用汉语课本》	第一册，7 至 10 课		
	Básico 2				
Intermedio（中级）	Intermedio 1	《今日汉语》	第一册，22 课至第二册，第 5 课		
	Intermedio 2		第二册，6 至 13 课		
Avanzado（高级）	Avanzado 1	《今日汉语》	第二册，14 至 21 课		
	Avanzado 2		第二册，21 课至第三册，第 3 课		
Superior（超高级）	Superior 1	《今日汉语》	第三册，4 至 10 课		
	Superior 2		第三册，11 至 17 课		

注：秘鲁天主教大学孔子学院的课程主要有成人汉语班、周末儿童班、为秘鲁商务部工作人员设立的培训班，还有在当地中小学设立的汉语班。本文主要以成人汉语班的课程进行分析。

按照孔院的课程安排，我们可以知道：

（1）秘鲁天主教大学孔子学院选用的汉语教材有两种：一种是外语教学与研究出版社出版的针对西班牙语国家和地区的汉语教材《今日汉语》；基于部分教师和学生对《今日汉语》所指出的不足，加之该教材数量不足的情况，孔子学院于 2011 年度第 3 学期开始使用由北京语言大学出版的《新实用汉语课本》。

（2）针对秘鲁学生的特点，以及海外汉语教学的实际情况，秘鲁天主教大学的课程安排有着自身的特点。均为综合课，每周分为一三五、二四两种课型，学时分别为 315 分钟和 300 分钟，相比国内的汉语教学,学时明显较少。针对这一不足,秘鲁天主教大学孔子学院特别安排了教师课外辅导时间,专门为学生解答疑难问题,营造更多的说汉语的环境。

(3)因为秘鲁天主教大学孔子学院的学时明显少于国内汉语教学,所以汉语级别的设置也与国内不同,虽然同为初级、中级、高级,但是却有着不同的划分标准,而孔子学院每个级别下边又分为两个小级。《新实用汉语课本》的教学进度基本为每个小级每学期4课,预计3年修完全4册;《今日汉语》为每个小级8课或者9课,预计2年修完全3册。

(4)关于评估方式,秘鲁天主教大学孔子学院关于汉语课的评估手段主要以考试的形式进行,分为期中考试、期末考试和口语考试。由于海外汉语教学课时少、学习时间短、学生缺乏练习汉语的环境,为督促学生学习汉语,孔子学院将课堂表现、作业的完成情况也列入评估方式中,各自所占比重有所不同。

3.1.5 文化活动安排

孔子学院的宗旨为:增进世界对中国语言和文化的了解,发展中国与其他国家的友好关系,促进世界多元文化的发展,为构建和谐世界贡献力量。因此,除了语言教学以外,孔子学院还开展了大量的文化活动。其中包括汉语角,文化精品课,传统节日的庆祝活动,到中小学或者当地社区进行的文化展示,等等。

值得一提的是,孔子学院的文化活动不局限在孔子学院,它还深入当地社会、相关社区社团传播文化活动。例如:在大学进行网络孔子学院的推广活动;大学活动日进行的书法、剪纸展示;在2011年7月20日举行的利马国际书展上的文化项目;接待并组织中国著名二胡演奏家以及广西歌舞团的演出;到相关社区进行剪纸等中华才艺的教学，等等。

3.2 秘鲁天主教大学孔子学院的主要特点

3.2.1 因地制宜，按需求开课

秘鲁天主教大学孔子学院面向社会开设非学历、开放式的汉语课程，以满足不同群体学习汉语的需求为导向，既有针对成人开设的初级、中级、高级等基础性的汉语培训课程，也有针对儿童开设的周末儿童汉语，同时深入当地中小学开设汉语教学班，还与秘鲁政府合作，为其工作人员开设培训班。

无论何种形式的汉语课堂，孔子学院又根据当地汉语教学自身的特点、学生的需求，设置课程安排、教学进度，选取汉语教材，从而满足不同学习主体的学习需求。

3.2.2 语言教学与文化推广紧密结合

因为孔子学院的宗旨为推广汉语、传播中国文化。所以在秘鲁天主教大学孔子学院，汉语教学和文化推广被紧密地结合起来。除了基本的汉语教学活动以外，孔子学院还开设了丰富的文化活动。由最初的汉语角到中国传统节日隆重的庆祝活动，再到文化精品课的开设，秘鲁天主教大学孔子学院在不断的探索中，找到一条行之有效的传播中国文化的道路，让秘鲁各界更好地了解中国、了解中国文化。

3.2.3 注重与社会各界的合作与交流

秘鲁天主教大学孔子学院的活动并非仅仅局限于孔子学院内部，而是注重与社会各界的合作与交流，积极深入当地社会。例如：到当地华人社团教授剪纸、中国结的课程；利用周末时间，相关老师到当地公园展示中国文化、展出汉语书籍；利用大学文化日，在大学校园内举行各种文化活动；协助中国艺术家、艺

团队在秘鲁举办各种活动，等等。

3.2.4 培训汉语教师，注重师资的本土化

除了汉办派来的汉语教师和志愿者以外，秘鲁天主教大学孔子学院还积极地聘用当地汉语教师进行授课。此举的目的在于扩大本土汉语教师的规模、实现汉语师资的本土化，为今后孔子学院的发展壮大奠定良好的师资基础。

本土化汉语老师主要由当地华人华侨，还有会说汉语的秘鲁人构成。这些教师的优势在于了解当地教学的情况、了解当地学生的特点，能更好地运用媒介语进行汉语教学；而缺点则是，他们在汉语教学法、汉语教学技能方面存在着欠缺。就此，孔子学院针对本土教学，多次举办培训活动，收效显著。

四、秘鲁四所孔子学院存在的主要问题

4.1 经费、场地、人员问题

《孔子学院章程》规定：孔子学院总部对新启动的孔子学院投入一定数额的启动经费，孔子学院的年度项目经费由外方承办单位和中方共同筹措，双方承担比例大约为 1:1；孔子学院不以营利为目的，其收益用于教学活动和改善教学服务条件，其积累用于孔子学院的持续发展。

自各孔子学院成立以来，尽管国家汉办提供了强大的支持，然而，各孔子学院尚处于发展的初级阶段，难免出现资金周转不便的情况。同时，孔子学院进行教学或者文化活动的场地不足也是一大问题。以秘鲁天主教大学孔子学院为例，能够自主支配的教室只有两间，平常上课还需要到大学里借用教室，这无疑为孔

子学院的发展设置了障碍。

4.2 缺乏合格、有经验的汉语教师群体

孔子学院的老师主要由中方汉语教师、中方志愿者以及当地聘任的汉语教师组成。不同的学院教师数量也不同，有的只有中方外派的1至2名教师。随着孔子学院汉语教学和文化推介活动的增多，汉语教师缺乏的情况日渐凸显。除此以外，有些国内外派的教师虽然在汉语方面有很高的造诣，但由于不了解当地的教育情况，仍然不能完全胜任。

另外，中国派出的汉语教师到了所在国需要有一个适应的过程。尽管绝大多数对外汉语教师的中国语言文化知识丰富，教学经验也比较丰富，但是对于外国大学汉语的特点以及海外的语言环境掌握不到位。有的教师擅长用汉语来教学，而无法熟练地使用所在国的语言西班牙语。本土教师的优势是了解当地教育的特点、学生心理，能够熟练运用西班牙语授课；然而，通常这些老师都并非科班出身，未接受过对外汉语教学的正规培训，对于汉语教学的基本原则、方法技巧了解得并不清晰。如此一来，则需要孔子学院进一步加强师资培训。

4.3 缺乏合理的语言资源

国际上普遍认为汉语很难学会，为了降低汉语学习的门槛，就必须在教材建设上多下功夫。目前对外汉语教材一是总量不多，二是不贴近外国人的生活，不方便外国人学习。教材中有很多外国人不易理解的内容，也有很多不合乎他们思维习惯的教材编排方式。目前，拉美地区普遍使用的教材为《今日汉语》，总体而言，这套教材在秘鲁学生汉语学习的使用中还算令人满意。然而，作为国内编写的教材，也存在一系列的问题，诸如：语法结构的

不系统、课文内容不贴近生活、汉字教学不足、西语注释存在问题等等。

4.4 汉语的社会地位问题

汉语在秘鲁社会和教育教学中的地位越来越突出,越来越多的人开始学习汉语,而且这些学生学习汉语的主观动机比较强烈。但是,因为秘鲁缺乏统一的语言学习政策,学生学习外语基本属于自愿选修的状态。这样难免会造成学生"三天打鱼两天晒网"的现象出现。通常这些学生会因为工作比较忙,大学里的课程比较多,或者交不起学费等原因,而放弃学习汉语。因为汉语是学生工作、学习之余的选修课,所以课时本来就少,再加上没有语言环境,这些学生的学习效果可想而知。如何出台有效的措施督促这些学生学习汉语并提供更多的语言环境,增强学生的学习效果,这是今后孔子学院应考虑的重要问题。

参考文献

[1] 第五届孔子学院大会交流材料,2010年12月。
[2] 国家汉语国际推广领导小组办公室,http://www.hanban.edu.cn/。
[3] 沈琳(2007)日本孔子学院的现状及展望,《广东外语外贸大学学报》第5期。
[4] 孙鹏程(2008)孔子学院和国际语言推广机构的比较研究,山东大学硕士学位论文。
[5] 徐丽华(2008)孔子学院的发展现状、问题及趋势,《浙江师范大学学报(社会科学版)》第5期。
[6] 中国共产党新闻网,http://cpc.people.com.cn/GB/64093/64094/16226188.html。
[7] 中国和秘鲁将签署中秘自由贸易协定——世贸人才网,访问地址,http://class.wtojob.com/class231_39403.shtml。

[8] 中国华文教育网，http://www.hwjyw.com/index.shtml。

[9] http://pe.mofcom.gov.cn/aarticle/zxhz/zzjg/201109/20110907724480.html。

[10] http://news.xinhuanet.com/overseas/2011-03/09/c_121167753.htm。

大力加强学科建设，提升汉语国际教育科学化水平 *

刘　利

1978年，王力先生提出"对外汉语教学是一门科学"的重要论断，广大对外汉语教学工作者深受鼓舞。自那时以来，对外汉语教学界自觉提高学术水平，总结教学经验，开展理论创新，取得一批重要的学术成果和教育教学成果，推动了对外汉语教学学科体系的建立。

一、汉语国际教育学科体系的内涵

从学理看，汉语国际教育的学科体系至少应包括三部分内容：

一是学科理论基础：与汉语国际教育学科发展关系最密切的基础学科，如语言学、教育学、心理学等。

二是学科理论体系：属于汉语国际教育学科范围内的基础理论体系，如汉语第二语言教学理论、汉语习得理论、面向汉语国际教育的汉语语言学、学科研究方法等。

---

* 原文发表于《世界汉语教学》2019年第2期。

三是学科应用研究：运用学科理论，对总体设计、教材研发、课堂教学、测试评估、教育管理、师资培养等方面进行专门的研究。

二、汉语国际教育学科的现状

以汉语作为第二语言教学的活动可以追溯到1950年"清华大学东欧交换生中国语文专修班"时期。经过近70年的努力，在政府主管部门积极推动下，广大汉语国际教育（对外汉语教学）工作者不断探索，形成了上个世纪80年代设立的对外汉语教学本科专业、本世纪2007年设立的汉语国际教育专业硕士的重要学科建设成果。

随着国家实施"走出去"战略、"一带一路"倡议和孔子学院建设等，世界上学习汉语的人数空前增加，汉语作为第二语言教学的学科建设也进入了新的历史阶段。新时期的汉语国际教育学科建设，需要继承前辈学人形成的学科传统，针对新时期新变化，从教学实践和理论构建两方面集中学术智慧，整合教学科研资源，吸纳国际先进学术成果，并进行创造性转化，建设适合时代发展要求，满足世界汉语学习热潮，深刻反映语言教学规律的汉语国际教育学科体系。

回顾过去，可以看到汉语国际教育学科建设始终贯穿着两条主线，即政府主导的学科体系规划和汉语国际教育工作者的理论实践探索。就后者而言，前辈和时贤在本学科史、论、法三个主要构成板块上都取得了重要进展：在学科史方面，对当代对外汉语教学史进行了分期研究；在学科理论方面，对汉语作为第二语言教学的基本规律和学科理论定性等问题开展了深入研究,取得了若干重要共识;在教学法体系方面,一线教师和科研人员进行了多方面的教学试验和科学总结。这些理论研究和实践探索的成果归结起来大体有五个方面:一是积极挖掘汉语作为第二语言的学习规律和教学规律,提出总体设计、教材编写、课堂教学、测试或评估的对外汉语教学四环节观;二是区分"知识文化"和"交际文化",提出课堂教学过程中的"交际文化"思路;三是借鉴、融合语法翻译法、直接法、听说法、功能法、任务型教学法等教学方法,逐步形成汉语综合教学法;四是对教学实践效果进行测试和评估,建立科学的 HSK 汉语测试体系;五是针对汉语本科教学、汉语预备教学、汉语进修教学、汉语短期速成教学等对外汉语教学类型,提出"实践性原则",以及综合模式、分技能教学模式。上述理论和实践成果,构成了汉语国际教育学科体系的重要基础。与此同时,在学科建设的引领下,汉语言文字学研究的新进展、新成果为汉语作为第二语言课堂教学提供了科学的依据;基于实验数据的汉语认知和习得研究揭示了汉语作为第二语言学习的基本规律;基于大数据开展的关于汉语国际传播规律的研究,验证了汉语国际教育的普遍效果。

在看到成绩的同时,也要看到,随着汉语作为第二语言教学环境的重大变化,汉语国际教育也面临诸多严峻的挑战。一是非目的语环境下的汉语教学需求量激增。在不少国家,随着汉语学习进入普通教育体系,汉语教学越来越具有一般外语教学的基本特征,使得汉语和其他语种处于竞争性学习状态。二是跨文化语境对外派汉语教师、汉语国际教育志愿者提出了更高的社会文化适应能力的要求。三是汉语教材面临着迫切的国别化、本土化需求。四是汉语作为第二语言教学的教学法、教学模式面临着国际多种教学法体系的比较性压力。五是本、硕、博系列的汉语国际教育专业，承担着国内青年人才的培养任务，急需建设学术平台，提升学术层次，满足高质量人才培养的需要。六是对于汉语作为第二语言教学规律的探讨，急需提升学术解释力，不仅要对教学实践发挥指导作用，而且面临着进入国际应用语言学话语体系，形成国际学术影响的严峻挑战。七是缺乏站位高、系统性的学科顶层设计和学科规划。这些问题和挑战都是前所未遇的，要求汉语国际教育必须进行学术创新，必须有效适应在语言交际、学习规律、教学方法、教师素质等方面的新变化、新要求，进一步夯实学科基础，促进事业和学科两个方面的进步。

三、汉语国际教育学科面临的任务

吕必松先生早在 1987 年就提出了本学科建设的三项任务，即改革和完善教学法体系，加强理论研究，加强教师队伍建设。现在看，这三项工作仍然应当是今后一个时期的任务。根据当前学科发展的现状，我们认为以下"六大体系"是当前和今后汉语国际教育研究面临的主要任务。

一是面向汉语国际教育的汉语语言学体系。如汉语作为第二语言的教学语法系统/教学参考语法、词汇系统、语音系统等。

二是汉语第二语言教学法体系。一方面需要总结提炼国内的汉语教学法，如"北语模式"，另一方面也需要关注世界各国的汉语教学模式和教学理念。同时，要重视国别化、语别化教学法的研究。汉语教学作为整个第二语言教学的一部分，也具有第二语言教学的普遍规律，应当与世界第二语言教学相衔接。但我们也必须看到，汉语和汉语教学具有自身的特殊性，这就需要本学科深入研究汉语的特殊性和汉语作为第二语言教学的特殊规律，找出符合汉语学习特点的教学途径和教学模式，进一步完善中国特色的汉语教学法体系。北京语言大学尤其应当在这方面有更多的建树，为人类第二语言教学贡献有价值的"中国方案"。

三是文化教学体系。我们有汉字大纲、词汇大纲、语法大纲、功能大纲、情景大纲，唯独没有文化大纲。在中国文化"走出去"的大背景下，文化大纲的研制、文化教学体系的构建、中国文化与世界各国文化交流互动态势的重构，已是当务之急。北京语言大学是国内讨论和研究"知识文化""交际文化"的发源地，应该起到引领作用。

四是教师教育体系。要加快构建科学、系统、分类的汉语第二语言教师教育体系和教师评价体系，将职前培养（学历教育）与岗前岗中培训（教师培训）相贯通，根据教育对象的不同，确定相应的教育模式、教学理念、课程设置、教学大纲、课程规范，研发相应的教材。北京语言大学是最早完成汉语国际教育专业本、硕、博学科一体化建设的高校，在教师教育的各个层次上，都应当有所作为。

五是汉语国际教育评估体系、留学生教育与多语多文化教育政策体系。其中，教育评估包括教学评估、教材评估、教师评估等。

六是汉语第二语言学习者认知与习得体系。就是揭示第二语言学习者汉语认知与习得规律，寻求习得与教学的接口。

需要强调的是，汉语国际教育学科水平的提升，需要以标志学科地位的学术成果为支撑。只有在语言学习规律、语言教学规律以及语言教学模式等方面产出重要的学术成果,融入世界学术体系,同时体现汉语作为第二语言教学的针对性,才能使汉语国际教育学科的话语权获得大幅度提升。也只有以学科的科研成果为依据,科学把握在教学活动的推动下汉语国际传播的基本趋势,做出前瞻性的科学研究,才能丰富汉语国际教育事业的内涵,进而推动汉语国际教育学科进入更高水平的发展阶段。

为此,我们要密切跟踪国际应用语言学、跨文化研究、认知语言学、语言政策等领域的最新研究成果,结合汉语作为第二语言教学的实际,推出汉语国际教育学科的标志性学术成果,从而使汉语国际教育在当代人文社会科学体系中,确立应有的学科地位。

注重汉语特点，创新汉语教学体系 *

赵金铭

汉语国际教育就是将汉语作为第二语言/外语教给母语非汉语的外国人，是一个语言教学学科。其知识体系的构建，既包括知识系统，还包括技能养成，故可从三方面完善。

一是教学内容研究。即教给学习者的汉语知识体系，也就是学习者应掌握的汉语知识和应养成的汉语表达技能，汉语本体研究属此。二是学习对象研究。学习者是怎样学会汉语的，这要通过认知神经科学与认知心理学的研究才能发现，这就是汉语作为第二语言习得与认知研究。三是怎样教学习者掌握汉语。汉语有其自身特点，汉语教学方法应有别于基于印欧系语言所创造的语言教学法。

这样，汉语国际教育知识体系的构建就有三方面内容，可以概括为：教什么、怎样学、如何教。这是一个"跨领域"的学科整合。似乎是老生常谈，但常谈中隐现不足。

汉语国际教育知识体系的构建与创新所关涉的所有领域的研究，都应以汉语本体为依托，体现汉语特点。离开汉语本体研究，

---

* 原文发表于《世界汉语教学》2019年第2期。

相关研究都将无从进行，未免舍本逐末。汉语虽存在于世界语言共性之中，但有些根本特点确是世界其他语言所无。事实证明，这些特点又明显地影响着汉语的教与学。所憾者是，语言学界对汉语特点的挖掘与发现，多年来无论是教学内容研究、学习研究，还是教学研究，均未被合理吸收与充分利用。

比如，汉语中语素的地位不亚于词。汉语的语素绝大部分是单音节的，语素和语素可以组合成词。有的语素本身就是词，有的语素本身不是词，只能跟别的语素一起组成复合词。现代汉语里双音节词占的比重最大。

依据元语言语素意识是对语素及字词形成规则的操作能力的观点，现今的汉语教学显然没有体现对汉语语素意识的培养。起码的教学顺序，应该是从单音节词（成词语素）学起，再双音节词（内含不成词语素），继而词的组合，而不是现行教材从一开始便用短句说话。前辈学者提出的教外国人要"字不离词，词不离句"庶几近之。

一些外国人所编的汉语教材，似乎意识到这一特点。日本明治之前的汉语教材，发音教学后，即进入二字组教学，然后三字组，四字组，以至短句。威妥玛的《语言自迩集》（1886）也是这个路子，大概都是悟到汉语这个特点。

又比如，汉语的另一特点是词、词组和句子的构造原则基本上是一致的，共五种主要关系：陈述、偏正、支配、补充和并列。在句子中就是：主谓、定/状中、动宾、动补、联合和连谓。抓住了五种结构关系这条线索，几乎掌控了汉语中全部句法结构，无论"教"与"学"都会简明许多。然而，汉语教学中却未充分利用。

比如汉语教学中用很大篇幅所教的几种特殊句式，"把"字句、"被"字句、"比"字句，其实并不特殊。它们的谓语，如"把苹果吃了""被他骗""比你大"，不过是偏正关系，是介词词组修饰动词结构，跟"从哪儿来"结构一样，只不过属于不同的语义范畴就是了。这样看来，作为词和句子中间的词组的教学十分重要，应给予充分重视。

质言之，从汉语特点思考，可能要重构汉语教学语法体系，同时也一定能创新汉语国际教育各领域的知识体系。

帮助汉语学习者过好语言生活 *

李宇明

汉语国际教育的未来发展，有四点值得注意。

一、站在汉语学习者的立场上考虑问题

20 世纪 90 年代以来，中国的高校就开始制作课件，用信息化手段来帮助教学。随着互联网和信息化技术的发展，教育信息化也不断进步，教学资源库、慕课、翻转课堂等新技术、新概念层出不穷。20 来年过去了，应当对教育信息化的成效做个评估，看它对教师、对学生究竟有多大帮助？对教学、对教育发生了什么影响？还将产生什么影响？

在教育信息化中，语言教育的信息化步伐是迈动得最快的。根据服务对象可将信息产品分为五类：A. 助管类：帮助管理；B. 助教类：帮助教师；C. 助学类：帮助学生；D. 助语言生活类：帮助在读学生和毕业后学生过好语言生活；E. 助研类：帮助语言及语言教育研究者。

以往的信息产品主要在 A、B 两类。就助教类产品看，存在

---

* 原文发表于《世界汉语教学》2019 年第 2 期。

着广谱化、正规化、学科化等特点。因"广谱化"而缺少使用人群的针对性;太"正规化"而缺乏情趣;语言学分为文字学、语音学、词汇学、语法学等,但语言学习并不是依照学科知识"循序渐进"的,正如人类的知识体系分为数学、物理、化学、天文、地理、生物等,但是人类的认知发展却不是分科而进行的。

今后,要注意发展的是 C、D 类产品,当然也要兼顾 E 类。教育就是要以学生为中心,只有了解了"怎样学",才有"怎样教"的问题。要多站在汉语学习者的立场上考虑问题,立场不同,视野、思路也就不同。

二、帮助汉语学习者过好"语言生活"

教人学汉语,是为了让人用汉语。教和学是手段,学了汉语能够用汉语、用好汉语、过好汉语生活,才是目的。花费了巨大财力、精力教人学汉语,但却不关注学过汉语的"二语人"如何使用汉语,这是一件很奇怪的事情。

观察一些学过汉语的人,包括一些当代的汉学家,发现他们"说"汉语还可以,甚至很不错,但却很难顺利地写一篇高水平的汉语文章。胡壮麟先生 2018 年 5 月 12 日于"在'双一流'背景下中国语言学学科建设高端论坛暨 2018 年语言学学科建设推进会"上指出,在国际会议上,中国的外语学者可以用外语做报告、讨论问题,而很少见外国人用汉语做报告、讨论问题的,汉语作为二语教学的水平还需要提升。有位著名汉学家在一篇文章里说,他在中餐馆吃饭时,最怕被问墙上或菜单上的汉字;他的桌子上有好几本字典词典,但是遇到一个字往往不知道该查哪部辞书。

如此看来，关心汉语"二语人"的汉语生活还是非常必要的。

中国语言规划学界十几年来一直在倡导"语言生活"理念，其实语言生活的理念也非常适用于汉语国际教育。语言学习的最大动力不应是为了考试，而是为了用于生活；儿童语言学习动机是最强烈的，强烈到感受不到学习动机的存在，儿童学习语言就是生存，就是生活。语言生活也是二语学习者的最大动力，同时也是学习语言的最佳教师、最佳教材、最佳课堂。本质上看，语言是在语言生活中获得的，而不是在课堂里教出来的。

认识到语言生活与语言学习、与二语人的关系，才能把研究的立场真正转移到学习者这里来，转移到语言生活这里来。要了解二语学习者、二语人的汉语生活特点，找到需要帮助之处。现在有了网络，要积极探讨通过网络帮助他们过好语言生活的最佳途径。

三、关注汉语学习者的"低龄化"现象

现在，国外汉语学习者中，中小学生已经超过 50%，甚至达到了 60%。国外汉语学习者低龄化，是中国发展到可以带动他国发展时的产物，是汉语国际教育发展的新阶段，也是汉语国际教育的一个极大挑战。少年儿童凭兴趣习得语言，最易建立语感和语言感情，甚至产生跨文化认同。而以往的汉语国际教育体系多是为成人准备的，亟须进行全方位的适应，更新理念，制定新的汉语国际教育规划，积极开展适合"低龄化"现象的教学研究。

要充分重视低龄化现象，下大气力研究儿童的汉语二语学习特点，研究儿童通过网络进行汉语二语学习的特点，研究现有的国际汉语教育体系如教材教辅、课程设置、教学方法、考试评鉴、

教师培养等，如何适应学习者"低龄化"的问题。

四、充分认识互联网和语言智能产品，让资源活起来，让学生活跃起来

互联网商业化应用已经 20 多年了，但是还需要深入思考"网络是什么"的问题，起码要认识到"互联网"不只是知识的传送带，而是一个"互动社区"。要思考即将到来的"语言智能时代"对语言学习的助益，研究"智慧学习"问题。

当前，一定要有这样几种意识：

1. 资源要"有用""有人用""便于用"。让资源活起来。资源要共建共享，使用者也应是资源的建设者。

2. 要重视慕课，推进慕课。通过慕课，汇集教育资源，汇集教育团队，汇集最新的教育理念和教育技术，实现中国古来推崇的因材施教。网络有自身的激励淘汰机制，通过点课，好课浮上来，劣课沉下去。语言教育最宜虚拟教学，利用 VR 技术把语言生活营造在虚拟空间里。

3. 让学习者动起来。要洞察学习者的真实需求，精心满足需求，使学习者在学习中获得满足感、生发成就感。要引入游戏原理、竞赛原理、群体学习机制等，寓教于乐。使学习变得有乐趣、有竞争。特别是低龄学习者，不是理性学习而是感性学习，更要重视这批"网上学习者"的快乐学习。

总之，做事情要思想领先，得风气之先，"春江水暖鸭先知"。汉语国际教育必须把注意力聚焦在助学上、助语言生活上。用"语言生活"的理念推进语言学习，帮助汉语二语人过好汉语生活。

加强汉语和汉语教学特点的研究，完善汉语教学法体系 *

刘　珣

建立并完善汉语教学法体系，以提高汉语学习效率，让学习者更好地掌握并运用汉语，这是汉语国际教育学科建设最根本的任务。特别是当代的汉语作为第二语言或外语的教学，即使从 20 世纪五十年代初算起，已有六七十年的历史。作为一门走向成熟的学科，海内外汉语教学界需要也应该在"汉语该如何教"的问题上形成某些共识。

建立并完善汉语教学法体系，又是关系到国际汉语教学可持续发展的一项十分紧迫的任务。近十多年来，国际汉语教学经历了前所未有的大发展，也面临严重的挑战。如何继续保持发展的势头，让汉语热不至降温，这是摆在我们面前的紧急课题。挑战来自很多方面。关于"汉语难不难"的问题，学者们还有争议，但不可否认的事实是，与学习其他第二语言相比，汉语学习的效率还不高。达到同样的水平，学汉语可能需要学其他语言三四倍的时间，这就难免会影响到学习者的兴趣和动力。有了比较完善

＊　原文发表于《世界汉语教学》2019 年第 2 期。

的教学法体系,比如适合的教学方法和好的教材,可以使汉语容易学一些;反之,没有完善的教学法体系,教学法不得当或者教材不好用,学习的效率必然更低。

建立并完善汉语教学法体系,也是我国作为汉语的故乡,帮助外国朋友学习我们的母语而应尽的义务和义不容辞的责任。

为了完善汉语教学法体系,必须发挥创新精神,加强对汉语和汉语教学特点的研究,总结汉语教学的特殊规律,解决汉语教学的特殊问题。

国际汉语教学作为第二语言/外语教学的一个组成部分,第二语言/外语教学的一般规律,原则上也适用于汉语教学。我国对外汉语教学长期以来在教学理论、教学原则和教学方法上一直借鉴、汲取世界第二语言/外语教学,特别是英语和俄语教学的成功经验和研究成果。今天诸如培养跨文化交际能力、以学生为中心、提倡互动和"用中学"等公认的第二语言教学原则,已成为我国对外汉语教学界的共识。

跟对待任何客观事物一样,我们在承认普遍性的同时,不能不看到矛盾的特殊性。汉语是一种在语音、语法、语篇、文字和语用系统方面都有着很多特点,因而离绝大多数学习者的母语都非常遥远、陌生的目标语,学习这种距离很远的陌生的目标语,跟学习与其母语同语系的亲属语言,显然会有不同的规律。以结构和功能的关系为例,英语母语者学习同样是以词的形态变化为主要语法手段的西班牙语,当然就无须进行性、数、格、时、态、体的机械操练,功能法坚决排斥句型操练之类非交际性的课堂活动,也许有一定的道理。但当遇到汉语这样非形态变化的目标语,特别是对成人学习者而言,要掌握完全生疏的另一套语法手段,不进行大量的结构练习，恐怕很难熟练地运用汉语。还要看到这样一个事实：我们所借鉴的第二语言教学法，几乎都是西方学者特别是英美学者研究的成果，他们未必都教过汉语甚至未必懂汉语，他们的研究所依据的教学实践和实验，基本上还是以印欧语言为主。

因此在汉语教学中，对西方的教学理论和教学方法，不能盲目地照抄照搬。今天在借鉴现有的第二语言教学理论的同时，更要特别强调从汉语和汉语教学的特点出发，发现汉语教学的特殊规律，从而建立并完善真正适合于汉语教学的教学法体系。比如说，当交际法、任务法否定或不十分重视语言结构教学的时候，我们从汉语教学的实际出发，是否可以明确提出汉语教学必须以语言结构的教学为基础？

我们所提出的汉语教学观和教学方法，也许还能为丰富整个第二语言教学理论宝库做出一份贡献。在汉语国际教育知识体系中适当融入汉字教学内容，我们认为也还是具有一定意义的。

习近平（2016：1）指出："如何加快建设社会主义文化强国、增强文化软实力、提高我国在国际上的话语权，迫切需要哲学社会科学更好发挥作用。"汉语国际教育工作者恰好可以在"增强文化软实力"方面有所作为，即通过汉语言和文化的研究和教授，传递中华优秀文化信息。习近平（2016：3）还说："中华民族有着深厚文化传统，形成了富有特色的思想体系，体现了中国人几千年来积累的知识智慧和理性思辨。这是我国的独特优势。"受此启发，结合旨在共创开放包容人文交流新局面的国家战略，我们可以认为，所谓"汉语国际教育知识体系特色"，应该就是指中华优秀传统文化，包括体现了民族智慧的汉字。

因为许多汉字是由象形文字演化而来的，其字形生动有趣，潜藏着独特的意蕴和魅力，便于识记。而且作为表意文字系统，当初先贤们在构造文字时，通常会将汉语词的意义转化为字符成分，这种以形表意的功能，使得很多汉字可以观其形知其意，便于联想。这两点均有利于引起学生的学习兴趣，并提高学习效率。尤为值得关注的是，由于语义与历史文化具有千丝万缕的联系，汉字在记录汉语词义的同时也承载了中华民族文化的相关信息，成为重要的文化载体。王宁（2017：146）就曾讲过："汉字的形体构造中存储的文化信息，常常深入一些琐细而具体的细节。"这就意味着，我们可以通过汉字中存储的文化信息研究历史文化中的那些"琐细而具体的细节"，为"宏大叙事"的中华民族优秀传统文化体系提供一些佐证。由此更让我们想到，不妨将其纳入汉语国际教育知识体系中，即我们在向汉语学习者直接系统传授中华民族优秀传统文化的同时，还可以通过教授汉字，解析其中的文化内涵，以形象化方式展示我们的文化中那些"琐细而具体的细节"，一方面可以充实我们的教学内容，另一方面也会收到潜移默化的作用，进而有助于提升中华民族优秀传统文化的传播效能，达到实现国家战略的目的。

参考文献

[1] 习近平（2016）《在哲学社会科学工作座谈会上的讲话（2016年5月17日）》，北京：人民出版社。
[2] 王宁（2017）《汉字六论》，北京：中国大百科全书出版社。

略论汉语国际教育学科的知识体系 *

崔希亮

很高兴有机会参加"汉语国际教育知识体系的特色与构建"研讨会,听了前面几位教授的发言,深受启发。关于汉语教师的知识和能力、汉语教师的文化修养、汉语教师的学术自觉,我曾经发表过一些不成熟的意见(崔希亮,2007、2010、2012、2013),关于汉语教师的素质与基本功,陆俭明、马真先生还出版了专门的著作(陆俭明、马真,2016)。我今天想谈的重点在于汉语国际教育作为一个学科应该具备什么样的知识体系。

首先,我们应该了解汉语国际教育的一些基本问题,这些问题包括教什么(语言与文化)、怎么教(教学法)、怎么学(第二语言习得)、在哪里教(教学环境)、教什么人(教学对象)、用什么教(教材/工具书/网络资源)、用什么方式教(教学手段)、经常遇到哪些困难(语言测试/相关研究)等等。

第二,我们应该知道汉语教师需要具备哪些能力,这与我们这个学科的知识体系密切相关。汉语教师应该具备如下能力:语言表达能力、课堂组织能力、外交能力、外语能力、理解能力、

---

* 原文发表于《世界汉语教学》2019 年第 2 期。

科学研究能力、跨文化交际能力、现代教育技术应用能力、一技之长。

从汉语国际教育的基本问题出发，结合汉语教师应该具备的素质和能力，我们提出汉语国际教育这个学科的知识体系应该包括以下几个方面：

1. 语言学知识（用语言学的理论来解决实际问题）；
2. 教育学知识（掌握教育规律和教学方法）；
3. 汉语言文字学知识（了解自己的语言和文字）；
4. 传播学知识（有效地把语言文化传播出去）；
5. 中国文化知识（文学、艺术、思想、宗教等）；
6. 中国历史地理知识（熟悉中国历史和地理）；
7. 中国社会知识（洞悉中国社会结构、社会现象）；
8. 世界文化知识（入国问禁、入境问俗、入门问讳）；
9. 网络与智能技术知识（适应网络时代和智慧技术的发展）；
10. 百科知识（要有常识）。

综上所述，我们可以看出，汉语国际教育是一个交叉学科，内容主要涵盖了中国语言文学、语言学、教育学、文化学等学科领域。汉语国际教育又是一个新兴学科，在现代教育技术飞速发展的今天，如何利用新的教育技术和智能教学软件提高教学效率，也应该成为汉语国际教育知识体系的重要组成部分。

参考文献

[1] 崔希亮（2007）试论对外汉语教师的知识和能力，见崔希亮主编《汉语教学——海内外的互动与互补》，北京：商务印书馆。
[2] 崔希亮主编（2010）汉语国际教育"三教"问题的核心与基础，《世

界汉语教学》第 1 期。

[3] 崔希亮（2012）汉语教师的知识结构、能力结构和文化修养，见周小兵主编《国际汉语》第二辑，广州：中山大学出版社。

[4] 崔希亮（2013）说汉语教师的学术自觉，《世界汉语教学》第 4 期。

[5] 陆俭明、马真（2016）《汉语教师应有的素质与基本功》，北京：外语教学与研究出版社。

"上天"与"下地"应该平衡 *

鲁健骥

对汉语国际教育学科和学术的发展，我有一个想法：我们要既能"上天"，又能"下地"。这就是说，我们在学科研究、学术研究上，既要搞高精尖，深入地搞局部的个案的研究，此谓之"上天"；同时也要接第一线教学的地气，给第一线提供充足的丰富的资源，此谓之"下地"。据我观察，现在是"上天"的研究多，而"下地"给教学第一线提供的资源不足。我觉得二者应该平衡，当然平衡不是平均使用力量，而是要合理安排我们的学术力量。

老一辈专家们早就注意到了这个问题。胡明扬先生认为我们现在针对对外汉语教学的汉语研究，还不能满足对外汉语教学的需要。他说，国外的英语教师很幸运，他们可参考的东西非常多，因为英语语言学家们已经对英语做了全面的研究和描写，英语教师在教学中遇到什么问题，很方便地就可以找到答案。而这些工作，多数都是英语作为外语教学的专家们做的。他两次都提到叶斯帕森的七大卷《现代英语语法》。张志公先生在20世纪70年代末也说过，我们需要一部很厚很厚的语法和一本很薄很薄的语法。我想，这很厚很厚的语法，就应该是叶斯帕森的《现代英语

---

* 原文发表于《世界汉语教学》2019年第2期。

语法》那样的汉语语法。假如我们有这样一部百科全书式的现代汉语语法，那我们的教师会多么方便！其实，何止语法，英语教学中有 Daniel Jones 于 1917 年出版的百年来不断修订的《英语发音词典》，有 Hornby 早在 20 世纪 40 年代就编出的给外国人学英语用的 Learners' 词典。我们还可以举出一大串的名字，如英国的 M. West、H. Palmer，美国的 C. Eriess、R. Lado，等等，他们都对英语教学做出了不朽的贡献。相比之下，我们给对外汉语教学第一线提供的资源，又有多少呢？

高精尖的理论研究虽然必要，但无论如何也承担不了支撑教学的使命，也不能直接对教学起作用，因此对教学是不解渴的。所以，"上天"代替不了"下地"。

"下地"的价值，绝不低于那些高精尖的研究。只是需要我们能够转变观念。特别是像对外汉语教学这样的应用型专业，我们需要在"下地"上下功夫，这应该是学科和学术研究的重点，在学术力量的分配上应合理地向"下地"倾斜。

"下地"大有可为。我们有许多第一线需要的基础工作都研究得不够。比如，要是把编写"很厚很厚"的语法立项，就够我们许多专家忙活一阵子的。再如，我建议的研制汉语最低限度词汇表的工作；为了开展语素教学应该编写汉语语素大全之类的工具书的工作；还有汉语词汇、语音、文字的研究；汉语语篇、语用的研究等。在教学理论方面，最迫切需要的是创立有对外汉语教学特色的教学理念和教学法体系。这些都是亟须做的工作。万事开头难，但不能因其难就不开头。对外汉语教学已经搞了快 70 年了，许多应该做的"下地"工作，总是晾在那里，是说不过去的，这不利于学科的发展，与学科的发展形势很不相称。我们要有紧迫感。

关于汉语国际教育学科体系与知识体系建构的几点思考 *

吴应辉

"汉语国际教育"是一个正在形成中的新兴交叉学科,相关重要问题教育主管部门尚未完全明确,学界也尚未达成一致意见。因此,《世界汉语教学》编辑部特邀部分学者讨论汉语国际教育学科相关问题很有意义。本文主要围绕汉语国际教育的学科体系与知识体系谈几点思考。

一、汉语国际教育学科定位问题

讨论其学科体系必须先厘清其学科定位。"汉语国际教育"本科专业设置于"文学"门类的"中国语言文学"一级学科之下,使用中国语言文学学科编码:050103[①]。"汉语国际教育"硕士专业学位类别,编码为0453,使用了"教育学"一级学科的编

---

* 原文发表于《世界汉语教学》2019年第2期。
① 教育部关于印发《普通高等学校本科专业目录(2012年)》《普通高等学校本科专业设置管理规定》的通知[2012] 9号。网址:http://www.moc.gov.cn/srcsirc/A08/moc_1034/s3882/201209/t20120918_143152.html。

码"04"。2018年，7所院校开始在"教育"博士专业学位授权点之下试点培养汉语国际教育方向博士专业学位研究生。据悉，2019年将有更多学校在"教育"博士专业学位授权点之下增设"汉语国际教育领域"，进一步试点培养博士专业学位研究生。单独设置汉语国际教育博士专业学位事项尚处于论证过程中。

汉语国际教育是一个交叉学科，学界已达成共识，"很难简单地归之于某个单一学科"（崔希亮，2015）。然而，交叉学科的层次却需要进一步讨论。笔者认为，汉语国际教育作为一个交叉学科，是指不同一级学科而非二级学科之间的交叉，其主干学科是"中国语言文学"和"教育学"两个一级学科，此外还涉及传播学、外国语言文学、哲学、历史学等其他一级学科。当然也应看到，各一级学科及其所属二级学科交叉的程度存在很大的差异。如果将汉语国际教育界定为二级学科层次上的交叉，则存在明显的局限性。以中国语言文学一级学科和二级学科为例，如交叉学科只列汉语言文字学、语言学及应用语言学等与汉语国际教育关系紧密的二级学科，中国古代文学、现当代文学、比较文学与世界文学等这样一些虽然关系不是很紧密，但确实应该纳入知识体系的二级学科可能被排除在外。而汉语国际教育的知识体系既要包含语言学也要包含文学，既要包含中国文学也要包含世界文学，毕竟汉语国际教育的教学内容包括大量的文学作品。因此，只有将交叉学科中的"学科"提升到一级学科的高度来认识，才能完整、客观、科学地反映汉语国际教育学科知识体系。

提升汉语国际教育学科体系的关键环节之一是独立设置汉语国际教育博士专业学位类别，而非当前的做法，即在"教育"博士专业学位类别之下增设"汉语国际教育领域"。如果只是在"教育"博士专业学位之下增设"汉语国际教育领域",则对提升汉语国际教育学科地位弊多利少。长此以往,汉语国际教育作为一个独立学科的地位将逐渐丧失,将在不知不觉中逐渐融入教育学学科。这种做法只是权宜之计。只有独立设置了博士层次的专业学位类别,"独立学科"之说才有坚实的立论基础。因此,"教育"博士之下增设"汉语国际教育领域"只能治标,独立设置"汉语国际教育"专业学位类别才能治本。

二、汉语国际教育学科理论体系建构问题

建立独立、完善的学科理论体系是提升汉语国际教育学科体系的重要支撑。习近平总书记"在全国哲学社会科学工作座谈会上的讲话"中指出,哲学社会科学要体现"继承性、民族性""系统性、专业性""原创性、时代性"。"只有以我国实际为研究起点,提出具有主体性、原创性的理论观点,构建具有自身特质的学科体系、学术体系、话语体系,我国哲学社会科学才能形成自己的特色和优势。"(习近平,2016)这些论断对汉语国际教育学科理论体系建设具有重要指导意义。汉语国际教育是一个新兴学科,我们应该从以下九个方面抓好学科理论体系建构工作。

首先要树立创建世界一流的汉语国际教育学科理论体系的学术自信。汉语是绝大多数中国人的母语和中国通用语言,中国有世界上规模最大的汉语师资队伍和汉语国际教育学科团队,中国学者应该具有学术自信,创建出具有中国气派和汉语特色、世界领先的汉语国际教育学科理论体系,引领全球汉语国际教育发展(吴应辉,2016)。二要充分体现问题导向,主动服务国家战略。

如在语言文化走出去、提升中华文化软实力等领域有所作为，努力把当前和今后一个时期汉语国际教育事业发展面临的主要理论和实践问题筛选出来，集中力量开展攻关研究，产出高质量决策咨询报告。三要做好汉语国际教育学科理论体系建设的顶层设计。既要做好学科理论体系建设的中长期规划，也要做好近期建设计划。四是"学科"研究与"事业"研究并重（吴应辉，2016；宁继鸣，2018）。五是"学科理论建设应继承、转型与重构并行"（吴应辉，2016）。六要设立专门机构牵头组织实施、分工协作，扎实推进汉语国际教育理论体系建构。七要增强汉语国际教育学科的学术原创能力。深入开展不同区域、国别、语别的汉语国际教育相关研究，在解决实际问题中寻求学术创新，产出大批高水平的学术成果，形成独具特色的理论体系。八要正确处理国际接轨与汉语特色问题。汉语国际教育理论体系的建构既要注重与国际接轨，也要深刻认识汉语及汉语教学的特殊性，建构一套二者兼顾的理论体系。九要积极开展国别服务。主动开展服务国别汉语教育事业的相关研究，如国别汉语教育政策研究、标准研制、教学资源研发等，为有需求的国家量身定制，服务国别汉语教育事业。

三、汉语国际教育知识体系建构问题

汉语国际教育知识体系的建构必须紧扣"汉语""国际""教育"三个词所反映的学科内涵。既要全面反映这一交叉学科所涉及学科的传统知识，又要充分反映汉语国际教育事业发展的新兴知识。前者包括从事汉语国际教育所需的中国语言文学一级学科尤其是汉语言文字学、语言学及应用语言学等二级学科的有关知识，外国语言文学尤其是对象国语言文学知识，教育学相关知识，跨文化交流所需的中外政治、经济、文化、历史、哲学等相关知识；后者包括我国汉语国际教育事业发展相关的政策、管理体制机制、孔子学院等语言文化传播骨干项目，以及全球、区域、国别汉语教学发展等相关知识。汉语国际教育学科知识体系还应高度重视向世界介绍中国所需的有关知识，"让世界知道'发展中的中国'、'开放中的中国'、'为人类文明作贡献的中国'"（习近平，2016）。综上所述，笔者认为汉语国际教育知识体系应体现以下八大特色：语言与文化有机融合；多学科交叉一体；体现教育规律；学科与事业衔接；普适性与本土化并存；中国特色与国别特色兼顾；与社会生活关联；不同文明交流互鉴。

参考文献

[1] 崔希亮（2015）关于汉语国际教育的学科定位问题，《世界汉语教学》第3期。
[2] 宁继鸣（2018）汉语国际教育："事业"与"学科"双重属性的反思，《语言战略研究》第6期。
[3] 吴应辉（2016）汉语国际教育面临的若干理论与实践问题，《云南师范大学学报（哲学社会科学版）》第1期。
[4] 习近平（2016）《在哲学社会科学工作座谈会上的讲话（2016年5月17日）》，北京：人民出版社。

从"对外汉语教学"到"汉语国际教育"*

刘 利

以党的十一届三中全会为标志的改革开放，是新中国成立以来的重要历史转折，不仅为我国政治、经济、文化的发展带来了春天，也为汉语国际教育事业和汉语国际教育学科的发展带来了繁荣。值此改革开放40周年之际，回顾和总结对外汉语教学的历史经验，展望汉语国际教育的未来发展，对于汉语国际教育的事业发展和学科建设来说，都具有重要的现实意义。

一、解放思想，开疆拓土，创建对外汉语教学新学科

改革开放以来，随着来华留学生数量的增长，招收外国学生的院校也在不断增加。在王力、吕叔湘等老一辈语言学家的共同推动下，1983年，中国教育学会对外汉语教学研究会成立，标志着对外汉语教学作为一个专门的学科正式创立。到20世纪80年代末，对外汉语教学的学科体系可以说基本构建完成，并取得了四个方面的重要进展。

---

* 原文发表于《国际人才交流》2019年第2期。

一是教学理念的创新与学科建设的发展。在学科理论创新上,吕必松发表了一系列学术论著,其中于1978年提出的对外汉语教学"总体设计"的理论堪称标志性成果。这一理论就对外汉语教学工作进行了整体的宏观规划,为对外汉语教学的理论体系建设奠定了基础。

二是国外语言教学新思想和新理念的引进。这些新思想、新理念直接推动了汉语教学方法和教材编写的创新。在"功能法"教学理念的影响下,国内学者提出了"结构与功能"相结合的教学路子。刘珣、邓恩铭编写的《实用汉语课本》就是这一教学理念创新带来的成果。此后,在语言技能教学理念的影响下,学者们提出了综合教学和分技能教学相结合的教学路子,《初级汉语课本》《现代汉语教程》等教材就是这一教学理念的具体体现。

三是"汉语水平考试"(HSK)的研制与推广。1984年,北京语言学院(今北京语言大学)成立"汉语水平考试设计小组",研发标准化的汉语作为第二语言能力考试,即"汉语水平考试"(HSK),逐步形成了由低到高的考试系列。HSK考试系列的研制,满足了世界上不同层次学习者的汉语考试需求,通过科学化的测试使汉语考试具有了更高的信度和效度,对汉语走向世界产生了深远影响。

四是对外汉语教学标准和大纲的研制。如《汉语水平等级标准和等级大纲》《汉语水平词汇与汉字等级大纲》,以及20世纪90年代后研制的《高等学校外国留学生汉语言专业教学大纲》《高等学校外国留学生汉语教学大纲(长期进修)》《高等学校外国留学生汉语教学大纲(短期强化)》等。上述系列大纲的推出,标志着对外汉语教学走上了科学化和规范化的发展道路。

二、实事求是，立足本体，探索体现汉语特点的学科之路

20世纪90年代，随着改革开放的不断深入，对外汉语教学界进一步解放思想，学术争鸣空前活跃。这一时期，出现了多次学术思想大讨论，如对外汉语教学的"文化教学属性"和"语言教学属性"的讨论，学科性质和内涵的讨论，学科理论的讨论，以及"字本位"与"词本位"的讨论。学术争鸣带来了学科的进步。通过大讨论，人们逐渐明确了对外汉语教学作为"语言教学"的学科属性。"字本位"和"词本位"教学之争，不仅仅是不同教学方法的论争，而且也是关涉汉语教学是继续跟随西方语言学理论亦步亦趋，还是走一条回归汉语本质和特点的教学路子的根本性问题。这次大讨论体现了汉语教学界对于回归和探索反映汉语自身特点的教学路子的努力和追求，使人们深化了对对外汉语教学学科特点和特色的认识，体现了对外汉语教学学科的逐渐成熟和学科自信。

三、改革创新，与时俱进，实现汉语国际教育的战略转型

从改革开放到世纪之交的20年，随着中国的和平发展，汉语大踏步走向世界，对外汉语教学也实现了向汉语国际教育的全方位转型。转型后的汉语国际教育面临的首要问题是"三教问题"。为解决"三教问题"，2007年，国家汉语办公室汇聚海内外专家学者研制了《国际汉语教师标准》《国际汉语能力标准》以及《国际汉语教学通用课程大纲》，并付诸实施。汉语国际教育标准的建设具有重要的战略意义。

在汉语国际教育史上，特别值得称道的一件大事，就是孔子学院的建设。经过十几年的发展，目前孔子学院已经进入一个全面升级的新阶段。孔子学院密切结合当地需求，走进海外高校、中小学和社区，为当地培养了高质量师资，开发了高水平教材，为海外的人才培养和经济社会发展做出了积极贡献，成为沟通中外文化和促进贸易交流的重要桥梁。

　　汉语国际教育的转型，推动了学科建设的不断创新。一是学科建设更加贴近服务国家战略，成为国家实施"走出去"战略以及提升国家文化软实力建设的重要组成部分。为配合国家"一带一路"建设，汉语国际教育在孔子学院的布局上，充分考虑了"一带一路"相关国家的需求，努力为这些国家培养通晓中外语言文化的本地人才。二是汉语国际教育积极参与国家"双一流"建设，大力加强内涵建设，不断提升学科质量，努力将汉语国际教育建设成为一流学科。三是在继承的基础上，努力实现汉语国际教育学科的创新，学科层次不断提升，学科研究领域不断扩大。总之，学科建设的进步，为汉语国际教育事业的发展提供了有力的学术支持，也大大提升了自身服务汉语国际传播战略的能力。

四、把握机遇，乘势而为，推进汉语国际教育新发展

　　在看到繁荣和发展的同时，我们也要清醒地认识到，汉语国际教育领域目前还存在不少问题和不足。

　　第一，作为一个新兴学科，汉语国际教育无论在理论建设还是学科建设上，都相对滞后，还不能很好地满足事业发展的需求。这种事业繁荣发展、学科建设相对滞后的矛盾，严重影响着汉语

国际教育以及汉语国际传播事业的可持续发展。

第二，汉语国际教育在学科定位和内涵的认识上一直不够清晰。有人认为汉语国际教育是一个独立的学科，有人认为汉语国际教育是一个语言学与教育学的交叉学科，也有人认为汉语国际教育的主要任务是传播中国文化。认识上模糊不清，学科发展就难免方向不明。

第三，孔子学院在"中国威胁论"和"冷战思维"的思潮影响下，正面临文化的冲突和挑战。面对这些冲突和挑战，学术界还没有贡献出切实可行的应对策略。这将在一定程度上影响到今后孔子学院的建设和可持续发展。

第四，新时代对汉语国际教育提出了新的更高的要求，如汉语国际教育如何服务国家"一带一路"建设，如何为汉语国际传播战略和构建人类命运共同体提供学科支持和服务，都需要我们进行深入的理论思考和实践探索。

为此，我们认为，当前的汉语国际教育亟须强化学科建设。在学科定位上，应该坚持实事求是的原则，通过继承和转型，重构汉语国际教育的学科理论体系。这里所说的实事求是，就是不拘泥于传统学科理论的框式，继承对外汉语教学的学科基础理论，根据汉语国际教育的现实需求，进一步拓宽学科范围和研究领域，实现汉语国际教育学科的重建。学科的定性、定位明确了，学科建设才能方向明确，健康发展。

加强汉语国际教育学科建设，有两个方面的现实意义。一是为汉语国际教育事业的发展提供有力支撑。目前，汉语国际教育"三教问题"虽然得到一定程度的改善，但是海外教师教育问题、汉语通用教材和国别教材问题、针对不同教学对象的教学模式问题等，都是亟待研究和解决的问题。作为学科，汉语国际教育理应为解决这些问题提供方案和对策，为推动这些问题的解决做出贡献。二是为了更好地服务国家战略，服务"一带一路"建设。目前，国家在孔子学院布局上，正在调整重发达国家、轻发展中国家的格局，力求与国家"一带一路"的产业布局进行有效对接。当此之际，汉语国际教育作为学科，应当主动作为，积极助力孔子学院建设，通过汉语教学与职业教育的结合，与"一带一路"相关中外企业合作，培养更多知华友华的应用型人才，在构建人类命运共同体的事业中进一步彰显自身价值。

改革开放 40 年来，"对外汉语教学"已经发展成为"汉语国际教育"的新学科。这不只是学科名称的转换，也反映了学科内涵的更新和提升。更为重要的是，历经 40 年的洗礼，汉语国际教育学科正呈现出前所未有的大好发展态势，形势令人鼓舞，这一切都得益于国家的改革开放政策。在新时代里，汉语国际教育无论是作为事业还是作为学科，都将面临更多的机遇和更大的挑战。让我们珍惜机遇，改革创新，攻坚克难，努力把汉语国际教育这项国家和民族的伟大事业不断推向前进。

中文怎样才能成为世界通用第二语言 *

李宇明

一、推进中文成为世界公共产品

中国提出的构建人类命运共同体的主张，得到了联合国等国际社会的认可。人类命运共同体必须要有一些公共产品，中文有可能成为这样的公共产品。中国向世界传播中文，是中国在为人类命运共同体贡献一个公共产品；外国朋友学习中文，是要掌握未来世界的一个重要公共产品。

中文是世界的什么公共产品？就当前的情况看，中文很可能成为世界的第二语言。中文在世界旅游、购物等场域的标牌上处在醒目位置，这不是个别现象。国际上很多机场、旅游场所和商贸中心的指示牌，都标写有中文，中文一般列在第三行。第一行一般是本国语言；第二行一般是国际通用语的地位，多是英文；第三行一般就是中文，第三行应当是国际第二大语言的位置。比如泰国素万那普国际机场、法国戴高乐国际机场。而在有些地方，中文甚至排在第二行的位置，如韩国仁川国际机场、澳大利亚墨

---

* 原文发表于《光明日报》2020 年 1 月 4 日。

尔本国际机场、新西兰奥克兰国际机场等。

英文是世界多国的第一外语,也是世界第一通用语言;中文在多数国家语言景观中的位置表明,中文正在成为世界第二通用语言。我认为,世界只有一种通用语是不够的,也需要来自不同文化背景的其他语言。它们都是世界的公共产品。

二、中文的外语角色

外语对一个国家来说十分重要。国家开设某种外语的动机,在很大程度上反映着某种外语在这个国家所主要发挥的作用。这种作用就构成了"外语角色"。我曾在《海外汉语学习者低龄化的思考》(《世界汉语教学》2018年第3期)一文中提出了外语角色的概念。并根据世界范围内外语学习和使用的情况,把外语角色分为六大类:

1. 外事外语。一般情况下,不管一个国家的国力如何,总是有人来学习它的语言。这是为了满足外交的需求,有时还兼及学术研究的需求。凡是作为国家官方语言的语言,都有成为"外事外语"的可能。

2. 领域外语。一个国家在某个方面比较突出,某个相关领域的人就会去学习它的语言。比如:学美声唱法的人要学习意大利文、对中医感兴趣的人要学习中文等。

3. 泛领域外语。一个国家在经济、文化等领域有了快速发展,会有许多人来学习它的语言。此时的学习者一般还都是成年人,也可以称为"成人外语"。

4. 基础教育外语。一个国家的发展水平,可以明显地有助于他国发展，其语言就会进入其他国家的基础教育。我国的基础教育外语有六门：英文、日文、俄文、法文、德文、西班牙文。

5. 重要外语。一个国家的经济、政治和综合国力居于世界前列，它的语言就会作为世界众多国家的重要外语，甚至是第一外语。

6. 第一语言。一个国家长期居于世界或某一地区的领先地位，一些外国人就可能将其语言作为儿童的第一语言。这是一种"超外语"角色，扮演着"准母语"的角色。一种外语能成为准第一语言或第一语言，有特殊的历史渊源，一般源于军事占领或者军事殖民的特殊背景，现代社会已不大能发生，也要避免发生这种情况。

图 1　外语角色梯级图

外语角色有三大特点：第一，不同的外语角色具有不同的外语功能，外语功能有强弱之分。第二，不同的外语角色具有"迭代性"，即不同的外语角色可以共存，比如"外事外语"与"领域外语"可以共存，"基础教育外语"可以与"泛领域外语、领域外语、外事外语"共存。第三，外语充当什么角色，与"本土国"对"对象国"的影响力成正比。本土国是指某种语言的母国，对象国是把某种语言作为外语的国家。本土国对对象国的影响力，取决于本土国的综合国力，也取决于对象国对本土国国力的感知。

外国人学习中文，中文就是他们的外语。汉学传到西方已经有几百年的历史。就20世纪以来的情况而论，中文首先是外事外语，也是领域外语。早年到中国来学习中文者，多是出于外交需求，或者来学习中国独有的领域学问，如中国语言文字、中国文学、中医、中国功夫、中国传统曲艺、中国古典哲学等。在周恩来总理亲自过问下，清华大学"东欧交换生中国语文专修班"（现在北京语言大学的前身）于1951年正式开课，这是一个标志性的事件。

进入21世纪，中国的发展举世瞩目，学习中文的人愈来愈多，学习的专业科目也逐渐超越中国传统学问，中文发展为"泛领域外语"。现在每年约有50万人来华学习；国外也开办各种中文教学，到2017年，世界上已经有170多个国家开始了中文教学。

中文进入外国的基础教育，开始承担"基础教育外语"的角色，是从1955年韩国把汉语纳入基础教育开始的，但是一直进展缓慢，到2000年才有7个国家。到2010年增至17个国家，2014年31个国家，2017年67个国家，2019年70个国家。从数据上看，2014年是中文国际传播的一个关键点，总体上开始扮演"基础教育外语"的角色。2015年，中国成为世界第二大经济体。此外，据商务部2018年的数据，中国服务贸易总额世界第二，吸引外资世界第二，对外投资世界第三。中国的经济发展是促进中文的外语角色上梯级的重要因素。

中文登上新的外语角色台阶，要认识到其重大意义：

第一，全球中文学习者的低龄化。据估计，全球未成年人已经占到海外全体中文学习者的50%，一些国家甚至达到了60%。

孩子在中小学阶段学习了中文,无论学习成果如何,他们这一生将与中国产生某种联系,或来中国留学,或来中国旅游,或从事与中国相关的工作。成人学习外语多是为了眼前利益,是为了工作;儿童学习外语是为了未来利益,更多的是文化价值观的学习。而我们以前的教师、教材等,都是为成人准备的。这需要进行及时的战略调整。

第二,中文国际教育的发展方向,就是促进已经把中文列入基础教育外语的国家,进一步把中文置于重要外语的地位,特别是第二外语甚至第一外语的地位;同时促进其他国家把中文列入基础教育。

第三,中文迈出了成为世界第二语言的重要一步。只有进入基础教育的外语,才有可能成为世界人民经常使用的语言。中文的下一步就是发展为"重要外语"的角色。在世界语言生活里,中文已经具有成为第二大语言的发展趋势,中文国际教育为此打下了坚实的基础。

三、增加中文的科技含量

中文要成为世界的公共产品,特别是要成为世界第二语言,必须要有三个方面的条件:第一,中文必须负载人类先进的科技文化知识;第二,中文自身要高度的丰富且具有一定的规范性;第三,要具有先进的中文教育理念和教育教学方法。这样才能够让外国人较快地学好中文,并且掌握了中文有助于获取先进的文化知识,得到各方面的"人生红利"。这里只谈中文的科技含量问题。

3.1 中文在世界三大索引中的地位

目前世界有三大索引："科学引文索引"（Science Citation Index，SCI）、"社会科学引文索引"（Social Science Citation Index，SSCI）和"艺术与人文引文索引"（Art & Humanities Citation Index，A & HCI）。"科学引文索引"（SCI）是规模最大的科研成果数据集，主要收录自然科学和应用科学领域的专业期刊和论文集，涉及数学、物理、化学、地质、机械、机器人、计算机、材料等 106 个学术方向；"社会科学引文索引"主要收录了社会科学领域的专业期刊和论文集，涉及语言、社会、心理、地理、政治、区域研究、传播等 25 个学术方向；"艺术与人文引文索引"则涵盖了艺术、哲学、文学、建筑、历史、神学等 14 个学术方向的专业期刊和论文集。

饶高琦等青年学者，对这三大索引 2010—2019 共 10 年的语言文本分布情况进行了统计分析，得出的结果是：

在自然科学（SCI）中，英文文本占了 98.05%。这说明全世界最重要的科学成果都在用英文表达，全世界另外 7000 多种语言加起来还不到 2%。科技领域内的"语言单一化"已经十分严重。从第二名的德文到第六名的葡萄牙文形成第二方阵，排名第七的波兰文到排名十六的克罗地亚文，形成第三方阵。从科技文献上来看，最重要的语言不到 20 种。中文位居第四，但占比只有 0.28% 弱。

社会科学领域（SSCI）中，英文仍然是"一枝独秀"，占比为 96.2%。德文、西班牙文、法文、葡萄牙文和俄文形成第二集团。从排名第七的捷克文到排名第二十的日文构成第三集团。中文名落第 22 位，原因是多方面的，也是颇值得玩味的。

在艺术和人文学科领域（A&HCI）中，英文文本占75.3%，仍占第一。法文、德文、西班牙文、意大利文、俄文等形成第二集团。从排名第七的葡萄牙文到排名第十六的立陶宛文，形成第三集团。中文排第十位。

3.2 语言的"三世界"说

语言的"三世界"说，是指语言能够帮助人类发现世界、为人类描绘世界、帮助人类适应世界。

当今，只有前沿科学家（包括人文科学家和社会科学家）才能发现新的世界，这些科学家研究科学时所使用的语言，研究成果发表时所使用的语言，就是帮助人类发现新世界的语言。现在看来，帮助人类发现新世界的语言，也就是上面三大数据库最常用的那20来种语言。人类的每种语言都在描绘着世界图景，但是只有帮助人类发现新世界的语言，才有资格首先描绘新的世界图景，其他语言要么是保存旧日世界的老图景，要么是通过翻译获得世界新图景；但是这种图景"译绘"，时间上会"延迟"，图景也可能失真。每种语言都能够帮助人类适应世界，但是只有那些帮助人类发现新世界、为人类"首绘"世界图景的语言，才能帮助更多的人更好地适应世界。

英文是全世界的公共产品，是发现新世界、描绘世界、帮助人类适应世界最重要的语言。对英文要有一个客观的态度，英文是英国、美国、澳大利亚等国的语言，但也不完全属于这些国家，现今已是世界的公共产品，是构建人类命运共同体的一种文化产品。

在世界语言生活中，中文也愈发重要起来，很有可能成为第二大语言。在国际教育领域，中文已经扮演基础教育外语的角色。但在世界三大科技索引库中，中文基本上处在第二方阵，自然科学领域中文排第四，艺术人文领域中文排第十，但在社会科学领域落于 20 名之外。如果不采取措施，尽快增加中文文本的科技含量，在争取国际科技话语权的同时，争取中文的国际科技话语权，中文就很难成为世界公共产品，中文的国际教育也不可能具有持续发展的力量。

3.3 增加中文的国际知识供给

争取中文的国际科技话语权，需要我国科学技术的发展，但更需要有合适的科学评价制度。当前我国的科技评价标准，特别器重在外文刊物上发表论文，而相对轻视中文期刊。在"科学引文索引"（SCI）中，英文为 98.05%，但进一步分析会发现，这 98% 多的成就，美国学者的贡献率是 28%，是最高的；中国学者的贡献率是 17%，仅次于美国。中国的科学工作者为英文的国际知识供给做出了大贡献，但是并没有为中文的国际知识供给做同样的贡献。

2018 年 1 月，中国科学技术协会在其发布的《中国科技期刊发展蓝皮书（2017）》中，统计了世界上 14 个论文产出大国 SCI 论文的流入和流出情况。将各国所拥有的 SCI 期刊数以及该期刊本国作者所发表的论文做对比，发现只有荷兰、英国、美国 3 个国家属于"论文流入"国，其他 11 个国家都属于"论文流出"国，中国是这 11 个国家中论文流失最严重的国家之一。

争取"两个话语权"（在争取国际科技话语权的同时，争取中文的国际科技话语权），是需要智慧的。比如，可以试验"中文首发"或"中外文并发"的制度，重要科技成果应先在国内中文刊物上发表，之后或同时在外文期刊上发表。要鼓励教授、研究员、博士生等科研人员"两条腿"走路，既用外文发表成果，也用中文发表成果。甚至也要鼓励国际学者用中文发表科技成果，特别是中国领先的学术领域。2019年12月26日，著名国际医学期刊 THE LANCET（中文也称《柳叶刀》）在官网上，以中文的形式发表了中国学者的文章，这或许是一个信号。

把论文写在中国大地上，不是一句口号，而是关乎科学发现能否及时地转化为中国生产力，最终也关系到中国的国际地位和中文的国际知识供给。

四、全面增强中文的功能

语言是人类用于交际和思维的最为重要的符号系统；语言也是文化的重要组成部分，也是文化最为重要的承载者、阐释者和建构者；语言还像是民族的图腾，常常具有承载民族认同、民族情感的作用。

语言的定义有百余种，语言的功能也有很多，有工具功能、思维功能、文化功能等。但是衡量语言功能的指标，必须可以方便观察，方便获取数据。下面，我们从工具功能、文化功能两个方面来建立衡量语言功能的指标体系。

4.1 工具功能指标：5+1

语言的工具功能主要体现在沟通域、沟通力上，其评价指标可采用A—F六个指标，其中F为参考项（图2）。

A．母语人口：母语是与民族属性相关联的概念，一般人的母语都是第一语言，特殊情况下是第二语言。语言得以传承，基本的交际功能得以发挥，首先依赖母语和母语人。母语人口是一个语言的底盘，是工具功能需要关注的重要指标。

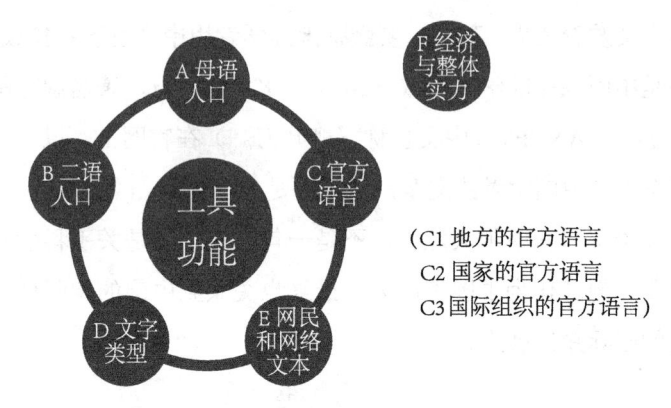

```
          F 经济
          与整体
          实力
   A 母语
     人口
B 二语        C 官方
  人口   工具  语言
         功能          (C1 地方的官方语言
                      C2 国家的官方语言
   D 文字   E 网民      C3 国际组织的官方语言)
     类型   和网络
           文本
```

图 2　语言工具功能指标

B．第二语言人口。二语人口数量是语言传播力的最为重要的表现。语言学习是个"势利眼",作为第二语言使用人口越多的语言,人们越去争相学习,这种语言的第二语言使用人口就会飞速增长。

C．官方语言。"官方语言"是个较为宽泛的概念,它包括国家层面的国语和官方语言,也包括国家内部的"地方"和国际组织使用的官方语言和工作语言等。充当官方语言的语言,是语言地位规划的结果,有一定的政治地位,能够在一定法律、规章的维护下在一定范围内稳定地发挥交际作用,应成为语言功能的一个评价指标。

D．文字类型。在当今主要的文字系统中,拉丁字母的使用区域是最广的,其次是基里尔字母,再次是阿拉伯字母,第四是汉字。当今,使用拉丁字母的语言在国际传播和计算机键盘上是占优势的。

E．网民数量及互联网文本量。互联网构筑了一个新的人类活动空间,可称为虚拟空间或信息空间。这一空间的语言生活快速发展，新词语、新文体、新的传播方式不断产生，并正在对现实空间的语言生活起到引领作用。互联网语言传播力越来越显著，迅速成长为语言功能评价的一个重要指标。

F. 语言的经济实力。当今的语言传播背后几乎都有经济因素的推力。经济本来是语言工具功能的间接参项，但就某种意义而言，当今世界语言格局几乎是世界经济格局的附属产物，每种语言的地位及其工具功能的强弱，与其国家的经济地位密切相关。

4.2 文化功能指标：3+2

语言的文化职能，可以从三个基本指标和两个参考项来衡量（图3）。

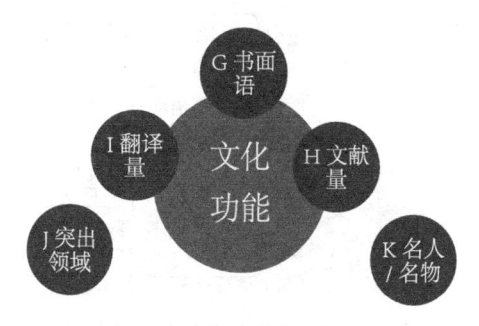

图3 语言文化功能指标

G. 书面语的有无。根据"民族语言志"网的统计，在当代世界7000来种语言中，只有约53%的语言有书面文本。

H. 文献量。有些民族也有书面语，但是没有多少人用这种书面语写作且发表成果。文献量的多少决定这个国家是不是语言强国。

I. 翻译量。文献翻译是跨语言发生文化影响的活动，是文献声望的一种表现，也是语言文化功能的一种重要表现。

J. 突出领域。如果要学习地理，最好学德文；学航空航天知识，最好学英文和俄文。一个民族在哪个领域做贡献最多，哪方面的文献会被翻译得最多。

K. 名人/名物。名人（如亚里士多德、柏拉图、孔子、老子等）、名物（如人类文化遗产等），对一种语言、一种文化的提升作用是强大的。

4.3 世界语言的功能分类

根据衡量语言功能的"8+3"指标体系，可以把世界的语言分成图4所示的六大方阵。

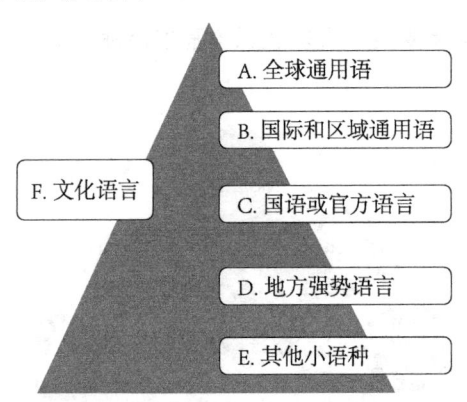

```
        A. 全球通用语
        B. 国际和区域通用语
F. 文化语言  C. 国语或官方语言
        D. 地方强势语言
        E. 其他小语种
```

图4　功能视角下的世界语言分类

第一方阵，是功能最为强大的"全球通用语"。当前只有英文具备这一功能。

第二方阵，是"国际和区域通用语"。这类语言在国际社会或某一地区通用，数量有20来种。具体哪20来种，还需要通过多个指标、多种数据来确定。但这20来种语言是国家必备的语言能力。中文在这个方阵中排前几名。

第三方阵，是所有具有国家官方语言身份的语言，包括国语、国家官方语言等（当然需要除去第一、第二方阵的语言）。世界上有 200 多个国家和地区，官方语言大约有 100 多种。

第四方阵，是地方的官方语言。如英国除了英文之外，威尔士、苏格兰的语言；我国的地方重要语言有蒙古族、藏族、维吾尔族、哈萨克族、朝鲜族、彝族、壮族等民族语言，还有粤方言、客家方言、闽南方言、吴方言等。前四个方阵的语言大约有 200 种左右。

第五方阵，是除去前四个方阵的"其他小语种"。数量较大，远离功能高地，容易进入濒危状态。

第六方阵，是"文化语言"，比如古希腊文、拉丁文、梵文、古叙利亚文、古埃及文字、玛雅文字、甲骨文等。这是为语言、文字的特殊文化价值而特意设计的，使用的是另外的评价标准。

了解这一分类，就具有了世界语言的总体格局。一个国家的外语教育规划，应当以此为参考；一个国家的语言能力提升，应当以此为依据。

4.4 增强中文功能的八大方略

中文的语言功能，应当根据衡量语言功能的"8+3"指标体系全面提升。概括起来有八个方面。

4.4.1 加强海外华人的认同，保持中文的母语人口

100 多年前，华人到了南洋、欧美和世界其他一些地方。现在，新华人的足迹更是遍及世界各地。这些华人的母语传统上称为华语/华文，也属中文。要特别重视华语文教育，将其纳入中文国际教育的领域。要开办国际中文学校，使海外中国公民的子女能够受到中文教育。

4.4.2 加强国际教育，扩大中文的第二语言人口

中文母语人口世界第一，但是第二语言人口还不是最多的。

二语人口最多的是英文，其次是法文、德文和西班牙文。这是中文亟待提升的方面。

4.4.3 努力扩大中文在国际组织中的作用

中文是联合国和许多国际组织的官方语言或工作语言，但是其真正的功能还需要提升。截至2018年，国际组织约有6.2万个，中文在这些组织中的作用还较为有限。增强中文在国际组织中的语言地位和作用实际发挥，是值得思考的大问题。

中国在国际组织中的作用越来重要；在许多国际组织中，所交会费所占比重靠前，国际公务员也越来越多；以中国为主导的国际组织也逐渐有了一些。此种情况下，扩大中文在国际组织中的作用是具备条件的。第一，在中文已经成为官方语言或工作语言的国际组织中，要尽量发挥中文的工作价值，巩固乃至扩大中文在此类国际组织中的作用；第二，在其他国际组织中，要根据语言多样化的原则，争取中文的官方语言或工作语言地位；第三，在筹建的国际组织中，特别是中国主导或研究中国问题为主的国际组织中，要重视设置汉语为官方语言或工作语言的重要意义。通过不懈的努力，使中文在国际组织中的地位不断巩固，作用不断扩大。

4.4.4 打造科技、文化精品，加强中文文献的声望

努力发展科学和教育，创造出领先于人的精神产品，发明出惠及人类的技术产品，并用中文作为成果报告载体，增加中文文本的科技、文化含量，增强中文的文献声望。

4.4.5 重视虚拟空间的语言生活，增加网络高质量文本数量

中国是世界上网民最多的国家，有7亿网民。中国的网络文本也是世界第二，仅次于英文，比第三名的西班牙文高出一倍多。

但是，中文的网络文本质量还不够高，对世界舆论的影响还比较有限。中国庞大的网民群体，应能通过网络让世界了解中国，通过网络来描绘世界图景。未来世界的贡献与竞争，不仅在现实空间，更在虚拟的网络世界。

4.4.6 加大翻译的力度，重视中文文献的译出，也不要忽视外文文献译入

要加强中文的译入，应将世界上的优秀文化成果及时译为中文，"向中国讲好世界故事"。中国的发展是建立在集成人类优秀文化成果基础上的，不能造成中国与世界的文化隔膜。不能只是译入英文文献，应当重视从世界第一、第二方阵的20来种语言译入的问题。同时，更要科学地、有成效地组织译出，让中华文化走向世界，"向世界讲好中国故事"。译入是过去翻译的常态，而译出是翻译的新走向，需要科学探索，用心尝试，积累经验，形成模式。

4.4.7 利用中华名人名物，增加中文的文化含量

中国历史悠久，文化深厚，古代的名人、名物、思想观念等，用得好可以增加中文的"文化含量"，增加中文的文化声望。中国的科技、教育也在发展，新成果、新名人、新思想会不断产出，更易转化为"语言之力"。

4.4.8 发展经济，增加中文的经济实力

语言能够传播到新的地区和其他文化中，具有跨国的交际功能和文化功能，并不取决于语言历史的悠久或是结构的美妙，而是取决于语言背后的综合国力。不同时代，综合国力的形成因素会有不同，今天决定综合国力的是经济实力和科教文化。

中国是世界第二大经济体，这是以地区计算的。若以语言经

济体计算，中文经济体的实力比中国经济体的实力还要大，与英文经济体的实力更为接近。近些年，中国和世界学者一起提出了"大华语"的概念，"大华语"是以普通话/国语为基础的全世界华人的共同语。仔细斟酌，"大华语"不仅是语言概念，也是"大华语地区"的概念，是大华语区的经济、文化、科技、教育等综合实力的概念。只有当经济发展好了，只有中文背后的综合力量强大了，中文才更有资格成为世界的公共产品。

中文国际教育是国人十分关注的时代课题，但是，不能只关注多少外国人在学中文，更要关注中文作为外语角色发生的重大变化，更要关注多少外国人在用中文，在怎样用中文。在中文使用的过程中，逐渐增强中文的国际功能，使其成为世界重要的公共产品，成为世界通用的第二语言。

中文要成为世界通用的第二语言，需要具备什么条件？怎样创造这些条件？

主要参考文献

[1] 艾布拉姆·德·斯旺（2008）《世界上的语言——全球语言系统》，乔修峰译，宁一中审校，广州：花城出版社。
[2] 费尔迪南·德·索绪尔（1980）《普通语言学教程》，高名凯译，岑麒祥、叶蜚声校注，北京：商务印书馆。
[3] 付克（1986）《中国外语教育史》，上海：上海外语教学出版社。
[4] 郭熙（2017a）汉语热该如何延续，《光明日报》6月18日。
[5] 郭熙（2017b）论祖语与祖语传承，《语言战略研究》第3期。
[6] 李泉、宫雪（2015）通用型、区域型、语别型、国别型——谈国际汉语教材的多元化，《汉语学习》第1期。
[7] 李嵬、祝华、连美丽（2017）想象：跨国移居家庭传承语维持与转用的关键因素，《语言战略研究》第3期。

[8] 李燕主编（2017）《汉语国际教育规划论集》，天津：南开大学出版社。
[9] 李宇明（1993）语言学习异同论，《世界汉语教学》第1期。
[10] 李宇明（1995）《儿童语言的发展》，武汉：华中师范大学出版社。
[11] 李宇明（2010a）《中国语言规划论》，北京：商务印书馆。
[12] 李宇明（2010b）《中国语言规划续论》，北京：商务印书馆。
[13] 李宇明（2014）孔子学院语言教育一议，《语言教学与研究》第4期。
[14] 李宇明（2015a）《中国语言规划三论》，北京：商务印书馆。
[15] 李宇明（2015b）*Language Planning in China*，Walter de Gruyter (Mouton)。
[16] 李宇明（2016）转变来华留学生教育的观念，《社会科学报》8月4日。
[17] 李宇明（2017）大华语：全球华人的共同语，《语言文字应用》第1期。
[18] 李宇明（2018a）《李宇明语言传播与规划文集》，北京：北京语言大学出版社。
[19] 李宇明（2018b）海外汉语学习者低龄化的思考，《世界汉语教学》第3期。
[20] 李宇明（2018c）《语言学习与教育》，上海：华东师范大学出版社。
[21] 李宇明（2019）《人生初年——一名中国女孩的语言日志》（上、中、下卷），北京：商务印书馆。
[22] 李宇明、施春宏（2017）汉语国际教育"当地化"的若干思考，《中国语文》第2期。
[23] 李宇明、王春辉（2019）论语言的功能分类，《当代语言学》第1期。
[24] 刘慧（2016）印尼华族集聚区语言景观与族群认同——以峇淡、坤甸、北干巴鲁三地为例，《语言战略研究》第1期。
[25] 卢德平（2016）汉语国际传播的理论维度，《语言战略研究》第4期。
[26] 鲁健骥（1998）谈对外汉语教学历史的研究——对外汉语教学学科建设的一个重要课题，《语言文字应用》第4期。
[27] 尼古拉斯·奥斯特勒（2009）《语言帝国：世界语言史》，章璐、梵非、蒋哲杰等译，维舟校，上海：上海人民出版社。
[28] 孙宏开、胡增益、黄行主编（2007）《中国的语言》，北京：商务

印书馆。

[29] 特伦斯·G. 威利（2016）历史研究的经验：对语言政策和语言规划的启示，见托马斯·李圣托编著《语言政策导论：理论与方法》，何莲珍、朱晔等译，北京：商务印书馆。

[30] 王春辉（2016）当代世界的语言格局，《语言战略研究》第4期。

[31] 王春辉、高莉（2009）因特网上的语言多样性问题，《语言文字应用》第2期。

[32] 威廉·冯·洪堡特（2008）《论人类语言结构的差异及其对人类精神发展的影响》，姚小平译，北京：商务印书馆。

[33] 尤瓦尔·赫拉利（2016）《人类简史：从动物到上帝》，林俊宏译，北京：中信出版社。

[34] 张黎、张钰浠（2016）世界500强企业官方网站语言使用情况，《语言战略研究》第2期。

[35] 周有光（1989）二战后的语言计划，《语文建设》第4期。

汉语国际教育与人类命运共同体 *

崔希亮

  2017年1月18日，中国国家主席习近平在日内瓦出席"共商共筑人类命运共同体"高级别会议，并发表了题为"共同构建人类命运共同体"的主旨演讲，向世界阐释了"构建人类命运共同体，实现共赢共享"的意义，并提出了中国的倡议。这一倡议得到了世界各国领袖的高度评价，在世界范围内产生共鸣，因为这个倡议触及了全世界人民共同关心的主题：繁荣与发展。人类社会进入21世纪以来，在世界范围内面临着各种威胁：环境污染威胁、战争威胁、核威胁、疾病威胁、食品安全威胁、贫困威胁、经济危机威胁、非传统领域安全威胁、恐怖主义威胁、单边主义威胁等等，因此各国人民应该同心协力，构建人类命运共同体，建设持久和平、普遍安全、共同繁荣、开放包容、清洁美丽的世界。人类和平是全人类的共同愿望，汉语国际教育在构建人类命运共同体的过程中是应该有所作为的。

---

  * 原文发表于《世界汉语教学》2018年第4期。

一、汉语国际教育的使命与人类命运共同体

汉语国际教育这个学科自诞生之日起就肩负着这样的使命：在全球范围内教授汉语，传播中国文化，促进世界各国人民之间的交流与合作，促进世界和平。习近平主席（2017）指出"冷战结束后，各方最殷切的诉求，就是扩大合作，共同发展"。发展需要合作，合作的前提是彼此信任，而信任的基础是相互了解，要相互了解则需要有共同的交际工具。语言恰好就是这样一个交际工具，它是人们彼此之间交流最简便有效的工具。近年来，英语几乎成了全球通用的语言，但是也并非所有国家都通用英语，联合国的工作语言除了英语之外还有法语、俄语、阿拉伯语、西班牙语、汉语，而汉语又是世界上使用人口最多的语言。世界各国人民希望学习汉语了解中国的愿望日益强烈，因此汉语国际教育在当前具有特别重大的意义。国际合作、国际交流不能仅仅依赖英语，中国的学生在学习其他国家的语言和文化，其他国家的学生也在学习中国的语言和文化，正是这个背景催生了汉语国际教育学科的诞生，促进了汉语国际教育学科的发展。伴随着中国改革开放的步伐，中国正在经历历史性的伟大复兴，中国与世界各国的政治联系、经济联系、贸易联系、文化联系正在加强，越来越多的人希望能够走近中国，近距离地观察和了解这个东方大国所发生的变化；也有一些人希望走进中国，与这个古老又年轻的国家及其人民建立更加紧密的联系，当然也有一些人对中国的和平崛起持怀疑和不信任的态度，"中国威胁论"一时甚嚣尘上，即使是这些人也迫切地希望了解中国。要了解一个国家的政治、社会、经济、文化，必须懂得这个国家的语言，否则就会雾里看花。

一些不懂汉语的中国问题"专家"所发表的关于中国问题的看法难免会隔靴搔痒，偏见多多。在这种国际环境和背景下，汉语国际教育当有所作为。

应该说，汉语国际教育事业的兴旺与中国综合国力的提升是分不开的。王祖嫘和吴应辉（2015）所撰写的汉语国际传播发展报告充分证实了这一点。我们清醒地看到，"一带一路"倡议得到了许多国家的响应，但是在具体实施过程中会遇到各种障碍，其中语言障碍和文化障碍是我们无法回避的。因为每一种语言都有自己的话语体系和表达方式，不了解这种话语体系就会产生偏见和误解，甚至产生敌意。汉语国际教育的根本使命就是要为人们扫除语言障碍和文化障碍，让不同国家和地区人们的合作和交流更顺畅，让偏见和误解越来越少，让理解和共识越来越多，从这个角度来说，构筑人类命运共同体离不开汉语国际教育。

关于汉语国际教育的使命，并非所有的学者都有共识。胡范铸、陈佳璇、张虹倩（2018）最近撰文，就"何为汉语国际教育？"和"汉语国际教育何为？"两个问题提出自己的观点，引起学界的争论。此前，胡范铸、陈佳璇（2011）曾针对"汉语教育教什么？"的问题，提出："决定'教什么'的最重要因素就是'为什么教'"，而"我们为什么教汉语？"，"首先就是促进世界和平。语言是沟通的最好的工具，是构筑世界和平的最好的工具，也是构筑多元文化理念的最好的工具"。说语言是沟通的最好的工具无疑是正确的。但是我想说的是，语言固然可以促进世界和平，但是如果把语言界定为"构筑世界和平的最好的工具"则大可商榷。构筑世界和平的力量有很多，政治的力量、军事的力量、经济的力量、外交的力量、文化的力量、哲学的力量、宗教的力量、科学的力量等等，这些都是重要因素，相应地，构筑世界和平也需要各种工具：政治的、军事的、外交的、文化的、哲学的、宗教的、科学的等等，语言这个工具只是其中之一。

汉语国际教育的使命归根结底还是语言教育（赵金铭，2013）。语言和文化是一体两面的，没有谁能够把语言和文化彻底分开，这是由语言的属性决定的：语言是符号体系，而每一种语言的符号体系都带着文化的烙印，都是这种语言的共同体集体认知的结果，都是文化的载体，这是语言的"体"。语言也是思维工具和交际工具，我们在使用一种语言思维和交际的时候不可能不受这种语言影响，这是语言的"用"。不论是语言的体，还是语言的用，都离不开语言背后的文化。语言中隐含着使用这种语言的人和社会群体的价值观念，而这种价值观念往往是习焉不察的（崔希亮，2005：33—79）。所以汉语国际教育不必把"文化传播"特意突出出来，因为学习一种语言不可能不涉及这种语言所负载的文化内容，这是不言而喻的，也是萨丕尔—沃尔夫假说的基本立论。任何一个国家都会把传播推广自己的语言和文化当作是天经地义的事，但是很多国家是只做不说。如果把汉语国际教育与"传播中国文化"联系起来，很有可能会给汉语国际教育带来不必要的障碍。我们注意到，前不久美国国家安全委员会对孔子学院进行听证，这证实了我们的担忧不是杞人忧天。语言教育和文化传播是自然而然的过程，是"随风潜入夜，润物细无声"的过程，"推广"和"传播"都有点"强加于人"的意味，弄不好只会南辕北辙。陆俭明（2016）曾经指出"必须清醒并明确，我们自身担当的最主要、最直接的任务是想方设法帮助外国的汉语学习者尽快、尽好地学习、掌握好汉语，特别是汉语书面语。

汉语国际传播或者说汉语国际教育不能偏离这个核心任务，要摆正汉语教学与文化教育的关系问题"。应该说这个看法是十分清醒和中肯的。我们必须清楚：教育与宣传是两码事。教育是百年大计，是久久为功的事，不能急功近利，不能浮躁喧嚣，不能指望毕其功于一役，更不能见异思迁，随风摇摆，赶时髦，追时尚。教育工作者当有定力，这种定力来自于文化自信。

人类命运共同体的理念对于汉语国际教育的发展具有指导意义。建立人类命运共同体的理念之所以能够引起世界各国的热烈反响和共鸣，是因为这一理念的提出顺应了世界发展的大势和潮流，"人类命运共同体有世界的大道理"（叶小文，2016）。汉语国际教育也应顺势而为，把"我们要推"变成"他们要学"。因此我们应该研究汉语国际教育的内生动力和外在吸引力。

二、人类命运共同体的理念与汉语国际教育的发展动力

任何一个学科或事业的发展都必须有内生动力和外在环境，需要"天时、地利、人和"，汉语国际教育既是一个学科，也是一项事业，它的发展也需要"天时、地利、人和"。卢德平（2016）提到"一种有效的汉语国际传播，需要考虑到传播国和接纳国双方面的条件和因素，即源自传播国的推力因素和对象国内部生成的拉力因素，以及二者之间的关系"，这是很有道理的。汉语国际教育的推动力取决于我们自己，取决于我们对汉语国际教育的认识、我们的战略定位、行动策略、学科建设水平、基础研究和应用研究能力、人才培养规格等等，所以我们必须冷静地分析汉语国际教育领域当前存在的问题并提出解决之道。汉语国际教育

有很多路径，各国的国民教育体系和世界各地的孔子学院是重要的路径，孔子学院的内涵建设问题需要我们认真研究（崔希亮，2018）。国家硬实力和软实力的不断提升，为汉语国际教育的发展提供了机遇，这是天时。中国是汉语的故乡，汉语言文字学和对外汉语教学有深厚的学术基础，近十几年我们培养储备了大批的专业人才，截止到 2015 年 9 月，全国开设汉语国际教育本科专业的高等学校有 363 所，在校生人数 63933 人。开设专业硕士学位的院校 108 所，在校生 10133 人（施家炜，2016）。到 2016 年 12 月 31 日，已在全球 110 个国家（地区）建立了 512 所孔子学院和 1073 个孔子课堂[①]，这是地利。习近平主席关于构建人类命运共同体的倡议，为汉语国际教育的发展指明了方向，也提出了新的要求，搭建了更大的平台，赢得了世界各国人民的人心，这是人和。人类命运共同体的理念为汉语国际教育学科和事业发展提供了内生动力。

之所以说人类命运共同体的理念为汉语国际教育提供了发展的内生动力，主要基于以下四点：

1. 汉语国际教育要为构筑人类命运共同体服务。语言教育本身可以是纯技术性的，教什么、如何教、如何学、用什么手段教和学、教与学的哲学背景、理论框架等等，这些都是纯学术问题，它们也是作为学科的汉语国际教育发展的基础。但是，在构筑人类命运共同体的理念指导下，我们还要研究汉语国际教育的发展理念、发展环境，在教什么、如何教、为什么教的问题上一定要避免泛政治化和意识形态化。我们的具体目标就是把语言教育做

[①] 数据来源为孔子学院总部官网。

好，终极目标是服务于人类命运共同体的建构。有了这个远大目标，任何为一己之私的功利主义想法都显得渺小了。尽管我们知道汉语国际教育会给我们带来利益。那也是对我们所有付出的合理回报。

2. 汉语国际教育要与构筑人类命运共同体同行。构筑人类命运共同体是一种理念，更是一种实践。正如习近平主席（2017）所指出的，"构建人类命运共同体，关键在行动。我认为，国际社会要从伙伴关系、安全格局、经济发展、文明交流、生态建设等方面作出努力"。其中的文明交流与汉语国际教育的关系至为密切。近年来正在形成的中外人文交流机制逐渐成为中外文明交流的重要平台，教育部为此专门成立了中外人文交流中心。汉语国际教育也应该成为这个平台的重要组成部分，我们的校友资源、教育交流与合作资源都可以为中外人文交流提供助力。以书法教育为例，它既是汉语国际教育（汉字的书写）的有机组成部分，也是文明交流（书法艺术的交流）的有机组成部分。汉字是现存的世界各种文字体系中最为古老的文字体系，这种古老的文字对很多学习者来说既新鲜有趣又困难重重，而在汉字基础上形成的书法艺术对很多在字母文字环境中长大的学习者来说则是神秘的、深不可测的。以前，书法艺术的交流局限于文化和艺术领域，现在孔子学院的学生也在学习书法，可以预期，会有一些学习者因书法而爱上汉字，因汉字而爱上汉语，因汉语而爱上中国，因中国智慧而播下"和合""忠恕"的种子，结出"共赢共享"的果实。构建人类命运共同体需要汉语国际教育。

3. 汉语国际教育要立身中国，放眼世界。习近平主席（2013）指出："要树立世界眼光，更好把国内发展与对外开放统一起来，把中国发展与世界发展联系起来,把中国人民利益同各国人民共同利益结合起来。"汉语国际教育也要树立世界眼光,审时度势,把我们的主观努力和世界各国人民的客观需求结合起来。这就要求我们的教材编写、课程设计、师资培养、教学操作、水平测试、学术研究要有世界眼光,既要站在中国的立场上看世界,也要站在世界的立场上看中国,"现在是一个大数据、云计算、网络化、全球化、人类逐步走向太空的信息时代,我们要用世界的眼光来思考问题。对于汉语国际传播,我们也需要用世界的眼光来思考"(陆俭明,2016)。当然,中国是世界的一部分,中国与世界并不是对立的,我们所说的放眼世界主要是说不能走闭关自守、小国寡民的老路,更不能"不知有汉,无论魏晋"。我们放眼世界的前提是立身中国,因为中国是汉语国际教育的大本营。但是我们必须清楚汉语国际教育不是中国一家的事,北美、欧洲、东亚、东南亚、澳洲、非洲、中东、拉丁美洲都在做这件事,他们各有各的传统,各有各的特色和优势,我们应该学习借鉴。汉语国际教育是语言教育的一个分支,其性质属于第二语言教学,因此世界各国第二语言教学的成功经验和研究成果我们也应该借鉴。

4. 构建人类命运共同体会为汉语国际教育提供更好的发展环境。回顾人类社会几千年的发展历史,战争与和平是永恒的主题。人类文明经历了多少血雨腥风走到今天,是应该认真思考人类共同命运的时候了。历史上的大小战争,特别是两次世界大战造成多少生灵涂炭,我们赖以生存的家园满目疮痍。现在世界上局部战争仍没停歇,难民问题已经成了世界难题。核战争的达摩克利斯之剑一直悬在我们头顶。在这种形势下,构建人类命运共同体恰逢其时。人类命运共同体需要合作,需要互动,需要关照各方的利益关切。这会给汉语国际教育创造一个良好的外部环境，让外界减少猜疑，增加共识。中国在经济上成为世界经济发展的引擎，中国方案在世界上发挥着越来越重要的作用，"潮平两岸阔，风正一帆悬"，汉语国际教育也会乘着这个东风扬帆远航。

三、汉语国际教育的发展策略与人类命运共同体

汉语国际教育与人类命运共同体的构建关系如此密切，那么，其发展得是否健康顺利成为一个重要议题。任何一个学科、任何一项事业要发展得好，除了确定好自己的定位之外，最重要的就是制定发展策略。在构建人类命运共同体的过程中，汉语国际教育如何顺应时代潮流，因应世界发展趋势，满足社会需要，解决发展中的问题，这是我们应该思考的。

汉语国际教育学科是从"对外汉语教学"这个学科发展而来，因此它不可避免地带有"对外"的烙印。"对外汉语教学"是站在国内的立场上、在国内对来华留学生进行汉语和中国文化教育，而汉语国际教育则是把课堂搬到了海外。但是我们不能忘了，国内的对外汉语教学仍然是一个重要阵地，不能因为强调汉语国际教育就忘了根本，忘了初心。汉语国际教育如何在既有的学科体系中找到自己的位置，汉语国际教育如何在继承的基础上创新发展路径，汉语国际教育如何与"对外汉语教学"和"海外华文教育"协调发展，这是发展战略问题，应有顶层设计。

1. 关于学科地位问题。目前国务院学位办公布的学科目

录[①]上"汉语国际教育"属于文学门类里中国语言文学一级学科（0501）下的二级学科（050103），与汉语言文学（050101）、汉语言（050102）并列。关于汉语国际教育的学科定位问题我曾有专文讨论（崔希亮，2015），兹不赘述。这里我们要讨论的是学科地位问题。汉语国际教育作为一个新兴学科，也是一个交叉学科，从人才培养和学科发展的角度看，应该建立和完善学科的基本理论框架。一个学科如果没有基本理论来作为支撑是不可能走得很远的。目前，这个学科的基础是建立在汉语言文学和教育学的基础之上的，学科疆域不是很清晰，缺乏独立的理论体系。与此相应的应用研究也有很多处女地需要开发耕耘。只有我们把基础打牢了，学科的大厦才能够矗立起来，学科的地位才能巩固。

2. 与"对外汉语教学"的关系。汉语国际教育脱胎于对外汉语教学，因此它与对外汉语教学的关系是无法分开的。有人把对外汉语教学比喻为"请进来"，把汉语国际教育比喻为"走出去"，其实是不太恰当的。在新时代，我们有了构建人类命运共同体的理念，无论是请进来还是走出去，我们的目标只有一个：做好语言教育，为人类命运共同体服务。因此，对外汉语教学与汉语国际教育应该是一个整体，不可分割开来。在海外办好孔子学院的同时，我们也应该加大对国内对外汉语教学（也是汉语国际教育的有机组成部分）的投入，在学科建设上给予应有的支持。毕竟，国内的汉语国际教育体系完备，基础扎实，教学规范，成绩突出，影响深远。

3. 与"海外华文教育"的关系。华文教育指的是对华侨华

---

① 来自教育部公布的《学位授予和人才培养学科目录（2011年）》。

裔子女的汉语和中国文化教育，其发展历史比对外汉语教学和汉语国际教育还要长。东南亚各国的华文教育甚至已经形成了独立的教育体系。20世纪80年代以来，海外的华文教育也随着"汉语热"而不断升温，海外华文教育的相关研究也越来越深入。从语言教学的角度来看，海外的华文教育大多属于第二语言教学范畴，与汉语国际教育有很多交叉重合之处。从机构设置来看，国务院侨办负责指导海外华文教育，国家汉办负责指导汉语国际教育，两家鸡犬之声相闻，井水河水两不相犯。在人类命运共同体构建的过程中，海外华文教育担负着相同的使命。汉语国际教育与海外华文教育应该协同发展，资源共享。如果能够在顶层设计上进行整合，可以避免不必要的浪费，减少不该有的矛盾。

四、人类命运共同体与中国智慧

人类命运共同体的理念是有现实基础的，这个基础建立在人类共同价值观的基础上。"人类共同价值是有的，世界上不同国家与民族的人民都想过上幸福的生活，这是大家共同追求的理想。"（张岂之，2017）在地球村时代，人类有必要认真研究一下东方智慧在全球治理中的地位和作用，尤其值得注意的是，古老的中国智慧在经过现代化的洗礼之后焕发出勃勃生机。这种洗礼得益于西学东渐。中国文化现代化的过程实际上就是去粗取精、去伪存真的过程，我们淘汰了中国文化中的糟粕，而让中国优秀文化发扬光大。人类文明的交流互鉴对人类社会来说是一个福音。汉语国际教育所进行的语言文化教育和跨文化交流就是我们贡献中国智慧的一个渠道。

中国智慧是一个系统，一个不同于西方智慧的系统。这个系统发祥于远古，成熟于百家争鸣时代，在发展过程中又不断吸收外来文明，一直传续至今。这本身就是一个奇迹。中国智慧的核心思想包含了中国人的世界观和人生哲学。这种世界观和人生哲学综合了儒释道法医等各家的精神内核，重视天人和谐，重视人间伦常，提倡和而不同，提倡共赢共享，这与基督教文化的零和博弈思维是很不一样的。在当今波谲云诡纷繁复杂的国际形势下，中国智慧可以化干戈为玉帛。这对人类和平来说是一剂良药。

然而，由于中国语言文字的艰深，能够真正读懂中国智慧的外邦人士是很少的。尽管也有一些学者，如林语堂，极力想把中国文化介绍给西方，但是收效甚微。近年来我们也做了不少中国典籍外译的工作，但是由于概念体系的不同，翻译工作举步维艰。我们都知道，通过翻译来了解异质文化是不得已而为之。要读懂中国智慧最好的办法是学习汉语。要真正学会一种语言，不仅仅是学会一门交际工具那么简单。创造这种语言和使用这种语言的人群积累了丰富的智慧，这些智慧记录在语言中。汉语国际教育在传授语言的同时也在贡献中国智慧。

参考文献

[1] 崔希亮（2005）《汉语熟语与中国人文世界》，北京：北京语言大学出版社。

[2] 崔希亮（2015）关于汉语国际教育的学科定位问题，《世界汉语教学》第 3 期。

[3] 崔希亮（2018）汉语国际教育的若干问题，《语言教学与研究》第 1 期。

[4] 胡范铸、陈佳璇（2011）基于"国际传播"概念的汉语国际教育，《国际汉语教育研究》第 1 辑，北京：高等教育出版社。

[5] 胡范铸、陈佳璇、张虹倩（2018）目标设定、路径选择、队伍建设：

新时代汉语国际教育的重新认识，《世界汉语教学》第1期。

[6] 卢德平（2016）汉语国际传播的推拉因素：一个框架性思考，《新疆师范大学学报（哲学社会科学版）》第1期。

[7] 陆俭明（2016）汉语国际传播中一些导向性的问题，《云南师范大学学报（哲学社会科学版）》第1期。

[8] 施家炜（2016）汉语国际教育专业人才培养的现状、问题和发展方向，《汉语国际教育（中英文）》第1期。

[9] 王祖嫘、吴应辉（2015）汉语国际传播发展报告（2011—2014），《新疆师范大学学报（哲学社会科学版）》第4期。

[10] 习近平（2013）更好统筹国内国际两个大局　夯实走和平发展道路的基础——在十八届中共中央政治局第三次集体学习上的讲话，《人民日报》1月30日。

[11] 习近平（2017）共同构建人类命运共同体——在联合国日内瓦总部的演讲，《人民日报》1月20日。

[12] 叶小文（2016）人类命运共同体的文化共识，《新疆师范大学学报（哲学社会科学版）》第3期。

[13] 张岂之（2017）"打造人类命运共同体"与中华优秀传统文化，《山东省社会主义学院学报》第1期。

[14] 赵金铭（2013）国际汉语教育的本旨是汉语教学，见北京语言大学对外汉语研究中心编《汉语应用语言学研究》第2辑，北京：商务印书馆。

海外汉语学习者低龄化的思考 *

李宇明

外国人学习汉语的活动,自先秦起就川流不息,河面或窄或阔,河流或急或缓。有汉唐之波澜壮阔,也有清末民国之涓涓细流(参见付克,1986;吕必松,1990;鲁健骥,1998)。外国人的汉语学习,也是中国强弱的晴雨表。这晴雨表的刻度,显示学习人数的多少,学习内容的变化,也显示学习者的年龄。

近几十年来,特别是近十几年来,汉语国际教育(对外汉语教学)在国外国内都产生了较大影响。可以说,这是中国历史上汉语学习的最盛时代之一。近期,海外汉语学习者呈现出显著的低龄化趋势,这是汉语国际教育发展的又一次质的飞跃,它象征着汉语学习价值的巨大提升,象征着中国对世界的意义的巨大变化;同时也要求汉语教学要有从宏观到微观的一系列的适应与改变,要求中国留学生教育乃至整个高等教育要有一系列的适应与改变。

---

* 原文发表于《世界汉语教学》2018 年第 3 期。

一、海外汉语学习者的低龄化

本文的"低龄化"是一个比较概念。海外汉语学习者,除了历史上的东亚,再除了海外华裔,过去基本上都是成年人。而现在,海外有不少中小学生,甚至幼儿园的儿童也步入汉语学习者的行列。这种汉语学习者中非成人越来越多的现象,称为海外汉语学习者的"低龄化"。"低龄化"不仅是一个比较概念,也是一个发展趋势,指的是海外非成年人学习汉语的现象越来越普遍,人数越来越多,比例越来越大。

低龄化是可以用、也应当用数据来描述的。其一,低龄化水平。中小学生及幼儿汉语学习者的人数,成年汉语学习者的人数,两类汉语学习人数的比例。其二,低龄化趋势。非成年学习者与成年学习者比例的逐年发展变化情况。然而十分遗憾,当前我们还没有学术能力来对低龄化进行数据描述,因为:第一,"汉语学习者"的身份认定起来并不简单,比如究竟履行了什么手续、学习了多长时间、达到何种水平才可以称为汉语学习者?第二,数据统计从来就是难事,不同国别不同人士的数据意识差别很大,各种统计口径实难一致,学界也难以得到足以可信的数据。

尽管如此,笔者还是尽量从报纸、杂志上搜集数据,向世界多地的十多位行家征询数据,委托一些学人帮助搜集、甄别数据。根据这些数据和近年来的切身感受,还是真实感知到海外汉语学习者低龄化现象的存在和低龄化趋势的发展。

1.1 一些名人之后学习汉语

赵晓霞(2017)报道了世界上许多名人之后学习汉语的情况。

如：美国总统特朗普的女儿伊万卡，她的3个孩子阿拉贝拉、约瑟夫、西奥多都在学习汉语。美国金融"大鳄"罗杰斯的两个小女儿，亚马逊创始人杰夫·贝索斯的4个孩子，脸谱网创始人马克·扎克伯格的女儿，英国乔治小王子，西班牙国王费利佩六世的两个女儿——莱昂诺尔公主、索菲娅公主，荷兰王室的长公主阿马利娅，比利时王室未来接班人伊丽莎白公主，等等，也都在学习汉语。他们有的在少年儿童期，有的还在幼儿期。

名人的行为是风向标，他们比较了解世界，能够洞察世界的未来走势；他们让其后代学习汉语，就是看中了汉语的语言价值，看好中国的未来发展。名人的行为具有示范效应，会影响一批人跟着学。因此，这里虽是举例性的，却能够从一个侧面反映海外汉语学习者的低龄化趋向。

1.2 一些国家的情况

柴如瑾、王忠耀（2017）指出，目前全球开设汉语课程的中小学校是高等教育机构的8倍。在美国、英国、法国、泰国、韩国等国家，汉语教学从大学迅速向中小学延伸，K—12（从幼儿园到高中）成为汉语教学最重要的"增长极"。下面看一些国家的情况。

（1）法国。法国有700多所中小学开设汉语课程。曾任法国汉语总督学的白乐桑先生告诉笔者：法国学习汉语的中小学生有6万多一点（不包括"兴趣班"之类），这些学生最后高考时都要考汉语。全法国汉语学习者总数约为10万多一点，中小学汉语学习者占到60%。这一比例应该是欧洲国家中最高的。

（2）英国。李应齐（2017）报道，英国《金融时报》中文网发表文章称，学习中文被"高智商商界人士"视为一项不错的投资。如今，中文教育已成为英国初中等教育的重要内容之一，越来越多的学校开设中文课程。英国已将汉语纳入国民教育体系。另据中国驻英使馆教育处统计，苏格兰地区有400所学校开设了汉语课程，其中86所小学和37所中学将汉语作为第二外语，选择学习汉语的学生数已超越选学盖尔语（苏格兰当地语言）和意大利语的。

（3）美国。储诚志先生告诉笔者：美国国际教育协会（American Councils for International Education）2017年的调查报告显示，2014—2015年美国正规中小学有227 086人学习汉语（占中小学学生总数的0.42%）。这个数据不包括由华人家长开办、课程不计入正规学校外语学分的周末或课后中文学校的学生，这部分学生据估计也有20来万人（95%以上为华裔子弟），但此数据与正规中小学的汉语学生应有不少重叠。大学方面，据美国现代语言学会（Modern Language Association）对2013年注册情况的统计，有6.1万多学生学中文（手边没有大学生总数等数据来计算比例）。还有一部分社会人士（主要是成人）通过网络课程、暑期学校、孔子学院和台湾经文处文化中心，以及私人家教、海外留学等途径业余学习，人数不详，但不会太多。总体看来，说"低龄化"在美国似乎能成立。就动态情况而言，2010年经济危机之后，美国学中文人数的增长基本上在中小学。但就教学质量而言，中小学的情况并不理想。

记者徐剑梅的报道[①]与储诚志先生的信息似同。2017年6月1日在华盛顿发布的《全美幼儿园至12年级外语课程报名情况调

---

① http://www.sohu.com/a/145454509_120809.

查报告》显示，全美中小学生约有 1/5（1060 万）在校学习外语，其中，有 736.3 万名学习西班牙语，129 万名学习法语，33.1 万名学习德语，22.71 万名学习汉语，21 万名学习拉丁语。目前，全美 50 个州中，除南达科他州外都有中小学校开设汉语课程。

（4）泰国。泰国的汉语教师世玉博士告诉笔者，2015 年，泰国有 80 多万中小学生学习汉语。大约是世界上中小学生中学习汉语人数最多的。

（5）俄罗斯。俄罗斯的雅罗斯拉夫国立师范大学 2017 年发布了《汉字文化：汉语在俄罗斯的传播趋势》。该报告指出，俄罗斯不仅开设汉语的高等学校已逾百所，莫斯科、圣彼得堡、喀山和远东地区的一些中小学也开始引入汉语教学，关于汉语的竞赛与活动也日渐增多。当前，学习汉语的俄罗斯中学生有 1.7 万人，预计到 2027 年，至少比现在增加一倍[①]。

（6）其他国家。据陈敏、袁红丽（2016）报道，韩国教育部 2005 年规定在全国中小学普遍开设汉语课，七成左右的高中开设有第二外语——汉语课。

朱锦岚（2012）指出，早在 2010—2011 学年，德国至少就有 232 所中小学开设了汉语课，学习汉语的学生约在 1 万—1.5 万人之间。其中有 40 所学校把汉语作为高中毕业会考（Abitur）科目。时间又过去了 7 年，德国的低龄化水平应当更高。

赵晓霞（2017）报道，意大利开设汉语课的中小学超过 100 所。

1.3 低龄化现象的确存在

报端这类数据还有不少，但因信度问题没有"有见必录"。

---

① http://www.sohu.com/a/159728273_115239.

不过本文的上列数据是基本可信的。这些数据虽然不多、不全，但与我们的经验是吻合的。总体上可以相信：

（1）海外汉语学习的确出现了低龄化现象，且这种现象具有较大普遍性，不是一国一地之孤例。

（2）低龄化水平在世界各国是不均衡的，发展较好的国家低龄化水平达到或超过了60%，如法国、泰国等。就全世界的平均水平看，不少学者认为达到了50%左右；而就一些内部统计数据看，也许更高。

（3）低龄化趋势发展迅速，今后很可能还会加速发展。

二、低龄化趋势的形成原因

海外汉语学习者的低龄化，是由多种因素推动而形成的。这些因素主要是：

2.1 海外华人母语传承的带动

海外华人的母语传承，可以从传统华人社区和新华人两个视角看。

传统华人社区主要在东南亚，其语言传承由于所在国对待华族的态度，由于所在国与中国的关系，由于华人华侨与中国的关系，曾经一度出现华语传承的"大滑坡"，有些国家甚至撤销了华校，禁止华文教育。在那些岁月里，虽然不少华社和华人华侨极力维护母语的教育与传承，但"茶"仍然是"越冲越淡"。

中国结束了"文化大革命"，开始改革开放，经济逐步发展起来，国际地位迅速攀升，与传统华人所在国的关系不断改善。中国的发展也促进着"对外汉语教学"事业的发展，并将"对外汉语教学"推进到"汉语国际教育"的新天地,汉语学习在海外不断升温。这种形势对海外华人社区也产生了巨大影响,走向低谷的语言传承开始回升,断了档的语言传承开始重生,被禁止的华文教育开始合法化。

再说新华人。他们在改革开放后走出国门,在国外成家立业。随着中国的发展壮大,他们也越来越重视子女的母语教育,或是自己组织互助性学校,或是送入专门的汉语培训学校,或是进入孔子课堂,或是利用假期把孩子送到国内来学习汉语。这种情况主要出现在非传统的华人社区,如欧洲、北美、澳洲、非洲等地,与东南亚等传统华人社区的华文教育回暖遥相呼应。

在遍及全球的汉语教育中,海外新老华人的母语传承的意识与行动一直在发挥着诱导作用和支持作用;华人华侨子弟一直是海外低龄人群汉语学习的中坚。所谓"中坚",不仅在数量上占有一定比例,而且多数能够坚持学习,学得好,用得起来。

2.2 孔子课堂的推动

据孔子学院总部的数据,至2017年,世界上已有孔子学院525所,中小学孔子课堂1113所(其中独立中小学孔子课堂77所),孔子学院和孔子课堂分布在140多个国家和地区,参与孔子课堂学习的中小学生,由于学习时间等各种原因,其汉语学习不一定都能达到很高水平,但是其作用却是异常巨大的。

(1)涉及地域广阔。孔子课堂使汉语教育的足迹走到了世界的大部分国家和地区,理论上可以随着孔子学院走到140余个国家和地区,其中有许多是对中国、对汉语了解不多的国家和地区,如果不是孔子课堂,那里不知何年才能在中小学开展汉语教育。

(2)宣传作用广泛。学生进入孔子课堂,学习一些汉语,学写一些汉字，直接感受中国文化。而他们和孔子课堂又会像中国和汉语的海报一样，对其他学生、教师、家长和地方人士，起到了宣传、感染的作用，引发他们的兴趣。

（3）提供支持长久。孔子课堂每年都向愿意学习汉语的学生开设课程，提供持续性的支持。参加学习的中小学生数量巨大，其中一定有不少人会坚持下去，成为坚定的、优秀的汉语学习者。

以往对孔子课堂的意义认识不够。在体制、机制上，孔子课堂虽然是依托孔子学院开展工作，但它并不是孔子学院的附庸，其作用不容小觑，其工作应当加强。

2.3 各国政府的重视

汉语学习的收益主要在学习者，主要在学习者所属的国家和地区，因此汉语教育的积极性是中外双方的。许多国家都看到了这一点，对汉语教育给以不同程度的重视与支持。孟德宏、姜书君（2017）指出，目前已经有60多个国家通过颁布法令政令等方式，将汉语教学纳入国民教育体系。汉语教学进入海外的国民教育体系，这是汉语教育在海外生根的重要保证，是相关国家对汉语教育的认同与支持，是低龄化可持续的重要因素。

许多国家的政府还为汉语教育提供了具体的项目支持。柴如瑾、王忠耀（2017）指出，2016年9月，英国政府宣布正式启动中文教学项目"中文培优项目"（MEP），支持英格兰中学汉语教学，计划在2020年底前投入1000万英镑，培养出至少5000名能用汉语交际的年轻人。

有些政府非常鼓励汉语教育。近闻[①]，巴基斯坦参议院2018

---

① http://news.ifeng.com/a/20180220/56144680_0.shtml。

年2月19日通过议案，鼓励巴基斯坦所有的5年级到10年级学校开设中文课程。王欲然（2016）指出，南非学习汉语的中小学生虽然现在才有2000多人，但南非基础教育部长安吉·莫采卡在议会答辩时表示，未来5年，南非政府计划在500所中小学开设汉语课，汉语课将作为第二外语的选修课。有报道称[①]，到2020年俄罗斯将最终把汉语作为外语纳入国家统一考试中。

2.4 中国的发展

陆俭明（2014）讨论过一种语言成为他国学习的外语与国家强盛之间的关系，指出："一种语言要成为各国首选外语，要成为世界强势语言，取决于多方面的因素，而其中最重要的因素是两个：第一是国家强盛，特别是在经济、政治和综合国力上能居世界前列。这是最根本的因素。第二是科技、教育事业的高度发展，这是在具备前一个因素条件下的关键性因素。"这一论述是颇有见地、为许多历史事实所印证了的。

汉语学习者低龄化的上列原因背后，或者说，汉语学习者低龄化最为根本的原因，是中国的发展。中国的发展当然是全面的发展，包括政治、经济、社会、文化、科学、教育等各个方面，但对汉语学习者低龄化来说，最突出的影响有三：经济的发展，中国在国际舞台中央的频繁亮相，充满魅力的传统文化。

国家发展状况与国家语言的向外传播，可以使语言产生不同的"外语身份"。包括外事外语、领域外语、泛领域外语、基础教育外语、重要外语（第一外语）和第一语言六种。

这些外语身份（如果把"第一语言"的"超外语"身份也看作

---

① http://www.sohu.com/a/159728273_115239.

一种外语身份的话），依次反映着外语功能的强弱。所谓外语功能的强弱，一是指外语所发挥的社会作用的大小，显然，"第一外语"的社会作用面、社会影响力要大于"外事外语、领域外语"等；二是排序在后的外语身份，会覆盖前面的外语身份，比如，"领域外语"包含着"外事外语"，"基础教育外语"包含着"成人外语、领域外语、外事外语"。外语身份也与国家的不同发展水平相关联，外语身份的功能强弱，往往标志着国家的强弱；换言之，国家的强弱往往决定着其语言作为外语身份的功能。

本文所讨论的"低龄化"，标志着汉语超越了"成人外语"阶段，取得了"基础教育外语"的身份，同时也标志着国家的强盛和国际影响力发展到"明显地有助于他国发展"的阶段。当然，前面的路程还十分漫长，国家还需要向前发展，汉语还需要向"第一外语"阶段努力。

三、低龄化对汉语教学的新要求

以前，汉语处于"成人外语"阶段，汉语国际教育（包括对外汉语教学）的对象基本上都是成年人。面对海外汉语学习者的低龄化，教材教辅、课程设置、教学方法、考试评鉴、教师培养等都需要革新，以适应少年儿童的学习特点。同时，汉语国际教育的理念也需要更新，教学研究也需要及时跟上。

3.1 教学系统的革新

郭熙（2017a）认为，吸引低龄学生的是兴趣，要抓住他们的心智特点，保持他们兴趣的持久，把他们的中文学习引向深入；我国的汉语教师培养是以成人第二语言教学师资为目标的，这显然已经不能适应今天汉语教学发展的需要,要以中小学、幼儿园汉语师资培养作为国际汉语教师培养的主要任务;目前汉语师资培养的课程设置基本沿用20世纪80年代的"对外汉语"模式,已不能适应当今汉语教学的发展,要改变师资培养模式。

郭熙教授所论非常值得重视。海外少年儿童的汉语学习与海外成人的汉语学习确有诸多不同[①]。最为显著的是两个方面:

(1) 少年儿童的学习动力主要是兴趣。年龄越小,兴趣越是学习的主要动力;而成人的学习动力主要是语言的功用。教学内容是引发兴趣的基础,应与学习者的心智相符合,与学习者的生活阅历和生活环境相符合。教师和教学方法是引发兴趣、保持兴趣的关键。考试评鉴是维护兴趣、提升兴趣的重要手段。成人式的教材教辅、成人式的教学方法、按成人教学模式培养出来的教师、应试教育理念下的考试方式等,皆无法适应低龄化的新形势。

(2) 儿童的语言学习方式主要是"习得"。所谓习得,是在语言的汪洋大海里自然获取语言;而成人,其主要的语言学习方式是在课堂中"学得",虽然要把语言学地道,也需要有较多的习得。然而,海外汉语学习的一个重要特点恰巧就是缺乏汉语环境。如何利用海外的华人语言社区、利用网络和计算机来进行语言环境补偿,教师如何制造"虚拟语言生活"来帮助学生"习得"语言,都是新课题、新挑战[②]。

---

① 关于儿童语言习得、儿童与成人语言学习的差异,可参看李宇明(1993)、李宇明(1995)。

② 李宇明(2014)在讨论孔子学院的教学时,曾提及语境补偿的问题,可以参考。

3.2 汉语国际教育理念的更新

对海外汉语学习者低龄化的适应，是个巨大的系统工程。这种适应不仅是教材教辅、课程设置、教学方法、考试评鉴、教师训练等教学直接要素和教学实施过程的适应，也涉及汉语国际教育理念的更新、汉语国际教育规划的应对、教学研究的跟进等等。

在汉语国际教育的理念上，在制定汉语国际教育的规划时，一定要认识到如下几点：

（1）低龄化是汉语国际教育发展的一个里程碑。许多方面都要发生质的变化，许多方面都有应对的问题。

（2）少年儿童的语言学习最易建立语感。外语教学的理想境界，不是传授多少外语知识，而是建立学习者的语感。有了语感，就能够把语言学得地道；就能够听懂从未听过的句子，说出从未听过的句子，具有自主产生话语的能力。这是成人外语学习很难达到的。

（3）少年儿童的语言学习最易产生语言感情，甚至是跨文化认同。少年儿童对接触到的美好事物，容易产生亲近情感。越早接触汉语，特别是有学生喜欢的老师和有趣的教学内容，就越容易产生语言感情，进而产生语言认同；并由语言感情、语言认同进而产生文化兴趣、文化好感，甚至产生跨文化认同。成人外语学习，可能会产生文化兴趣、文化好感，但要产生跨文化认同则相当困难。

（4）应制定关于海外汉语学习低龄化的专门规划，以全面应对低龄化这种新现象，维持、加速低龄化的发展趋势，收获低龄化带来的各种社会成果。

3.3 教学研究的跟进

海外汉语学习者低龄化是汉语教育的新事物。这类学习者有华裔，有非华裔。汉语（华语）对于华裔来说是母语，但华裔的母语学习与国内母语学习有很大不同，或是没有国内这样优越的语言环境，或是在学校仅仅是一门课程，而不是教学媒介语。有很多华裔，第一语言是外族语或外国语，是他们的"准母语"；汉语是他们的第二语言，这时的汉语已经成为"祖语"[①]的身份了。

非华裔的汉语学习是外语学习。少年儿童外语学习并不新鲜，比如英美儿童常把法语、西班牙语、德语、葡萄牙语作为第二语言来学习，但是，英语与法语、西班牙语、德语、葡萄牙语等的语言距离和文化距离都比较近，而且日常生活中也不难进入这些语言社区，有一定的语言环境。显然，这同海外少年儿童把汉语作为外语学习不一样，甚至很不一样。汉语在语言系属上属于汉藏语系，与汉藏语系之外的语言，语言距离和文化距离都比较远，学习难度非同寻常。正因为语言距离和文化距离的原因，西方许多外语院校都把汉语列为需要较多学习课时的语言，或者看作"难学"的语言。当然由于历史上的原因，日语、朝鲜/韩国语、越南语等与汉语的语言距离（特别是词汇与文字方面）、文化距离具有特殊性；这些语言虽然不属于汉藏语系，但他们的少年儿童学习汉语，有特殊的便利。

面对低龄化这一新事物，教学研究必须跟上去。要从总结、

---

① "祖语"又叫"传承语"，有关研究请参看郭熙（2017b）、李嵬和祝华等（2017）。

借鉴入手，全面吸收我国中小学的汉语母语教育、我国少数民族中小学的普通话教育、海外华文学校的教育、世界各地中小学外语教学等经验，并根据海外汉语学习低龄化的实际情况，对教材、教法、课程、考试、教师等相关教学要素进行全方位研究。边研究边应用，边应用边研究。关于汉语国际教育的教学研究，向来薄弱，克服轻视教学研究的痼疾，克服科研与教学"两张皮"的顽疾，克服各种语言教学互不通气的陈疾，借机补上教学科研这一课。

四、低龄化对来华留学教育的"蝴蝶效应"

放眼望远，海外汉语学习者低龄化，还将直接影响来华留学教育。现在正学习汉语的海外中小学生，由于兴趣和需要的驱动，在中小学甚至幼儿园期间，就会利用假期等时间来华旅游感知中国，或参加短期培训甚至沉浸式培训。更需要重视的是，由于语言感情和跨文化认同，他们中学毕业后到中国留学的概率会急速增高，并会引发教育的一系列重要变化。这种变化最为重要者有二：

第一，学习内容的变化。早年的来华留学生，主要学习汉语，学习中国文学、中国历史、中医中药、中国体育等，可称之为"中国学问"。近些年，来华留学生人数增多，来源国增多，学习内容也发生了变化。除了学习汉语和"中国学问"之外，也开始进入中国发展较好的"优势学科"。可以预料，随着海外汉语学习者的"低龄化"，不久之将来，不仅来华留学生数量激增，而且留学兴趣将会突破"优势学科"，带来中国高等教育学科的"全面开放"。"汉语+中国学问→中国优势学科→全学科"这一留学内容的"三阶段拓展路径",也从一个方面显示出中国高等教育国际化的重要进展。

第二,语言面貌和中华文化底蕴大为提高。过去的来华留学生,汉语"零起点"或是汉语水平较低的情况较为普遍。他们要学习"中国学问",必须先学习汉语,先上"语言预科"。现在,留学教育发展到第二阶段,留学生开始进入中国"优势学科","预科"的任务更重,学科教师的教学媒介语问题更加突出。不久的将来,来华留学生的语言面貌和中华文化底蕴将有很大变化,汉语"零起点"或是汉语水平较低的情况将得到很大改观。

来华留学生的这两大变化,都超出了我们以往的教育经验,中国教育必须做出相应调整。当然,究竟有哪些问题,还难以列出清单,不过起码有如下一些问题是会遇到的:

(1)面向留学生的汉语预科教育更加重要。面对来华留学教育的"两大变化",汉语预科教育该如何提升?特别是如何与各科教育更紧密地结合?

(2)汉语学,包括汉语教学(华文教学),既属于"中国学问",也属于中国的"优势学科",相信仍是留学生较为感兴趣的学科。这一学科应在现有基础上有大的变化和提高。全国高校现有上千家的汉语教育机构,低水平重复建设严重,效率不高,该如何整合提升?

(3)中国的学科(包括本科、硕士专业、博士专业、博士后流动站)怎样依照"汉语+中国学问→中国优势学科→全学科"的路径,逐步创造条件向留学生开放?怎样分步骤、有计划地进行教师、教材等方面的准备?

（4）教学媒介语是中国学科开放的瓶颈问题。采用什么样的语言作为教学媒介语，既是教育主权领域的理论问题，也是教师现有语言水平的实际问题。若用外语，那么多种外语，如何选择？若用汉语，留学生是否具有用汉语听课的水平？若是双语逐渐过渡，如何过渡？

（5）获取中国学位的语言要求，这是更高层面的教学媒介语问题。学位论文和论文答辩，是用汉语还是外语？理论上说，申请中国的学位，应当使用中国语言。

（6）明确留学生是"学生身份"还是"外宾身份"，这牵涉到对留学生的一系列管理问题。

（7）来华留学生的教育目标。培养什么样的人是教育的根本问题，教育目标是教育之"纲"，纲举方能目张。中国学生的教育目标，教育法等相关法律都有规定。但是目前还缺乏来华留学生的教育目标[①]。

未来是不透明的。海外汉语学习者低龄化会对来华留学教育产生什么样的"蝴蝶效应"，今天尚难说清，但一定会有许多需要应对的问题。应对这些问题的过程，一定能够推进中国高等教育的国际化发展。

五、结束语

海外汉语学习者低龄化，已呈现较为普遍且保持快速发展趋势的现象，据估计，全球的低龄化水平约为50%，一些国家达到

[①] 关于来华留学生教育的一些问题，请参见李宇明（2016）。

了60％。低龄化的形成原因是多方面的，海外华人华侨子弟的母语（祖语）学习是带动因素，也是中坚力量；孔子课堂的开设是重要的推动力量和保障因素；具有风向标意义的名人之后的汉语学习，起到了示范作用；多国政府的重视，把汉语纳入国民教育体系，这是最能发挥持久作用的推动力。这些因素背后的最为根本的力量，是中国的快速发展。

语言被外国人学习，便具有了外语身份。"外事外语＜领域外语＜成人外语＜基础教育外语＜第一外语＜第一语言（准母语）"这一外语身份序列，既表示不同外语身份的社会功能的强弱，也常与国力的强弱相对应。海外汉语学习者低龄化，汉语进入了基础教育，具有了"基础教育外语"的身份。这标志着汉语超越了"成人外语"阶段，也标志着中国的发展进入了"明显地有助于他国发展"新阶段。

海外汉语学习者低龄化，也标志着汉语国际传播进入新阶段。少年儿童学习汉语，易于学得地道，易于建立语感，易于产生语言感情，甚至产生语言认同；这种语言感情、语言认同，常可发展为文化兴趣、文化好感，甚至产生跨文化认同。少年儿童语言学习的动力主要是兴趣，语言学习的主要途径是习得，与成人的外语学习有很大不同。现有的汉语国际教育体系是为成人学习准备的，面对海外汉语学习者低龄化，必须在教材教辅、课程设置、教学方法、考试评鉴、师资培养等方面进行适应性的系统转变。特别是要更新汉语国际教育的理念，制定专门的低龄化汉语国际教育规划，加强面向教学一线的科学研究。

海外汉语学习者低龄化还影响到来华留学生教育。不久的将来，来华留学生会数量倍增，而且他们都有一定的汉语水平和中华文化底蕴,学习内容将沿着"汉语＋中国学问→中国优势学科→全学科"的路径快速拓展。这首先要求预科教育在教学内容、教学时间、教学方式、教学评价等方面都要进行大幅度改善,其次是准备向留学生提供越来越多的学科,学科的教学内容、教学媒介语、学位论文要求,甚至留学生的培养目标等方面,都会提出新要求。这些变化及对这些变化的全面适应,会对中国的师资,甚至高等教育系统带来较大影响。这就是海外汉语学习者低龄化的"蝴蝶效应"。

参考文献

[1] 柴如瑾、王忠耀(2017)前所未有的"汉语热",《光明日报》10月28日。
[2] 陈敏、袁红丽(2016)韩国七成高中开设汉语课,《宁波日报》4月2日。
[3] 付克(1986)《中国外语教育史》,上海:上海外语教学出版社。
[4] 郭熙(2017a)汉语热该如何延续,《光明日报》6月18日。
[5] 郭熙(2017b)论祖语与祖语传承,《语言战略研究》第3期。
[6] 李嵬、祝华、连美丽(2017)想象:跨国移居家庭传承语维持与转用的关键因素,《语言战略研究》第3期。
[7] 李应齐(2017)学习中文,不再仅仅是兴趣,《人民日报》10月24日。
[8] 李宇明(1993)语言学习异同论,《世界汉语教学》第1期。
[9] 李宇明(1995)《儿童语言的发展》,武汉:华中师范大学出版社。
[10] 李宇明(2014)孔子学院语言教育一议,《语言教学与研究》第4期。
[11] 李宇明(2016)转变来华留学生教育的观念,《社会科学报》8月4日。
[12] 鲁健骥(1998)谈对外汉语教学历史的研究——对外汉语教学学科建设的一个重要课题,《语言文字应用》第4期。
[13] 陆俭明(2014)汉语国际教育专业的定位问题,《语言教学与研究》第2期。

[14] 吕必松（1990）《对外汉语教学发展概要》，北京：北京语言学院出版社。
[15] 孟德宏、姜书君（2017）"汉语热"背后的"中国热"，《人民日报》（海外版）11 月 17 日。
[16] 王欲然（2016）未来 5 年南非 500 所中小学将开汉语课，《人民日报》4 月 22 日。
[17] 赵晓霞（2017）汉语加速成为"国际性语言"，《人民日报》（海外版）9 月 23 日。
[18] 朱锦岚（2012）德国中小学汉语教学综述及启示，《外国中小学教育》第 2 期。

汉语国际教育的若干问题 *

崔希亮

一、问题的提出

汉语国际教育是一个朝阳产业，也是一项正在迅猛发展的事业，从学校办学的角度看，它也是一个新兴学科。目前海内外汉语教育机构如雨后春笋般地设立，海外孔子学院的数量也在不断增加，在读的汉语国际教育的本科生、硕士生和博士生越来越多，各种汉语教材和教学资源正在源源不断地生产、推广、应用，全球学习汉语的人数也在不断增长，呈现出一派繁荣景象，有人把它称之为"汉语热"。在这种形势下，我们必须看到其中存在的一些隐忧和问题，在"热"的背后做一些冷静的观察和思考。本文拟讨论的问题包括汉语国际教育发展现状及面临的挑战、孔子学院内涵建设、汉语国际教育的基础研究和应用研究等问题。

---

* 原文发表于《语言教学与研究》2018 年第 1 期。

二、汉语国际教育发展现状及面临的挑战

2.1 汉语国际教育发展现状

汉语国际教育，以前称作对外汉语教学，近年来在海内外蓬勃发展，全球孔子学院和孔子课堂的数量不断增加，汉语已经进入一些国家的国民教育体系，也有一些私立的语言教育机构教授汉语课程，这个领域的从业人员队伍不断壮大。到 2016 年 12 月 31 日，已在全球 140 个国家（地区）建立了 512 所孔子学院和 1 073 个孔子课堂[1]。截止到 2015 年 9 月，全国开设汉语国际教育本科专业的高等学校有 363 所，在校生人数 63 933 人。开设专业硕士学位的院校 108 所，在校生 10 133 人。开设汉语言文字学硕士学位的院校 104 所，开设语言学及应用语言学硕士学位的院校 95 所。招收汉语国际教育博士学位的院校 14 所，在语言学及应用语言学博士点培养汉语国际教育博士的院校 35 所（施家炜，2016），这些院校的毕业生有很多会到汉语国际教育的岗位就业。从表面上看，汉语国际教育从人才培养到教学研究都在快速发展，每年一次的全球孔子学院大会与会者都超过 1000 人，世界汉语教学学会会员的数量也大幅增长，截至 2013 年，会员人数已从成立之初 16 个国家和地区的 270 余人发展到目前来自 69 个国家和地区的 4415 人[2]。但是，汉语国际教育的基础研究和应用研究远远不能满足多元化教学的需要，世界汉语教学对资源的需求空前旺盛，而资源的供给显然跟不上。汉语国际教育的从业人员良

---

[1] 数据来源为孔子学院总部官网。
[2] 此数据来源于世界汉语教学学会官网。经向世界汉语教学学会秘书处了解，现在已经发展为 4929 人。

莠不齐，部分教师专业素质亟待提升。孔子学院在快速发展过程中出现了不少问题，这些问题都需要一件一件地解决。为了使汉语国际教育事业有序地发展，有必要对我们所面临的困难做个梳理，这样才能更好地应对各种挑战。

2.2 汉语国际教育面临的挑战

汉语国际教育面临的挑战很多，概括起来有以下几个方面：第一个是缺乏业务精湛的汉语教师；第二个是为汉语第二语言教学服务的汉语本体研究（包括语音、语法、词汇、语篇、汉字）远远不够，教师在课堂上遇到的很多问题无法在既有的本体研究成果中找到答案；第三个是汉语国际教育的学科定位还存在着较大的分歧，因此学术资源的分配无法支撑汉语国际教育这个学科的发展；第四个是孔子学院的内涵建设还任重道远。在以上这些挑战当中，关键的问题是高素质的汉语教师的匮乏。因为没有高素质的汉语教师，教学法、教材、基础研究和应用研究都谈不上（崔希亮，2010a）。孔子学院和孔子课堂数量增长过快，导致办学质量和管理体系问题多多，很多院长和教师经过短暂培训即匆忙上岗，不懂专业、不擅管理的现象非常突出。海外孔子学院到底以语言教育为主还是以文化传播为主的争论也使得一些孔子学院办学目标不明确。因此，孔子学院的师资力量和孔子学院的管理队伍建设目前是个大问题。

尽管有那么多的院校开设汉语国际教育专业以培养师资，但是就业的渠道不畅通，国内高校师资入门的资格在提高，若非具有博士学位很难在高校立足；中小学开设国际班的学校数量有限，难以消化那么多的毕业生；更有甚者，国内一些省市对非985、211院校的毕业生采取歧视政策，也导致一批本专业的优秀毕业生无奈改行。海外汉语教师的岗位受限于当地的移民政策和就业政策,并没有多少岗位对本专业的毕业生敞开,虽然孔子学院吸收了一批志愿者教师,但是数量有限,而且很多志愿者结束任期之后回国还面临着二次就业的压力。汉语国际教育专业的毕业生不得不改行从事其他方面的工作。一方面海外孔子学院需要受过专业训练的汉语教师,一方面我们培养的汉语教师只有少数人有机会到海外工作,这是一个悖论。在这种情况下,很多学校的汉语国际教育专业的学生专业思想不稳固,很多学生毕业之后都到其他领域就业了。这对汉语国际教育事业的发展显然是很不利的。

2.3 汉语国际教育的学科定位

汉语国际教育这个学科到底应该归属于语言学呢,还是应该归属于教育学呢?有关这个问题的争论一直没有停止。学科定位不清楚会直接影响学生的培养目标、培养规格,影响专业的课程设置。这个问题我们曾有专文讨论,这里不赘述(崔希亮,2010b)。

2.4 国家层面的顶层设计

汉语国际教育作为一项国家和民族的事业理应得到国家的重视,然而,无论是985、211还是双一流建设,汉语国际教育都没有得到足够的重视,其直接后果就是这个专业的发展难以吸引高素质人才,也难以产出高质量的科研成果。一些非常优秀的人才流失了。尽管业界对汉语国际教育是一个特殊的学科、汉语国际教育是一个专业、汉语国际教育是一项重要事业的认识已经没有多少异议,但是这个专业在社会上被误解的概率仍然很高,"小儿科"的论调仍有市场。因此,国家层面的顶层设计是非常重要的。

三、关于孔子学院的内涵建设

3.1 发展理念国际化

目前我们处于一个全球化、国际化[①]的时代，国家之间的边界越来越不清晰，你中有我、我中有你的现象越来越多，国际合作、文化交融、互通有无、利益共享的局面正在形成。孔子学院的建立就是一个国际合作的结晶。因此，孔子学院的内涵建设首先是观念的国际化。不同的国家和地区有不同的文化传统和管理制度，中国也有自己的文化传统和管理制度，应该说，我们的管理制度是很有个性的。这些建立在不同国家和地区的孔子学院要在一个平台上工作，没有一个统一的理念是很难合作成功的。目前我们工作中遇到的一些矛盾多是起因于文化差异和制度差异。全球化是人类历史发展的潮流，因此具有国际化的理念非常重要。国际化理念具体体现在要有国际视野、要按国际通行的规约办事、要吸收人类文明的养分、要建立人类命运共同体、要有为全人类服务的意识。

3.2 体制机制体系化

目前，全球孔子学院的管理体制和机制处于百花齐放、百家争鸣阶段，孔子学院总部正在逐步探索体系化的管理体制和机制，对孔子学院进行全面评估的工作也在进行，一些学者也做了很好的研究（吴应辉，2011）。以北京语言大学合作建立的 18 所孔子学院为例，北美、欧洲、日韩的孔子学院基本上没有太大的

[①] 全球化和国际化是两个不同的概念，虽然说的是一件事，但前者是在全人类的立场上说的，后者是在本土立场上说的。

差异，但是古巴、土耳其、埃及、巴基斯坦的孔子学院就各有各的特殊性，我们理解不同的国家有不同的国情，我们尊重现实。但是从长远来看，管理体制机制的一体化、体系化是孔子学院发展的必由之路。正如同英国文化委员会、法语联盟、歌德学院、塞万提斯学院所做的那样，体制机制的体系化是孔子学院内涵建设的题中应有之义。

3.3 教师队伍专业化

教师队伍专业化是孔子学院事业发展的需要，也是汉语国际教育事业发展的需要。汉语教学过程中会遇到很多语言问题和文化问题，如果教师没有接受过专业训练，这些问题是无法让学习者满意的。教师在汉语知识、中国文化知识、中国社会知识、中国历史知识和教学技能、中华才艺、外语能力、研究能力等方面要有系统的训练才能应付自如（崔希亮，2012；崔希亮，2013；陆俭明、马真，2016：77）。

3.4 教学资源信息化

信息化也是一种潮流，现在我们的教师备课、做研究都离不开网络资源，甚至我们的日常生活都离不开网络，我们购物、出行、导航、共享单车、预约医院等等都在线上完成。很多教学机构甚至教师个人在教学和研究的过程中都积累了很多宝贵的资源，包括语料库、素材库、教学课件、教学辅助参考资料、教材、教学经验、论文和著作等等，这些教学资源如果能够信息化并与他人共享，将会促进汉语国际教育事业的进步和教师职业生涯的发展。但是必须有互利共赢的机制。"全球中介语语料库"项目的建设采取的就是共建共享的模式，这种模式可以互通有无，互利互惠，大家为一个共同的目标而努力，建设成果大家共享共用。

3.5 课程设计规范化

现在不同的孔子学院根据当地的需求开设不同的课程，这是因地制宜、按需设课的必然选择。低龄儿童、公司高管、国民教育体系中的大中小学生、市民、商务人士、政府官员都会选择附近的孔子学院学习汉语，他们不可能采用同样的课程。然而，第二语言教学有很多共性，课程设计和教学设计是可以进行规范化操作的。尤其是内容相同的课程，完全可以共享一些资源，规范化的课程设计对于那些新入职的教师来说无疑可以提供方便。课程规范化不是说一定要全球孔子学院完全开设相同的课程，使用相同的教材，遵循相同的课程设计。各地的孔子学院可以根据社会需求开设相应的课程（赵金铭，2014）。孔子学院总部可以组织一批专家设计一些核心课程，并提供统一的课程设计范本，供一线教师参考。这样可节省很多人力物力，也使得孔子学院的教学有所遵循，尤其是对新上岗的教师有所帮助。

3.6 教材编写在地化

教材是汉语国际教育过程中不可或缺的重要要素，好的教材对于教师来说就好比前线的士兵有了精良的武器装备。应该说现在图书市场上出版的教材五花八门，数量不可谓不多，但是很多老师仍然感到好的教材不可多得。很多老师自己动手编写教材，但是由于经验和资源有限，教材的质量难以保证。很多人希望能够编写适合当地学习者学习状况的本土教材，我称之为在地化教材。编教材，看似简单，实则不然。一本好的教材要有先进的教学理论作为指导，还要有第二语言学习的理论和实践，要循序渐进，语音、词汇、语法的安排和复现要有相关研究为基础，不能任意安排。

3.7 院长生涯职业化

孔子学院院长是非常重要的人物。一所孔子学院办得好不好，孔子学院院长起的作用非常大。目前的合作方式是每所孔子学院设两名院长（外方院长和中方院长），这两名院长的关系在不同的孔子学院有所不同。由于孔子学院设立在海外高校的比较多，需要经常性地与学校和当地市政厅、社会团体、社区打交道，因此外方院长在很多方面有主导权。中方院长主要负责教学安排、文化活动安排、预决算、与总部联系沟通、与使领馆联系沟通等工作。双方院长的合作是至关重要的。一般的情形是这样的，刚到岗的孔子学院院长因为没有经验，情况不熟悉，往往需要付出一些代价之后才能如鱼得水。目前的做法是，各校派出的孔子学院院长大多是学校的管理干部，对业务不一定很精通。外语能力也参差不齐。等到他成熟了，对当地情况熟悉了，他也该卸任回国了。因此，探索孔子学院院长职业化的途径是当务之急。院长在工作中积累了丰富的经验和教训，要让他有用武之地。当然，院长的遴选、晋升要有通道，院长的待遇要有保障，否则，没有激励和约束机制，既选不到合适的院长，也留不住优秀的院长。

四、汉语国际教育的基础研究和应用研究

4.1 汉语国际教育的基础研究

汉语国际教育需要面向教学的汉语本体研究。应该说，汉语本体研究的成果已经有很多了，但是要为汉语第二语言教学服务还需要有一个转化的过程。例如关于"把"字句的研究，检索 CNKI 关于"把"字句研究的文献，可以查到 4641 条，仅硕士博

士论文就有1012条。这么多的研究成果大多是理论研究，为教学服务的研究不够。因此到现在为止，汉语第二语言教学中在谈到"把"字句教学的时候仍然把它作为一个难题来处理。可喜的是已经有人认识到这个问题的重要性，开始着手研究作为第二语言的汉语本体问题（施春宏，2009）。

4.1.1 面向教学的语音研究

汉语语音在教学中出现的问题比较多，但是很难一概而论，不同的学习者出现的问题是不同的，因此语音教学应该针对不同母语背景的学习者采取不同的策略。普遍存在的问题有：第一，汉语语调的问题。很多学习者容易用母语的语调来说汉语，造成所谓的"洋腔洋调"现象。如何避免洋腔洋调需要深入研究。第二，汉语声调的问题。赵元任先生发明的五度标调法使我们对汉语声调有了比较直观的认识，但是如果教师没解释清楚也会给我们的教学带来一些负面效应，一些学习者不知道五度调值是相对音高，也不了解上声其实不是214，而更像是个低平调，如果把214都发到位，结果可想而知。第三，连读变调的问题。第一课就学"你好"，两个上声连读，学生对变调没有概念。连读变调是学习过程中普遍存在的问题，对所有的学习者来说都是一个难点。第四，一些辅音和一些元音对某些学习者来说比较困难，这个问题一定要有针对性地进行研究。

4.1.2 面向教学的语法研究

学习者出现语法偏误是很正常的，母语的负迁移作用，其他外语的影响，对汉语语法规则不了解，等等，都会给学习者带来困扰。而汉语语法在很多方面都没有外在的形式标记，这就使得学习者常常感到无所凭依。主要困难有以下几点：第一，汉语的

"了",无论是动态助词还是句末助词,都让学习者摸不着头脑。研究者至今也没有一种可以一劳永逸地解决这个问题的办法。第二,汉语的量词。什么时候用量词?用什么量词?"我给你一刀"和"我给你一把刀"有什么不同?这也是学习者头痛的问题。第三,一些特殊句式如"把"字句、"被"字句、"连"字句、比较句等等,也是学习的难点,学习者有回避使用的现象。第四,多重定语的顺序问题,为什么说"大圆脸"不说"圆大脸"?第五,词语搭配的问题,为什么说"上厕所,下厨房"?为什么说"上火车",不说"进火车"?为什么说"打篮球",不说"打足球"?不一而足。第六,形式和意义不对应的问题,如"还不是老样子=还是老样子",学习者感到很困惑。第七,情态问题,汉语有丰富的语气词,它们的意义和用法是很难把握的,他们听到的哥说"好嘞"的时候还以为他们说"好累"。第八,轻声和儿化的问题。他们搞不清楚什么时候轻声别义,什么时候不区别意义,搞不清楚什么时候名词应该儿化,"前门"不能说成"前门儿"。第九,汉语介词的泛用和误用。比如"朝、向、往"三个介词都表示方向,具体怎么用?一些语言的介词比汉语发达。在不该用介词的地方用了介词,这是非常常见的偏误。框式介词也是容易出问题的地方。语法的问题特别多,限于篇幅这里不能一一列举。

4.1.3 面向教学的词汇研究

词汇是语言学习中的重要内容,有学者做过基于语料库的专题研究(张博等,2008)。汉语第二语言教学中的词汇问题比较集中地表现在:第一,词素搭配问题,学习者错把"同屋"说成"同房",错把"茅屋"说成"茅房"的现象屡见不鲜。第二,同义词辨析问题,意义相同或相近的词有可能词性不同、适用范围不同、搭配不同、感情色彩不同、语用意义不同，在学习中很容易出错。例如"广大"和"广阔"、"突然"和"忽然"、"雄壮"和"雄伟"、"推广"和"推行"、"打击"和"击打"等等。第三，词汇的能产性问题，有的词汇可以自由地构成新词，有的词汇不能，学习者往往会出现很多"生造词"和"仿造词"，如"医人、艺者、写者"等等。第四，离合词的问题。第五，词义理解问题，例如说"我妈妈没有牛奶"这句话，把"牛奶"错会成"奶"或"乳"了。第六，词的感情色彩问题，如"能说会道、天花乱坠、拍马屁"都是贬义词，学习者不知道。第七，词汇学习策略问题，怎样学习词汇效率最高？怎样学习词汇才能记得牢用得对？这些都涉及学习者的学习策略。

4.1.4 面向教学的汉字研究

　　汉字是汉语国际教育的拦路虎。很多学习者视汉字学习为畏途。面向教学的汉字研究已经有不少了，如万业馨（2009）就做过汉字教学的总体设计，李运富（2014）也针对汉字的特点讨论过对外汉字教学，可见学者们对这个问题的关注还是不少的。然而汉字难学的境况依然存在，我们还需要关注以下一些问题：第一，汉字的家族特性，传统的汉字教学是单字进行的，如果我们把汉字放在一个家族网络中，可收事半功倍之效。第二，汉字教学是否要语文并进？如何处理语言和文字的关系？第三，汉字的认知研究。汉字的发展历史告诉我们，每一个汉字都有历史，在汉字教学中，一些教师采用了俗文字学的解释，以此来激发学习者的兴趣，但这不是最好的办法，还应该从认知上去解释汉字的造字理据，这就需要我们换一种眼光来看汉字。第四，汉字教学的实验研究，我们需要有实验数据支持的汉字教学研究。

4.1.5 面向教学的语篇研究

我们经常看到一篇作文每个句子都是对的,放在一起就不成篇,为什么?因为学习者没有掌握语篇的技巧。语篇涉及比句子大的话语单位,对于学习者来说,有以下几个问题需要注意:第一,语篇连贯的问题。语篇中的起承转合需要有一些关联词语连缀其中,这样读起来才会感觉气脉贯通,否则,读者很难揣摩其中的逻辑关系。第二,语篇中的省略问题。二语学习者往往不知道在一个完整的语篇中什么地方应该省略,所以读起来显得很啰唆。第三,语篇结构的问题。汉语的语篇结构是什么样的?不同文体的语篇各有什么特点?第四,书面语表达问题(孙德金,2012)。第五,语体问题(冯胜利,2006、2010)。

4.1.6 面向教学的语用研究

语用问题是在语言使用过程中产生的,它涉及对语言之外一些因素的把握,如社会文化环境等。我们在语言交际过程中会自动理解一些语用策略,也会很自然地运用一些语用策略,但是对于那些把汉语作为第二语言的学习者来说,问题却不那么简单。具体说来重点有以下几点:第一,礼貌用语。汉语虽然没有敬体这样的语法形式,但也要注意语言交际中的礼貌用语,我们的礼貌用语往往表现在词汇的选择上。例如"请你们12点去学生食堂吃饭"不如"请各位12点到学生食堂用餐"好。礼貌是有程度区别的,什么场合、对什么人说话采用什么样的礼貌用语是很重要的。第二,合作原则。我们的交际活动要顺利进行需要会话双方密切配合,如果一方不遵守合作原则,会话就很难进行下去。学习者对汉语中的一些"废话"常常感到困惑,如"你来啦!""吃饭哪?",打电话的时候问"你在啊?",路上问"出去啊?",

等等，这些话语形式只是打招呼，没有实在意义。第三，理解言外之意，这个要求有点儿高，但是在实际的话语交际中经常会碰到语带双关或者会话含义很清楚的情形，学习者不知所谓。比如说"这人是个小人""是！大人！"听话人对"小人""大人"完全不解。"我们是打酱油的""我们是吃瓜群众"初学者也是一脸茫然。一个日本学生说"老师，我女朋友有了"时，他并不知道这句话的意思是"我女朋友怀孕了"。第四，交际策略。学习者要学会使用相应的交际策略使交际顺利进行下去，比如一场对话如何开头，如何起承转合，如何把握话题，如何避免冷场，等等。

4.2 汉语国际教育的应用研究

汉语国际教育的应用研究内容很多，也很庞杂，我们在这里举例性地列举一些，仅供读者参考：第一，各种语料库、素材库的开发和应用；第二，教材研究和教材开发；第三，语言水平测试和能力测试的研究和实测；第四，面向应用的教学法的实验研究；第五，教学环境和教学手段研究；第六，教学大纲和规范标准的制订和推广；第七，面向汉语国际教育的教学工具书的编撰；第八，虚拟环境教学软件的开发研制；第九，汉语国际教育信息情报的收集整理和服务。

五、结语

汉语国际教育正处于蓬勃发展期，出现的问题都是发展中的问题，都可以在发展中解决。"预则立，不预则废"，对于发展中的问题我们不能视而不见或者讳疾忌医。关于汉语国际教育亟需研究的课题，我们在这里也只是点到为止，不一定全面，也不一定准确，仅仅是提供一个参考线索而已。我们希望汉语国际教育事业能够在新时代砥砺前行，为汉语和中国文化的传播做出贡献，也为全球范围内的第二语言教学提供中国智慧和中国经验。

参考文献

[1] 崔希亮（2010a）汉语国际教育"三教"问题的核心与基础，《世界汉语教学》第1期。
[2] 崔希亮（2010b）对外汉语教学与汉语国际教育的发展与展望，《语言文字应用》第2期。
[3] 崔希亮（2012）汉语教师的知识结构、能力结构和文化修养，见周小兵主编《国际汉语》第二辑，广州：中山大学出版社。
[4] 崔希亮（2013）说汉语教师的学术自觉，《世界汉语教学》第4期。
[5] 冯胜利（2006）论汉语书面正式语体的特征与教学，《世界汉语教学》第3期。
[6] 冯胜利（2010）论语体的机制及其语法属性，《中国语文》第5期。
[7] 李运富（2014）汉字的特点与对外汉字教学，《世界汉语教学》第3期。
[8] 陆俭明、马真（2016）《汉语教师应有的素质与基本功》，北京：外语教学与研究出版社。
[9] 施春宏（2009）《作为第二语言的汉语概说》，北京：北京大学出版社。
[10] 施家炜（2016）汉语国际教育专业人才培养的现状、问题和发展方向，《国际汉语教育（中英文）》第1期。
[11] 孙德金（2012）《现代书面汉语中的文言语法成分研究》，北京：商务印书馆。
[12] 万业馨（2009）略论汉字教学的总体设计，《语言教学与研究》第5期。
[13] 吴应辉（2011）孔子学院评估指标体系研究，《教育研究》第8期。
[14] 张博等（2008）《基于中介语料库的汉语词汇专题研究》，北京：北京大学出版社。
[15] 赵金铭（2014）孔子学院汉语教学现状与教学前景，《华南师范大学学报（社会科学版）》第5期。

汉语国际传播事业新常态特征及发展思考 *

吴应辉

"'新常态'就是指由过去的状态向一种新的相对稳定的常态的转变,是一个全面、持久、深刻变化的时期,是一个优化、调整、转型、升级并行的过程。"(李后强、邓子强,2015)党的十八大以来,我国经济社会各领域都呈现出了发展新常态,作为从业者和研究者,我们应该认真研究探讨汉语国际传播事业新常态的基本特征,谋划汉语国际传播事业发展新常态的有关顶层设计和实现策略。随着中国综合国力的快速增强,过去十年中,汉语国际传播事业在国家大力支持和业界共同努力下,取得了长足进步,但在长期可持续发展方面仍面临不少问题。本文从战略的高度提出几点思考,以期抛砖引玉,希望该项事业发展与我国经济社会发展同步,进入发展新常态。

---

* 原文发表于《语言文字应用》2015 年第 4 期。

一、汉语国际传播的意义

1.1 汉语国际传播概念

"汉语国际传播是指建立在世界各国对汉语需求的基础之上,汉语走向世界的语言传播现象。"(吴应辉,2010)汉语国际传播有狭义和广义之分,前者仅指汉语的国际传播,后者既包括汉语,也包括中华文化的国际传播,本文使用的"汉语国际传播"属后者。汉语国际传播有事业和学术之分,本文仅探讨前者相关的问题,且立论基础为中国主导的汉语国际传播事业,而非各国自主开展的汉语教学。

1.2 汉语国际传播有助于提升中国文化软实力

提升国家文化软实力是我国国家战略的重要组成部分。《中共中央关于深化文化体制改革 推动社会主义文化大发展大繁荣若干重大问题的决定》明确指出,推动中华文化走向世界,开展多渠道多形式多层次对外文化交流,广泛参与世界文明对话,促进文化相互借鉴,增强中华文化在世界上的感召力和影响力,共同维护文化多样性。党的十八大报告也指出,要提高国家文化软实力,开创中华文化国际影响力不断增强的新局面。语言既是文化的组成部分,也是文化传播的载体和工具。因此,汉语国际传播是推动中华文化走向世界和提升中国文化软实力的重要载体和途径。汉语国际传播不仅具有汉语和中华文化国际传播的功能,同时还具有增进世界人民对中国了解的功能,在塑造良好的中国国家形象、配合我国整体外交等方面都能发挥积极作用。因而汉语国际传播往往具有"公共外交"和"人文外交"功能。当今中国和世界的关系正在发生历史性变化,中国成为全球第二大经济体之后，硬实力正逐渐得到世界各国公认，但软实力仍然较弱。通过汉语和中华文化的国际传播，可以增进了解，消除误会，减少冲突，削减"中国威胁论"的负面影响；可以为中国营造一个和谐的国际人文环境发挥积极作用。

1.3 汉语国际传播事业需要引入"新常态"概念

习近平总书记最初提出的"新常态"概念原本用于描述经济领域新的发展状态，然而党的十八大以来，经济社会各领域都呈现出了有别于以往常态的新的发展状态。语言本身需要及时反映社会生活，但此前人们确实没有找到一个能够生动准确地描述其他领域这种新的发展状态的恰当的术语，于是"新常态"这一概念便突破原适用领域——经济领域，迅速扩展到经济社会发展各领域。

汉语国际传播事业在过去十余年中成绩卓著，其发展状态的主要特征是"高速"，与改革开放以来的经济发展状态的主要特征相吻合。经济领域以"高速"为主要特征的发展状态被称为"旧常态"。这一概念是否也可以引入汉语国际传播领域，用来描述过去十几年汉语国际传播的"高速"发展状态呢？笔者认为该项事业不仅需要使用"旧常态"这一概念来概括此前的高速发展状态，更为重要的是应该面向未来引入汉语国际传播事业发展"新常态"概念，以总括未来汉语国际传播事业的整体发展状态，并为谋划该项事业未来长期可持续发展提供一个统领性的响亮名称。

二、汉语国际传播事业新常态应具有的主要特征

2.1 "中高速"或"中速"特征

"中高速"或"中速"特征，即发展速度从"高速"转为"中

高速"甚至"中速",与经济发展新常态大体一致,如新建孔子学院和孔子课堂数量的增长速度可适当放缓。曾经有报道称,孔子学院发展速度最快时期,平均每3天新增1所孔子学院。"截至2014年12月7日,全球126个国家(地区)建立475所孔子学院和851个孔子课堂。"①我们注意到,新建孔子学院增速近两年已明显放缓,2013年新建40所,2014年新增35所,这是符合新常态特征的好现象。

2.2 市场化特征

市场化特征,即汉语国际传播相关产品、服务和主要机构的运营都应该提高市场化水平。汉语传播机构要从以"输血"为主维持生存,向以"造血"为主、走长期可持续发展的市场化道路转变。以2014年全球孔子学院支出为例,国家汉办孔子学院共投入3亿零26万5000美元,按当时的汇率折算为人民币约18亿多元。这在孔子学院建院十周年之际,是可以理解和接受的,因为孔子学院还处于"少年儿童"阶段,需要扶持和培育。但如长期缺乏市场生存能力,仅靠输血维持生存,将很难实现长期可持续发展。虽然我们不能只计算经济成本,不考虑社会效益,但推进市场化运作,增强自我生存能力,最终实现少输血或不输血,实现收支平衡甚至有所结余,应该成为未来的努力方向。

汉语国际传播中资源建设也应以市场化道路为主。汉语教学资源建设是汉语国际传播面临的重要问题之一。汉语国际传播中需要大量的教学资源,如教材、配套练习、音像材料、教具、中

---

① 国家汉办/孔子学院总部(2015)《孔子学院发展年度报告(2015)》, http://www.hanban.org/report/pdf/2014.pdf。

华文化教学素材以及与教育技术和通信技术紧密结合的教学软硬件等。中国作为汉语母语国，肩负起汉语国际传播中的资源建设重任责无旁贷，可以投入经费建设一些公益性资源。然而这种公益性资源建设也要适可而止，如过量，则弊大于利，一是本土化程度低的资源会造成大量浪费，二是会降低当地研发机构的积极性，甚至扰乱当地正常的市场秩序。因此，汉语教学资源建设的主体还是应该借鉴英语国际传播的成功经验，充分依靠有关研发和出版机构进行汉语国际传播所需资源建设并走市场化道路。我国汉语国际传播有关机构和世界各国可通过市场化的方式购买产品和服务。通过市场化途径进行资源建设是汉语国际传播长期可持续发展的必由之路。

此外，汉语国际传播事业需要多种社会服务，而社会服务如何实现市场化招标采购也非常值得探索。

2.3 专业化特征

专业化特征，即从业人员从众多非专业人员参与向以专业人员为主从事该项事业转变。汉语国际传播是一个职业素养要求较高的行业，既要有扎实的理论基础，又要有熟练的教学技能，还要有较强的跨文化交流能力。目前，一些发达国家的从业人员的专业化水平已经很高，如美国公立中小学汉语教师除学位要求外，还要求必须获得相应的教师资格证，但是许多发展中国家的汉语教师的专业化程度还比较低，并不要求必须获得教师资格证才能执教，从业人员的专业化程度亟待提高。如中国派往泰国的汉语教师志愿者从事汉语教学，就不受教师资格证的制约。

2.4 服务性特征

服务性特征，即从我国"推广"向"服务需求"转变，过去十几年中,我们强调向世界推广汉语和中国文化较多,未来我们应充分认识学习汉语和了解中华文化不仅是中国的需要,更是世界各国与中国开展经济文化交流的需求,理念层次上从"推广"向"传播"转变,实践层次上从"我推广"向"我服务"转变,即我们的汉语国际传播将建立在别国"需求"基础之上,由"以我为主"变为"以你为主"。

2.5 各国的主体性特征

各国的主体性特征,即汉语和中华文化教学的相关责任由各国自己承担,包括经费投入、师资培养和教学资源建设等。中国的角色是帮助者,在别国提出请求时提供力所能及的帮助,尽量不要包揽过多,以免适得其反。

2.6 规范化特征

规范化特征,即汉语国际传播已基本走过了开疆拓土的草创阶段,将逐渐转入规范化、标准化运作阶段。汉语国际传播事业已经形成一个庞大的系统,系统的健康运行需要规则和标准,然而,由于前一阶段世界汉语需求增长太快,有关部门忙于事业拓展,许多运营制度和标准建设有所滞后,因此,管理制度的建立和相关标准的制定将成为汉语国际传播事业发展新常态的一个重要特征。

2.7 学术支撑特征

学术支撑特征,即未来的汉语国际传播将建立在具有更多学术支撑的基础之上,专业人士将在汉语国际传播事业中发挥更多的作用。汉语国际传播是一项学术含量很高的事业,此前的事业发展主要靠行政主导和经济支撑,学术介入不够,随着该项事业发展进入新常态,学术对该项事业的支撑作用将日益凸显。

2.8 "朝阳行业"特征

"朝阳行业"特征，即随着中国国力的提升，世界各国对汉语需求也将随之增长。与汉语教学和中华文化国际传播相关的行业，如教学资源开发出版、汉语国际教育师资培养、来华留学、中国文化产品输出等行业都将出现来自世界各国日益增长的广泛需求，相关行业将成为朝阳行业。如以出版汉语作为第二语言教学教材为主业的北京语言大学出版社在美国建立了分社，高等教育出版社汉语国际教育分社在拓展东南亚和美国市场方面取得了长足进展，汉语水平考试项目盈利颇丰，网络汉语教学方兴未艾，汉语师资培训社会机构生意兴隆，等等。

三、关于汉语国际传播事业发展新常态的几点战略思考

从汉语国际传播"旧常态"转入"新常态"，我们需要站在全局的高度进行系统研究，提出对全球汉语传播具有指导意义的若干策略。

3.1 汉语国际传播需要加强顶层设计

一种语言要快速健康地对外传播，顶层设计十分重要。汉语国际传播事业已有一些顶层设计，但有待进一步加强。目前我国的汉语传播事业存在目标模糊、多头共管、重眼前轻长远、重事业轻学术、重数量轻质量等问题。我们需要强化顶层设计，将事关长期可持续发展的若干重要问题，如近期计划、中长期及远景规划、体制机制、政策标准、传播途径、绩效考核、项目评估、传播网络、资源开发、师资培养、学术支撑等纳入顶层设计范畴，以便汉语国际传播事业各有机组成部分能在科学的顶层设计系统

框架下有序运行,实现有限资源利用最大化,促进汉语教学效率和质量的不断提高,推动汉语国际传播事业的长期可持续发展。

作为汉语国际传播顶层设计的重要组成部分,我们还要认真研究这项事业如何配合我国的全球战略,如怎样配合"一带一路"倡议实施,如何配合我国的周边国家战略等。我们应该加大对"丝绸之路经济带"相关国家和地区以及"21世纪海上丝绸之路"沿线国家汉语和中华文化传播事业的支持力度,为相关国家培养大批了解中国、能使用汉语与中国开展经济文化交流的专业人才。

汉语国际传播需要一个明确的远景目标——让汉语成为一门全球性语言。没有长远目标的事业往往具有盲目性。汉语国际传播事业在快速发展,但至今尚无明确的远景目标,这将影响该项事业的发展方向和长期可持续发展。无论是汉语国际传播的主管机构,还是学术界,均未探讨过这个问题。我们应该明确汉语国际传播的远景目标——让汉语成为一门全球性语言。所谓全球性语言,是指作为母语、第二语言或外语的使用者人数众多,且在世界各地广泛分布,在国际政治、经济、文化、教育、媒体等领域广泛使用的语言。英语是世界语言史上到目前为止唯一的全球性语言。依托中国日益增强的国家综合实力,在未来相当长一段时间之后,汉语完全有可能逐渐成为一门与今天英语的国际地位相似的全球性语言。应在此远景目标下设定近期、中期及长远发展目标并制定相应规划及行动计划,使汉语国际传播事业目标明确、规划科学、路径可行、有序推进(吴应辉,2014)。

3.2 汉语国际传播资源配置应充分体现"发展中国家优先战略"

当前汉语国际传播资源配置总体上体现了"发达国家优先战略",对亚非拉发展中国家投入则相对较少。根据"孔子学院年度发展报告"公布的数据,以孔子学院和孔子课堂2014年年底的全球分布为例,欧洲、美洲和亚洲是孔子学院和孔子课堂分布最密集的地区,分别为欧洲39国共370所,美洲17国632所,亚洲33国182所。欧洲以英国、俄罗斯、法国、德国和意大利开办的数量最多,分别为英国134所、俄罗斯23所、法国19所、德国20所、意大利45所;北美洲以美国、加拿大开办的数量最多,分别为美国542所、加拿大41所;亚洲以韩国、日本和泰国开办的数量最多,分别为韩国28所、日本21所、泰国23所。在2014年已建的851个孔子课堂中,美国有478个,占全球孔子课堂总数的56.17%。汉语国际传播资源分配的"发达国家优先战略"从未见诸文字,有关机构也从未公开表述过,但事实证明,这一战略至少在过去十年的孔子学院和孔子课堂建设中得到了体现。"发达国家优先战略"对推动发达国家汉语教学发展确实起到了积极作用,也为其他国家开展汉语教学起到一定的示范作用。但如果我们做个逆向假设,假如中国不投入资源进行支持,这些发达国家会不会发展汉语教学?影响程度会有多大?笔者的观点是,影响不会太大,这些发达国家照样会发展自己的汉语教学。理由有三:一是发达国家是基于自身与中国的经济文化交流需求,即从自身利益出发决定是否发展汉语教学,而非仅因为有中国的资源支持就开展汉语教学,一旦认为需要,不论中国是否资助都会发展自己的汉语教学;二是这些发达国家都有足够的经济实力开展汉语教学,欧美一些名校并不缺钱,中国的支持实为锦上添花;三是美国等西方发达国家少数人对于意识形态非常敏感,对孔子学院(课堂）等经费投入怀有戒心，甚至认为此类投入会妨碍学术自由。因此，我们投入资金支持其开展汉语教学是否必要，值得认真反思。

相反，"发展中国家优先战略"则为"雪中送炭"之举，往往能取得投入少见效大的明显效果。如汉语在泰国的传播。泰国可能是发展中国家中得到汉语传播资源支持最多的国家，过去十年，中国国家汉办为泰国建立了12所孔子学院和11个孔子课堂，选派了上万名汉语教师志愿者和国家公派汉语教师。国家汉办对泰国的资源投入对泰国汉语教学的快速发展发挥了重要作用，效果十分显著。泰国学习汉语的人数快速攀升，短短十年间，学习汉语的人数从几万人上升到上百万人，汉语课程快速进入主流教育体系。学习汉语人数目前约占全国总人口的1.5%，且还在持续上升。泰国个案向我们展示了汉语完全有可能成为一门全球性语言的美好前景，同时也告诉我们，汉语国际传播的"发展中国家优先战略"与"发达国家优先战略"相比，投入产出效益更加明显。"发展中国家优先战略"如能实施，将对汉语在全球的传播与分布格局产生重大影响，对推动汉语成为一门全球性语言发挥举足轻重的作用。因此，汉语国际传播资源配置应充分体现"发展中国家优先战略"。

强调"发展中国家优先战略"，并非否定对发达国家的重视，而是强调在资源配置方面对发展中国家优先，对发达国家则应更多体现为学术相关的非经费类支持。

3.3 推进汉语国际传播事业应高度重视"华文教育"

汉语作为外语教学和华文教育同为汉语国际传播的重要组成部分。前者指对母语为非汉语的外国人的汉语教学，后者指对母语为华语的海外华人的华文及中华文化教育。过去十多年间，前者得到了高度重视，而后者受到重视的程度却远远低于前者。海外华人华侨总人口达4000多万，对汉语走向世界发挥了重要作用。他们分布于世界各地，加强华文教育可以为汉语国际传播事业发挥以点带面的重要作用。在华人较为集中的东南亚国家，高层次的华文教育还能为所在国家及与其语言文化相似的其他国家培养华语师资，如马来西亚华人可以到印尼教授汉语等。然而，目前华文教育与汉语作为外语教学相比，并未得到足够重视。我国在汉语作为外语教学方面的资源投入远远超过对华文教育的投入。这在局部地区产生了"招了姑爷气走儿子"的不良效果。因此，我国在大力支持汉语作为外语教学的同时，应高度认识华文教育在汉语国际传播中的根据地作用和辐射作用，纠正对华文教育重视不够的问题，大力支持发展海外华文教育。

3.4 汉语国际传播中的师资培养应具有层次性、国别性和超前性

师资问题是影响日常汉语教学各因素中最为重要的因素。当前全球汉语师资总体上处于短缺状态，但深入研究后发现，国际汉语师资需求具有动态发展性、层次递进性、国别差异性和经济社会发展程度关联性等特点。因此，作为高层次汉语师资培养和输出的汉语母语国，我们在开展国际汉语师资培养的顶层设计时，应充分考虑上述特点，合理分工，不同学校能针对不同层次的汉语师资培养。目前全国各汉语国际教育硕士培养单位普遍以培养面向中小学的单一层次的国际汉语师资为主，未来应该兼顾学前、小学、初中、高中、大学等层次，有针对性地培养汉语师资，做到国际汉语师资培养层次多元化。由于不同国家的汉语师资也有不同的规格要求，因而国际汉语师资培养还应努力做到国别化。

人才培养具有周期性，因而国际汉语师资培养还应做到未雨绸缪，超前培养。一般说来，处于不同经济社会发展层次的国家对国际汉语师资需求也往往有所差异，通常发达国家要求较高，发展中国家要求较低，因此，我们的国际汉语师资培养规格还应努力实现多元化。

3.5 应始终清醒认识汉语国际传播事业中中国的"有限责任"与世界各国的"主体责任"

汉语国际传播不仅是中国的需要，也是世界的需要。对此如果没有清醒认识，可能导致我们盲目单向投入。中国的需要无须赘述，而世界的需要则有必要强调：随着中国综合国力的快速上升、世界多极化格局的形成，中国在国际政治、经济、外交等领域发挥着日益重要的作用。世界各国从本国利益出发，都需要了解中国，并与中国开展多种形式的合作交流。语言既是交流的工具，也是文化的载体，开展与中国的合作交流必然要求培养大批通晓汉语和中华文化的专门人才，因此，发展汉语教学也是各国自身的需要。基于此，我们有必要清醒地认识汉语国际传播事业中的中国角色和世界角色，即世界各国是发展本国汉语教学的主体，理所应当肩负起本国汉语教学的主体责任，如政策措施、经费筹措、资源建设等；而中国则是各国汉语教学的支持者或配角。作为汉语母语国，中国应着力为世界有汉语教学需求的国家提供汉语教学的学术支持，如研发高质量教学资源，培养大批具有良好跨文化交流能力的专业化国际汉语师资及高水平专家，为世界各国汉语和中华文化传播提供国别化的咨询参考，为全球汉语教学提供方向性引导，等等。当然，也应该为确有困难的国家提供发展汉语教学必要的经费支持。任何一个国家发展外语教学，从政策到实践都是自己国家的事，我们可以提供一些力所能及的帮助，但一定要有"有限责任"意识。随着中国综合国力的快速上升，汉语教学将逐步进入许多国家的主流教育体系，包括高等教育和基础教育体系，开设汉语课程的学校将是千千万万，中国没有责任也没有能力把发展各国汉语教学的责任都承揽下来。

我们应始终清醒认识孔子学院（包括"孔子课堂"）在汉语国际传播中的"补充"地位和各国汉语教学机构的"主流"地位。孔子学院与各国汉语教学机构的地位与关系是另一个需要我们清醒认识的重要问题。毋庸置疑，孔子学院已经成为汉语国际传播的重要机构，在汉语国际传播事业中发挥着重要作用。我们对其地位及其与所在国家汉语教学机构的关系问题应有清醒的认识，否则可能犯越俎代庖、本末倒置的错误。孔子学院在不同国家汉语教学中发挥的作用有大小差异，但性质相同，均为辅助和补充。各国教育机构才是汉语教学长期可持续发展的根基和主流。孔子学院要与所在国家汉语教育机构形成互补发展，应避免与其形成竞争关系，理由有三：其一，孔子学院总量虽已达475所，但与世界各国开展汉语教学的高校数量相比，还是微乎其微。孔子课堂虽已达851个，但与各国已经或即将开展汉语教学的中小学数量相比，不过沧海一粟。其二，从办学层次上看，孔子学院基本上在非学历培训层次上开展汉语教学，而汉语教学中的学历教育基本上都由所在国家高校承担。其三，汉语教学是一个国家外语教学的组成部分，而外语教学从政策到实践都是一个国家教育主权的重要体现。因此，清醒认识孔子学院的从属和补充地位，既有利于区分中国的"有限责任"与世界各国的"主体责任"，并在孔子学院（课堂）未来建设中加以落实，也更能体现对别国教育主权的尊重。

3.6 汉语国际传播事业应寻求更多的学术支撑

汉语国际传播是一项学术含量很高的事业，应寻求更多汉语国际教育学科及其他相关学术支撑。扎实的学术研究成果、可持续的人才培养和形成一定规模的研究队伍将对汉语国际传播事业形成有力支撑。与汉语国际传播事业相关的语言规划与政策、汉语传播与走出去战略、汉语国际传播与国家外交战略、汉语国际传播与国家文化软实力建设、教师、教材、教学法、国别文化与跨文化交际、面向汉语教学的汉语研究、汉语作为第二语言习得、汉语测试、国际汉语教学相关标准、与汉语教学相关的教育理论与实践、教育技术在汉语教学中的应用等领域都需要扎实的学术研究成果形成支撑。然而，过去十年中，从汉语国际传播事业投入中列支的专项学术研究经费非常有限，导致汉语国际传播研究十分薄弱，能作为决策参考的研究成果寥寥无几，从而导致决策科学依据不足。此外，面向全球 200 多个国家的汉语传播必然遇到各种各样的问题，没有科学研究的支撑而仅凭经验决策实施，免不了要走许多弯路，传播效果也必然受到制约。有鉴于此，汉语国际传播应加强世界各国对汉语和中华文化需求的调查研究，以达到有的放矢、科学配置资源的目的。都说出现了全球范围的"汉语热"，到底有多热？在哪些国家或地区热？在各个层次上的需求有何不同？这些需求表现在师资和教学资源方面的具体情况如何？中国作为汉语的母语国，应该如何满足这些需求？这些需求状况都是汉语国际传播可持续发展中科学决策的重要依据。客观需求在很大程度上决定语言国际传播的广度和深度，因此，我们应该加强汉语国际传播的需求研究，为宏观决策提供科学依据。总之，缺乏强有力的学科和学术支撑的汉语国际传播难免带有盲目性和主观性，有时甚至造成资源浪费，这对汉语国际传播事业的长期可持续发展十分不利，应该加大投入开展汉语国际教育学科建设，对汉语国际传播事业形成学术支撑，以达到科学传播、高效传播。

汉语国际传播发展新常态影响因素很多，本文仅就作者的有限思考见教于业界同行，并希望以此引发汉语国际传播从业者，尤其是智库型学者和组织领导者对该项事业转型的相关理论和实践问题的更多思考与探究，以期为汉语国际传播事业发展新常态提供更多的决策参考。

参考文献

[1] 李后强、邓子强（2015）全面准确把握新常态的内涵和特征，《四川日报》2月25日。
[2] 吴应辉（2010）国际汉语教学学科建设及汉语国际传播研究探讨，《语言文字应用》第3期。
[3] 吴应辉（2014）让汉语成为一门全球性语言——全球性语言特征探讨与汉语国际传播的远景目标，《汉语国际传播研究》第2期。

汉语国际传播的理论维度 *

卢德平

一、真相与本质

目前汉语国际传播这一概念具有多声部特点，不同的行动主体都在参与其内涵的建构，表达着自身的立场，而各种声音和立场产生的回声，使得汉语国际传播这一概念被多重映射之后不仅产生了内涵的歧义、界定的困难，最关键的是，许多以汉语国际传播名义阐释的现象已经远远超出了汉语国际传播的范畴，甚至超出一般传播的范畴。在此情况下，汉语国际传播无论是概念还是行动，均存在真相和假象叠加的问题。接近或逼近汉语国际传播的真相，不是要在这个问题上确立什么唯我独尊的话语权，对各种视角或观点进行筛选，并做出对我有利的选择，而是要还原汉语国际传播作为一种传播行动、传播过程所具有的内在规律。当然，一种尊重传播规律的汉语国际传播行动所产生的传播效果，要远远大于偏离或无视传播规律的传播行动。

---

* 原文发表于《语言战略研究》2016 年第 4 期。

1.1 当前汉语国际传播运动

中国目前所推行的汉语国际传播实质上是一种政府和民间合作实施的传播运动，其出发点是推介中国的传统和现实（讲好中国故事），凸显了传播主体的意志。其基本传播出发点不是传播对象需要听什么，而是传播主体想讲什么，或者说，是传播主体通过传播手段和传播过程去吸引传播对象来听我讲。也就是说，在目前的汉语国际传播中推力因素远远大于拉力因素（卢德平，2016）。这样一种以传播主体为主导的设置方式，不能说不是一种有效的传播，但确实和日常社会生活中的对话性互动过程有着很大的区别。一种宏观的传播运动，如果不能转化为微观的人际互动实践，或者通过这样的微观互动实践去具象化传播主体的意志，那么所谓的汉语国际传播就始终处于一种悬置状态，所传播出去的仅仅是需要传播的信息，而没有实现传播作为一种社会实践形式所具有的丰富意义，也无法保证这些传播出去的信息被传播对象所接纳。目前的一些汉语国际传播活动表明，国内通行的政治沟通和社会沟通的单向、单通道模式（俞可平，1988），很大程度上被复制到汉语国际传播运动中，而国情的差异、社会制度的不同、治理方式的区别，都对简单复制这种传播方式的有效性构成挑战。

在以传播主体的意志为主导的汉语国际传播格局下，围绕着汉语国际传播中汉语言符号的传播存在着一些假象，同时，把汉语言符号的输出或传播等同于汉语国际传播又派生出关于汉语传播本质的假象。仅就汉语言符号本身而言，这些假象可以归纳为两点：第一，认为汉语国际传播就是把作为一种符号系统的汉语想法输出到不通行汉语的地区或国家，由此实现中国社会、文化、历史、现实的对外传播。第二，认为通过在海外广设汉语教学点就可以实现汉语在对象国的广泛使用和传播。

1.2 传播的悬置性与日常社会生活

不可否认，从语言的符号特质判断，把作为符号系统的汉语输出去，可经由汉语符号去指涉汉语之外的非语言因素，即中国社会、文化、历史、现实。但这种汉语传播观实质上是把汉语扩散和汉语交际两种传播方式混为一谈，认为汉语具有符号系统的自足性，自身足以表达和传递中国人作为主体的所有意向性和中国社会的所有外部客观现实，而不必考虑日常生活中的汉语交际者生动的个体特性，从而悬置了汉语传播对对象国日常生活的介入。从理论上讲，汉语的符号性只能说明作为符号系统的汉语音义兼备，形式和内容耦合，并且指涉汉语之外由社会、文化、历史、现实构成的语言之外的"他者"。换言之，关于"他者"的观念业已成为汉语的语义成分，浓缩并沉淀于汉语之中，构成了汉语的表达潜能。但汉语的符号性只是汉语进入日常生活交流的必要条件，而非充分条件。进入交流或交际，语言的言说主体必须出现于交际场景，而这个言说主体是生动和具体的个体，而非集团表现意义上的抽象言说主体；即使言说主体拥有交流的意向性，如果交际对象对言说主体的意向性不感兴趣，没有和言说主体分享意向性、共建意义世界的驱动，那么交流或交际仍然无法实现。在这种情况下，即使语言符号传播出去，甚至为交际双方所理解，也不能构成面对面的语言互动，不能成为日常生活的社会实践形态。即使在同为母语的环境中，这种语言互动和交际不成立的例子也随处可见。可见语言进入日常交流或交际，尚需生动具体的交际者具有共享交际意向、共建意义世界的社会心理驱动这一重要条件。上述社会心理驱动条件在理论上要求前置于汉语传播过程，而在实际的汉语国际传播行动和政策中，这个在目前实践上未能形成的前置条件反而被设定为汉语国际传播的目标，从而构成理论上的错位，决定了目前汉语国际传播游离开对象国日常社会交际的悬置性特点。

显然，汉语传播如果不能进入对象国的日常社会生活，具体生动的言说主体必然缺位，在此条件下，这样的汉语传播实质等同于汉语书面语的传播，而不是作为社会实践形态意义上汉语的传播。即使通过孔子学院等途径面向外国人开设汉语课程，所传播的汉语仍然停留于符号体系的转介，而不能进入对象国的日常社会生活。这是目前大部分汉语国际传播实践的真相。这个真相如同英语、法语、德语、日语等传播到中国，传播到世界上很多其他国家一样，并没有进入传播对象国的日常社会生活，其实质不过是书面语的传播或课堂的封闭性语言练习。如果从语言传播是一种社会实践，是人际面对面的社会互动，并由此构建和营造一种共享的意义世界这一角度理解，上述汉语传播还不是真正的语言传播，而不过是汉语符号体系的转介。

当然，能进入日常社会生活，成为人际面对面互动的社会实践的语言只有母语或替代性母语。替代性母语的形成只有通过权力强制或殖民剥夺两条途径才能实现。符号体系转介意义上的汉语传播并非没有价值，问题只是在于：汉语国际传播可能难以避免世界上一些主要语言的国际传播结局，即永远排除在对象国日常生活场域之外。这其实触及汉语国际传播的限度问题。汉语国际传播的限度决定了作为外语的汉语与作为母语的汉语呈现出不同的功能路径。作为母语的汉语，其口语和书面语扮演着平行和同等重要的角色，口语的价值在于日常社会生活实践，而书面语的价值则主要是行使集体文化记忆的职能（李宇明，2016）。在汉语母语中，书面语并非口语的单纯转译。汉语作为外语向非汉语母语地区或国家传播，由于无法像母语一样进入日常社会交际实践，因此难以形成对对象国日常社会生活的贡献，其口语功能主要表现为学习汉语书面文献的阶梯。这一定律的例外是：当中国人个体进入对象国日常社会生活，且背景存在促成汉语作为交际语码首选项的政治、经济、文化等强势因素，则汉语获得进入对象国部分日常生活语境的条件。但这种状况又以大量中国人出现于对象国多种日常社会生活为前提。如果这样的话，汉语国际传播则会蒙上"霸权"的阴影。

1.3 符号体系与互动实践的理论整合

从语言是一种符号系统的思考到语言是一种面对面的人际互动实践的认识，反映了关于语言本质特性的两个认识阶段。索绪尔语言符号学说以及维特根斯坦的前期哲学代表了前一种认识的高峰；维特根斯坦的后期哲学（Wittgenstein，1958）、奥斯汀（Austin，1962）、塞尔（Searle，1969）的言语行为理论，以及米德（Mead，1972）之后所形成的哲学社会学的符号互动论，则代表了后一种认识的高峰。

但是，以上述任何一种认识为唯一理论出发点来界定汉语传播概念，制定汉语国际传播的政策，实施汉语国际传播的行动，都不可避免带来认识和实践的双重偏差。以前面一种结构主义的语言观为汉语国际传播的理论基础，则必然认为汉语本身形义兼备，是自足的系统，由此认为汉语国际传播等同于将汉语这套符号系统输出到不通行汉语的地区或国家，汉语所承载的中国人的集体意识、文化记忆、社会制度、传统习俗就能同步输出，进而认为汉语国际传播的任务就大功告成。不可否认，这样的认识和实践存在着一定的理论合理性，即立足于汉语作为一种符号系统的理论思路，解决了汉语传播的语言符号地位问题，但无法确立汉语进入对象国日常社会生活的理论依据，也无法回答汉语国际传播限度的问题，以及在汉语传播实践上的悬置性问题。以后面一种理论线索为汉语传播的唯一理论依据，也会带来这样一些问题：日常社会生活对于交际者置身于具体的语言互动语境的现实性要求，在作为母语使用者的中国人不能大规模进入对象国日常社会生活的条件下，对于跨越国境且以外语状态出现的汉语国际传播，构成几乎难以逾越的实践障碍，并在理论上存在过于倚重语境变异、缺乏对宏观背景规则有效指涉的问题。但后一种理论思路给我们提供了这样的重要启示：汉语国际传播应从传播日常社会生活的内容，包括具体生动的语言交流者的当下现实开始，由此出发才谈得上关于传统、历史、文化等宏观背景的历时维度的传播。

语言拥有"分离"（detachment）和"整合"（integration）的辩证能力（Berger & Luckmann，1966），即反映社会生活经验，但又超越于情景化的经验偶然性，从偶发的经验片段中分离出来，而形成对各种相关经验的概括、抽象、范畴化的"分离"能力，以及将时空遥远的不在场经验眼前化的"整合"能力。语言这两种能力的辩证结合，为上述两种理论思路的整合提供了理论上的可能。正是由于包括汉语言在内的任何一种语言符号系统能够将语言共同体的各种情境化的实践经验类型化、范畴化，并形成语言的语义场系统，从而可以在传播语言符号体系的同时，同步传播相关的语义场系统。从这个意义上说，掌握一门语言就相当于掌握了一种文化，掌握了一个社会共同体的经验系统，而语言扩散所谋求的是通过语言符号体系的传播实现文化系统的传播，在语言的"分离"能力中找到理论合理化的来源。但语言的"分离"功能仅仅提供了理论可能，不等于实践的成功。语言的"整合"作用诉求的恰恰是以"分离"能力为前提的语言交际实践的成功途径。语言这种"整合"能力根本上体现为通过面对面的人际互动实践，将遥远、不在场以及通过"分离"能力获得的概括化、范畴化经验，变得在场、具体、情境化，而这一实现反映了语言符号从全民语言意义上的范畴化系统转变为面对面人际互动过程中的情境结合，转变为个性色彩附加的语言实践。进入人际互动的语言传播实践，语言的一切抽象、概括的经验范畴都开始获得确切的指涉、主体的界定，以及与特定话题的结合。从理论到实践的这个转变实质上体现了语言传播的两种理论思路的结合。上述两种关于语言和语言传播本质特性的重要理论思路的结合，意味着规则和过程、背景和现实、个体和社会的有机整合，这可能才是确立汉语国际传播理论基础的正确方法。

二、方式和路径

2.1 两种传播方式：从扩散到交际

与上述两种理论思路相对应，国际上关于语言传播的研究基本上围绕两条线索展开：一条是在"语言扩散"（language spread）的意义上探讨所谓语言传播的过程、规律及结果（Gumperz，1962；Fishman，1991；Ferguson，1993；Nichols，1997、2008）；

另一条是在"语言交际"(linguistic communication)的意义上将语言传播置于人际面对面互动的框架下考察语言在社会互动中的功能和作用(Mead,1972;Goffman,1974;Blumer,1986)。

前一条线索旨在探讨语言在地理上的扩散结果,即一定的语言从甲地扩散到乙地,或完全替代了乙地原先通行的语言,或两种语言仅仅并存于一定的社会场域,或两种语言以社会语体的有序分布,流行于不同的社会群体,适用于不同类型的社会活动。后一条线索旨在考察社会成员如何在日常生活的互动过程中以语言建构出对话的意义世界,并通过对话者内在经验的语言外化过程实现对话者相互间经验和意义的共享(Schutz,1962),由此透视社会结构、社会过程的成立条件(Goffman,1974)。这两条线索并非完全平行,而是相互影响,使得语言传播呈现出非常复杂的状态。"语言扩散"以日常生活中的"语言交际"为最高目标,使之构成语言传播的最终形态,但在母语之外,一种外部植入的语言变体如要实现这一传播目标,在传播策略上则不可回避其"殖民"或"霸权"模式,从而在语言传播过程中卷入语言外的政治、经济、文化因素。即使就日常生活中的语言交际而言,语言已经成为社会生活的内在组成部分,构成进入对话和交际的社会成员展示其主体人格、分享彼此经验和情感的社会行动过程本身,而不是服务于其他目的的工具。

维特根斯坦说:"想象语言就意味着想象一种生活形式。"(Wittgenstein,1958)从某种意义上说,语言和交际实质上是一回事,语言与人的社会性和社会交往过程几乎等同。目前语言研究领域所提出的语言交际的两种基本模式——"信息模式"(The Message Model of Linguistic Communication)和"推断模式"(The

Inferential Model of Linguistic Communication）（Akmajian et al.,2001），已经成为语言传播研究领域的经典范式，深刻影响着人们对于语言传播基本规律的认识。在这两种基本模式的框架下，对于语言传播、语言交际的理论阐述带有明显的语言学偏向，从而遮蔽了这一外化的语言现象所包含的非语言因素及其社会性本质。

汉语国际传播同样体现出语言传播的一般规律。但目前无论学术界，还是相关的政策部门，对于语言传播的两种形态或方式，即"语言扩散"和"语言交际"，存在着理论和政策的双重混同，对于二者处于何种关系也未做深入分析，因而无法界定在"语言扩散"意义上的汉语传播，以及在日常生活场域的"语言交际"之中有可能遭遇到的传播制约。当然，汉语在国际传播过程中作为外部植入的语言，在放弃"殖民"或"霸权"模式的条件下，虽然难以进入对象国的日常社会生活，但从语言传播的理论可能性考察，仍然在政治、文化、经贸、教育等领域存在着很大的传播空间。这样的汉语传播具有社会群体的限定性，而非全民语言所要求的那种涵盖所有社会成员的语言传播模式。由此可以看出，汉语国际传播虽然存在着一般语言传播的规律性特征，但又不同于母语共同体内部的语言传播，或标准语在方言区的传播，而更多体现出跨民族、跨国界的跨文化传播的典型特征。汉语国际传播从理论走向实践，也意味着从理论模式向政策路径的转换，而这样的转换需要一种适用于跨文化语言传播实践的理论解释。

2.2 推拉因素及其延展半径

我们认为，需要把汉语传播作为一种系统和过程，以"语言扩散"和"语言交际"作为汉语传播的两种形态或方式，从宏观、中观、微观三个层次解释汉语传播的内在规律，并围绕汉语传播过程中的推拉因素，来勾画一个相对符合语言传播规律、具有前瞻性价值的政策框架。"语言扩散"意义上的汉语传播主要属于宏观层次的问题，具有超越日常交际实践的悬置性特点。目前汉语传播政策的推介性举措，包括对中国文化和历史的宣传，更多体现了悬置状态下推力因素的作用。但汉语传播需要进入对象国的特定社会群体和社会空间，呈现出汉语传播的中观维度。汉语传播的中观层次主要表现为地理空间、社会空间、职场空间三个主要语言场域。汉语传播的微观层次，主要体现为个体语言学习者的日常汉语交际实践。与宏观的悬置性特点不同，中观和微观层次的汉语传播更多体现了"语言交际"意义上的汉语传播规律。

从宏观到中观层次，并最终实现于微观层次，反映了汉语传播从"语言扩散"到"语言交际"两种形态或方式的转化过程。三个层次在理论和实践上依次表现出源自中方的汉语传播的推力因素逐渐弱化的过程，同时也反映了对象国内生的汉语传播拉力因素逐渐强化的过程。换句话说，在推介中国文化、经济、历史等内容的宏观国家行动层面，汉语传播的推力因素表现得最明显，具有显著的规模效应，但这种宏观的推力因素未必能及时和直接转化为汉语在对象国特定的社会群体或社会空间的传播，更不能直接预测日常生活场域的个体汉语学习者的汉语交际实践。也就是说，宏观层面的推力因素如果要有效转化为一定的社会群体或社会空间的汉语传播，以及个体汉语学习者的学习动力，需要同时在中观和微观两个层面培育对象国汉语交际实践的拉力因素，而仅靠宏观层面的强势推介，单纯增加推力因素，显然无法达成这一结果。当然，对象国在政治、经济、文化等宏观维度也可能产生一些拉力因素，但这种宏观拉力因素往往和源自中国的宏观推力因素之间存在着一定的呼应关系，其中部分宏观拉力因素会转化为中观和微观维度的拉力因素，但未必全部都能转化。相应地，汉语国际传播政策的路径优化实质体现为：第一，如何延长推力因素的传递过程，即最大限度实现从宏观到中观，直至微观的延伸，而推力因素传递过程的延伸，并非仅仅依靠加大推力作用就可以理想地实现。第二，如何使源自中国的推力因素转化为源自对象国的拉力因素，从而实现汉语传播从国家之间的"语言扩散"向对象国日常生活场域的"语言交际"的转化。

三、内在张力及其消解

3.1 体系冲突与经验兼容

语言交际是社会互动的重要呈现，汉语国际传播要获得充分的生活现实性，而不是停留于概念设计或课堂模拟，就必须在具体的社会互动过程中展示其交际特性。任何汉语国际传播策略只有放在异域日常交际的场景中才能检验其有效性。任何一种语言共同体内部的日常语言交际均以其母语享有无可替代的优越性，因为母语确立并巩固着社会互动规则，由特定语言共同体内部成员所认可、采纳、遵循。因此，作为第二语言或外语的汉语，走出汉民族语言共同体，试图进入对象国以自身母语所营造的语言共同体，这个语言传播策略本身就存在着极高的风险和挑战。这一策略的内在困难在于：在输出汉语语言的同时，必然会同步输出汉语在汉民族语言共同体内部所确立和巩固的社会文化规则，而这一套规则体系要么与对象国母语世界的规则体系整合为一，要么与之并行存在。前一种结果体现了汉语国际传播充分成功的路径，后一种结果也表现出一定程度的传播成功。但两种情况均存在着来自对象国母语的抵制，这个抵制不仅在于对象国母语使用者对汉语强势传播威胁到母语日常交际地位的担忧，也来自汉语和对象国母语两种语言之间所存在的无法兼容的体系性张力。

不过，语言的传播往往并非由语言本身所决定，而在很大程度上取决于语言携带者的移动性，特别是具有强势政治、经济、文化背景的语言携带者的移动性（王建勤，2016）。不是语言要跨出语言共同体的边界向外传播，而是语言携带者跨出了语言共同体的边界，以言说者的语言身份而形成了语言对外扩散和传播的实用性动机。语言从来都是满足于母语的地位，满足于在一定的语言共同体内部循环和流动，并以和共同体疆域外的异邦语言之间的系统性差异来维护自身的结构稳定性。目前汉语国际传播的现实条件是：越来越多的汉语母语携带者走出了汉语共同体疆域，来到了异域语言共同体；同时，越来越多的异域语言携带者来到了汉语语言共同体内部。但是，这两类语言携带者的流动性只是汉语国际传播成立的必要条件之一，而非全部。

汉语母语携带者虽然来到特定的异域语言共同体，但如果汉语母语携带者自身的政治、经济、文化等背景因素与对象国语言共同体相比不具优势，则可能更多被对象国母语共同体所同化，而无法履行汉语国际传播的功能；如果汉语母语携带者所到达的异域语言共同体在政治、经济、文化等背景因素上与汉语母语携带者相比不具优势，则汉语的国际传播存在着很大的空间。另一方面，异域母语携带者来到汉语共同体，如果其母语的政治、经济、文化等背景因素相对于汉语的对应因素具有优势，且汉语共同体内部存在大量外语学习者与其交流，则汉语学习不构成强大压力。如果异域母语携带者需要深度了解汉语共同体所确立和巩固的社会文化规则体系，或自愿契合汉语共同体内部，则存在汉语国际传播的可能（李宇明，2012）。汉语的这两种国际传播存在着本质差异：一种是汉语从母语共同体向异域语言共同体的移位，另一种则是在汉语共同体内部对非共同体成员的传播。前一种传播存在着汉语和异域语言之间的体系性冲突问题，后者则表现为异域语言携带者个体在具体的汉语学习过程中对于两种语码转换和兼容的经验，而不构成体系性冲突。对于汉语国际传播所产生的汉语和异域语言之间的体系性冲突问题的应对具有较高的政策价值，而对于个体汉语学习经验的研究则更多具有对外汉语教学方法和策略上的实践意义。

从跨文化语言传播的政策实践的角度看，汉语的扩散和传播还存在着一些共同的制约因素：第一是相关国家和地区民族语言的推广政策与汉语扩散和传播有可能形成冲突；第二是英语根深蒂固的国际地位及其广泛影响与汉语扩散和传播可能构成冲突；第三是相关国家和地区民族语言推广实践和英语在教育体系中的普遍性制度安排所形成的叠加力量，与汉语扩散和传播可能构成冲突。

3.2 冲突的化解及其可行路径

正是由于汉语在对象国传播存在着与异域语言的体系性冲突，随着汉语母语携带者向对象国日常社会生活多种场域的移动，这种冲突表现得日趋激烈，因此，减缓这种冲突成为汉语国际传播必须考虑的现实问题。解决这个问题需要从语言本身和语言使用者两方面寻找线索：一是汉语词汇在对象国母语的扩散，形成大量的汉语借词，有助于对象国母语使用者提高对中国话题的兴趣，实现异邦想象的意义，从而减缓汉语和对象国母语在体系上的冲突；二是在对象国母语使用者中增加学习汉语者的数量和规模，通过大量的语言使用者个体的语言转换和兼容经验，减缓汉语在国际传播过程中与对象国母语的体系性冲突。无论采用哪一种方法，都注定这一过程将是非常漫长的。在这一漫长的整合过程中，人们首先看到的是汉语与对象国母语在多个生活场域的非系统性并行状态。在放弃整合策略的前提下，汉语国际传播的效果可能主要由这种非系统性并行状态来衡量和检验。

就语音、词汇、语法三个层次而言，汉语通过国际传播实现与对象国母语的整合，最大的突破口在词汇。语音和语法两个平面的系统性和统一性规律决定了对象国母语对于汉语在这两个层次的整合存在着强大的排斥力量，实际上也难有成功的可能。而语言传播史上大量借词的出现，充分证明词汇的输出和整合相对容易，也是语言传播过程的主要结果。汉语国际传播中的词汇传播，根本上是汉语语义场向对象国母语共同体的传播。在这个语义场里面存在着中国的话题、中国的历史和现实特征，以及中国人通过汉语母语所表达和形成的对于这些话题的态度和立场。就采用拼音文字系统的一部分对象国母语而言，汉语借词的出现和传播在汉语语音的非系统性移植方面存在着内在的便利，这种便利性经由汉语口语路径最终落实于对象国书面语，从而获得持久的传播。借词的传播从另一个角度说明，对象国母语并非汉语国际传播的单纯的抵制力量，在一定意义上也承载着汉语国际传播的职能。认识到这一点，可能会产生汉语国际传播的一个新的视角。迄今人们所坚持认为的汉语与对象国母语之间存在体系性冲突的观点，需要转换为汉语与对象国母语的有限兼容和借鉴的视角。这种理论和实践的可能性存在于汉语词汇的对外扩散。换言之，汉语国际传播的现实路径不是始自语音和语法教学，而是始自词汇的对外渗透。这个视角的转换，可能为回避汉语国际传播中的语音和语法层面的系统性冲突开辟出一个新的突破口。

即使是汉语与对象国母语在一定的日常生活场域的并行状态，也始自移动着的汉语母语携带者在对象国的社会互动过程中建立起的有意义的交际情境，让对象国的社会成员产生加入这一有意义的交际情境的兴趣，并由此形成以汉语为对话平台的社会交际实践。形成这样有意义的汉语交际情境的条件是多方面的。首先，要求汉语母语携带者是一个既能表达又能倾听的对话者。其次，汉语所承载的中国话题在交际过程中足以吸引对象国社会成员的兴趣，使得围绕相关的中国话题构成的汉语交际活动成为一种有意义的言语事件。再次，对象国社会成员对于这样的汉语交际情境的意义界定，又和自身的日常社会生活发生着内在的关联。

四、从线性语言到厚度文本

4.1 语言与文本

巴尔特区分了动态立体的文本（text）与静态平面的作品（work），指出了前者的过程性和行动性特点。这一区分的方法论价值对透视日常交际意义上的汉语国际传播极富启发。巴尔特说："作品是能够看到的（在书店里，在书目里，在考试大纲里），而文本则是一种论证过程,是依据一定的规则(或反抗一定的规则)而言说的;作品可以握于手中,而文本则依存于语言,仅仅存在于话语的运动之中(或毋宁说,正是由于文本知其为文本而成其为文本)。"(Barthes,1977:157)"文本只能存在于差异之中(并非说个别性),对文本的阅读是瞬时性的(这就使得任何所谓的归纳—演绎型文本科学成为幻觉——文本没有'语法'),而是和引用、参照、回声、文化的语言(什么语言不是文化的语言?),无论是以前的,还是同时代的,完全编织在一起,这些东西在一个巨大的立体声中穿越着文本。每一个文本都处于互文状态,其本身就介于另一个文本之间;互文不应和文本的起源混淆:试图寻找一部作品的'起源''影响',都会堕入谱系的神话;构成文本的引用是匿名,无踪迹的,但已经被阅读过:它们是不加引号的引用。"(Barthes,1977:160)

异域语境中的汉语交际表现为听得见、可实录的汉语会话流,但从人际互动的意义上考察,实质上是一种动态、立体、互文性质的文本呈现。线性的汉语言符号构成了文本呈现的平台,而在这个平台上呈现,并深深嵌入这一语言符号流的恰恰是中外对话者由此建立的人际关系。这种人际关系的确立始自语言,但归结为指涉社会现实时视角和态度的共享、面对面交流时双方主体人格的展示和接纳,以及聚焦特定话题时彼此价值和兴趣指向的兼容。因此,我们说,在人际互动意义上的汉语国际传播已经远远超越了语言符号的线性限制,成为包括交际过程中参与者的对视和接触、交际场合的社会文化参照、交际双方的情感和人格呈现、交流内容的主题设置以及交流节奏的控制等要素在内的一种立体文本。这也是我们所说的汉语国际传播始自汉语言符号,但终于中外人际关系的基本意义。

4.2 文本的维度及其支撑因素

汉语国际传播的文本性不同于文学理论所说的文学作品的多声部构成和作品内涵的跨时空引用，但这种文本的动态性、过程性、异质性、交互性的基本特征，恰恰说明了以交际者面对面为首要条件，以生动的个体风格为交流魅力，以对中国现实和历史的参照和想象为远程背景，以对匿名或有名的诸种意见和态度的有意识或无意识引用为观点支撑，由此构成的语言传播是一种依赖于语言符号但又超越于语言符号的社会行动，其立体的厚度，正是线性的汉语言符号所不能充分解释的。

汉语国际传播的文本构成依托于汉语言，并以其作为运行的平台，但语言外的其他类型的符号，如对话者的体态、表情，对话者的个人言语风格（停顿、重复、口音、惯用句式、常用词语等），对话场景的类型特征，对话的时空设置，以及对话者的社会属性等，又构成传播文本的支撑因素，为每一个（或每一次）交流文本赋予了色彩和边际，使之不同于其他传播文本，同时又维持着每一次个性化文本的内在统一性。所依托的汉语言符号，通过语言的范畴化体系，反映了中国人日常经验的类型化结果，其抽象的共通性是一种语言系统通行于熟悉和陌生的共同体成员之间的主要依据。但进入具体的对话过程，这种抽象的符号系统才开始获得具体性和生动性，才从全民语言体系转化为具体的传播过程文本的运行平台，对话者的个性化贡献是其中一个关键因素。伴随着从范畴化、类型化的全民语言向个性化文本平台的转换，汉语言符号体系也被同步编织进文本的内在组织，成为传播文本的内在成分，体现出语言自身的价值，以及转变为文本构成内容的价值（江怡，2016）。因此，在日常汉语国际传播的言语事件中，我们看到文本的语言平台对整个言语事件的周延力量，且据此容易将相关的传播活动判断为语言传播；而语言活动对整个传播文本的渗透，也设定了这种传播文本本质上是属于语言性的，而非其他类型的社会合作行动。

也正是通过面对面人际交流而形成的动态传播文本，伴随着交流者的相遇而在场，又伴随着交流者的退出而隐身，从而使这种传播文本具有典型的情境性、瞬时性，但在交流者面对面相遇的同时，人们获得了对于对方的直觉性把握，并在具体的交流过程中对于彼此的观点、态度、情感获得了直觉基础上的反思和确认的机会，从而实现彼此的沟通和理解（Gadamer，2004：383—492）。汉语言符号系统如果不进入这样具体、生动的传播过程，显然仅仅是一套悬置性的抽象规则体系，而悬置性的抽象规则体系的着陆点恰恰在于这种生动、动态、过程性的传播文本。着陆后的汉语言符号去除了悬置状态下的匿名性，而成为有姓名有角色的具体的交流者的叙述、问答、解释、承诺、期待（Schutz，1962）。交流者在显示其对话主体性的同时，并不把对方作为一种客体或另一个无关的主体，而是通过交流确立了一种共同主体（co-subject）的关系（Levinas，1999）。这种共同主体关系的确立恰恰指向了汉语国际传播的核心目标。汉语国际传播的文本性并非单纯语言符号的线性特点，与这种共同主体关系的确立和维系，存在着理论上的逻辑关联。在具体的汉语国际传播状态下，来自中方的汉语母语携带者不能把对象国的对话者视为单向展示、推介、劝说的对象，不是把中国的一切输出去就实现了上述意义上的汉语国际传播，也不是和对象国的交流对象处于平行线状态，一中一外，各自表述。

也正是由于交流过程的文本性特点，哈贝马斯（Habermas，1998）认为交流至少包括三个基本维度，即对外部世界的指涉维度、交流主体的表达维度和交流双方的互动维度。这三个维度的划分，说明了汉语言符号在进入日常国际传播的过程中，已经由作为全民语言所拥有的对于中国社会现实和历史的指涉功能，而获得了具体交流主体的表达功能，以及交流者之间在面对面的互动过程中所产生的互动意义。汉语传播过程的这种多维度特性，决定了传播本身的厚度文本性，而传播文本的有效性又直接决定了汉语国际传播的有效性。汉语国际传播有效性受损或弱化，根本上是由于线性汉语符号系统的悬置状态未能转换为具体的交流者之间的互动过程，未能实现语言符号的指涉维度之外的主体表达维度和互动维度所具有的重要职能。

4.3 文本有效性与文本解体力量

汉语国际传播文本的有效性并非仅仅将线性的汉语言符号转换为具体的人际互动实践就可以自动形成，并且汉语在走出母语共同体之后所呈现的异域汉语传播，在具体的传播实践中，必将面临在母语共同体内部传播不可能出现的新问题，而这些问题对于汉语国际传播文本的有效性成立条件构成深刻的挑战。汉语国际传播实践的交际失效或无效，不过是传播文本失去有效性的归结。

威胁到汉语国际传播文本有效性的因素主要有：

第一，汉语母语携带者在具体的交流过程中对于全民语言意义上的汉语言符号的个性化应用，包括语音层次的口音、节奏、重音（强调），词汇层次的边缘意义或色彩意义的个性化附加，语法层次对部分句型或句式的高频度使用，如此等等所表现出来的个人言语风格，与对象国汉语学习者借助词典、语法手册、课堂练习所掌握的全民语言意义上的汉语言符号的规则体系，发生着现实的错位。这样的错位不仅会影响交流双方对于对话主题的共识性理解，也可能从根本上动摇对象国对话者基于自己的汉语学习经验而对中国历史和现实形成的信念。汉语言符号在交际实践中的这些错位，对于汉语国际传播中的交际语言平台会产生程度不同的解体作用，使得具体的互动过程失去了语言的依托，危及传播过程文本构成的语言基础。

第二，支撑传播文本的是对话者的表情和体态、对话场景的类型特征、对话的时空坐标以及对话者的社会属性表征等非语言符号元素。汉语母语携带者和对象国对话者之间存在跨文化差异，容易造成双方判断和解读的错位，对于传播过程文本的内在一致性构成解体作用，使这种具有厚度的传播过程文本出现杂音，形成肢解文本整体性的力量。

第三，围绕汉语国际传播过程中的对话主题或话题，在话题的熟悉性、与对话双方兴趣的关联性，以及对这些主题或话题所涉及的社会行动、事实、事件的价值判断等方面，汉语母语携带者和对象国交流者之间存在着跨文化差异，抑制着传播过程文本的生产能动性，使得传播过程难以通过交流或对话而发展成有厚度的文本，也难以在后续的交际场合再生产这种传播过程文本。这种缺乏再生产能动性的文本更多表现为一种冻结而非动态和有活力的文本，所包容的主题或内涵也同步冻结，失去了再生产、再叙述、再讨论直至达成共识的动力。

4.4 解体的辩证性与传播的魅力

理想或成功的汉语国际传播，实质上是具有厚度的传播过程文本的生产和再生产，而每一次生产和再生产，都需要以这种文本的内在连贯性、一致性、统一性为重要条件。汉语国际传播过程中的各种解体力量都程度不同地威胁到一种连贯、一致、统一的传播过程文本的形成，从而造成传播不成功的结果。

但是，这种传播文本的非连贯性和不一致性并非毫无意义，也不只是存在消极作用。对话话题的陌生性，汉语母语携带者特有的言语风格和非言语符号装置，跨文化沟通场景，都对对话者达成理解和共识所需要的文本连贯性和一致性构成了障碍。但这种障碍本身蕴含着克服障碍的意义，激发起追求互动新奇的跨文化传播实践者的对话兴趣，使得汉语国际传播本身拥有母语共同体成员之间日常互动实践所不具有的特殊意义。超越传播文本的解体因素，克服互动过程中的各种障碍，使汉语国际传播的跨文化互动意义彰显出来，并由此构建更高层次上的汉语国际传播过程文本，实现超越母语交际的文本连贯性和统一性，才是汉语国际传播的魅力所在。与熟悉者的交流，障碍最少，共识也最容易达成，但也是一种缺乏张力和新奇的交流，在很多情况下也最容易转变为一种公式化的交流，转变为身体的问候、季节的寒暄，而汉语母语携带者与对象国社会成员之间的互动在各类交际实践中障碍最多，共识最难达成，但也是一种具有张力和新奇的交流，在很多情况下也最容易转变为意义丰富、魅力无穷的交流。

参考文献

[1] 江怡（2016）略论语言与价值的关系，《北京师范大学学报（社会科学版）》第 2 期。
[2] 李宇明（2012）当代中国语言生活中的问题，《中国社会科学》第 9 期。

[3] 李宇明（2016）语言生活与语言生活研究，《语言战略研究》第3期。
[4] 卢德平（2016）汉语国际传播的推拉因素：一个框架性思考，《新疆师范大学学报（哲学社会科学版）》第1期。
[5] 王建勤（2016）"一带一路"与汉语传播：历史思考、现实机遇与战略规划，《语言战略研究》第2期。
[6] 俞可平（1988）论当代中国政治沟通的基本特征及其存在的主要问题，《政治学研究》第3期。
[7] Akmajian, Adrian, Richard A. Demers, Ann K. Farmer, and Robert M. Hamish (2001) *Linguistics: An Introduction to Language and Communication*. Cambridge: The MIT Press.
[8] Austin, John Langshaw (1962) *How to Do Things with Words*. London: Oxford University Press.
[9] Barthes, Roland (1977) *Image Music Text*. London: Fontana Press.
[10] Berger, Peter Ludwig and Thomas Luckmann (1966) *The Social Construction of Reality: A Treatise of Sociology of Knowledge*. London: Penguin Books Ltd.
[11] Blumer, Herbert (1986) *Symbolic Interactionism: Perspective and Method*. Berkeley and Los Angeles: University of California Press.
[12] Ferguson, Charles Albert (1993) The Language Factor in National Development. *Anthropological Linguistics* 35 (1).
[13] Fishman, Joshua Aaron (1991) *Reversing Language Shift: Theoretical and Empirical Foundations of Assistance to Threatened Languages*. Clevedon: Multilingual Matters Ltd.
[14] Gadamer, Hans-Georg (2004) *Truth and Method*. 2nd Revised Edition. London: Continuum Publishing Group.
[15] Goffman, Erving (1974) *Frame Analysis*. Boston: Northwestern University Press.
[16] Gumperz, John Joseph (1962) Types of Linguistic Communities. *Anthropological Linguistics* 4 (1).
[17] Habermas, Jurgen (1998) *On the Pragmatics of Communication*. Cambridge: The MIT Press.

[18] Levinas, Emmanuel (1999) *Alterity and Transcendence*. London: The Athlone Press.

[19] Mead, George Herbert (1972) *Mind, Self, and Society*. Chicago: The University Of Chicago Press.

[20] Nichols, Johanna (1997) Modeling Ancient Population Structures and Movement in Linguistics. *Annual Review of Anthropology* 26.

[21] Nichols, Johanna (2008) Language Spread Rates and Prehistoric American Migration Rates. *Current Anthropology* 49 (6).

[22] Schutz, Alfred (1962) *Collected Papers I*. Hague: Martinus Nijhoff Publishers.

[23] Searle, John (1969) *Speech Acts: An Essay in the Philosophy of Language*. London: Syndics of the Cambridge University Press.

[24] Wittgenstein, Ludwig (1958) *Philosophical Investigations*. Oxford: Basil Blackwell Ltd.

关于汉语国际教育的学科定位问题 *

崔希亮

"汉语国际教育"是一项事业，也是一个专业，这个专业如果不是一个独立的学科的话，那么它应该在某个既有的学科体系或者某几个既有的学科体系中找到自己的位置。本文不讨论作为事业的"汉语国际教育"，只讨论作为专业的"汉语国际教育"和它的学科定位问题。学科定位问题涉及汉语国际教育人才培养的目标、规格、学科体系、课程设置和教材编写，在这个问题上学界和管理者都存在着一些模糊认识，也存在着一些争论。我们无意介入各种争论，只是就这个问题发表一孔之见，为事业发展和学科建设做一点工作。

学科定位问题实际上包含两个方面：第一是"汉语国际教育"应该归属于哪个学科或哪几个学科；第二是"汉语国际教育"的学科理论基础（或曰支撑学科）是什么。当然，这两个问题是相互关联的。

"汉语国际教育"作为一个专业名称的历史并不长，这个专业名称脱胎于"对外汉语"或"对外汉语教学"，但它与"对

---

* 原文发表于《世界汉语教学》2015 年第 3 期。

外汉语"或"对外汉语教学"这个名称既有联系又有区别（崔希亮，2010）。"对外汉语"或"对外汉语教学"这个名称已经争议了多年，公婆各说各有理。如果"汉语国际教育"这个名称能够界定清楚，那么以前关于"对外汉语"的各种名实之争就可以休矣。随着汉语国际教育事业的不断发展，"汉语国际教育"这一名称进入了本科专业目录，也进入了硕士教育专业目录，北京语言大学还第一个开设了"汉语国际教育"的博士专业（代码0501Z1）。但是关于这个专业的学科定位问题却一直存在着不同的认识，而且这种认识上的纷乱还有愈演愈烈之势。让我们分两个阶段来讨论这个问题。

第一个阶段是"对外汉语"或"对外汉语教学"阶段。有人认为"对外汉语教学"的学科归属应该归入教育学（刘珣，2000，2005：12—24），有人认为"对外汉语教学"应该归属于语言学学科下面的"应用语言学"（杨庆华，1995；金立鑫，2002）；有人认为"对外汉语教学"是一门独立的学科（赵金铭，2004：5—10）；也有人认为"对外汉语教学"应该归属于国际上通行的"第二语言教学"学科[①]，这个学科又是综合运用多种学科理论的"新兴的边缘交叉学科"（崔永华，1997）。

第二个阶段是"汉语国际教育"阶段。从"对外汉语"或"对外汉语教学"到"汉语国际教育"不仅仅是名称的改变，学科的内涵也发生了变化，这是毫无疑问的。但是"汉语国际教育"的学科内涵到底边界在哪里？是不是什么内容都可以放进来？我们发现在这个问题上看法是很不统一的。除了传统的汉语言文字

---

① 第二语言教学属于应用语言学这个学科范畴。

学、语言学及应用语言学的内涵之外，有人把"汉语国际教育"放在传播学的框架内进行研究（吴应辉、牟玲主编，2011；刘毓民，2012）。也有人提出："汉语国际教育"不仅仅是语言教育，还应该把文化传承和传播作为主要任务[①]；也有学者更进一步把"汉语国际教育"的目标扩大为"国际理解教育"，可以影响"情感地缘政治"（胡范铸、刘毓民、胡玉华，2014）[②]。在这种认识背景下，有人提出孔子学院的主要任务应该定位为"中国文化传播"就不足为奇了。

2012年教育部发布的"普通高等学校本科专业目录"中"汉语国际教育"（代码050103）归属于文学门类（代码50）下位的中国语言文学类（代码0501）。

0501 中国语言文学类

050101 汉语言文学

050102 汉语言

050103 汉语国际教育

050104 中国少数民族语言文学

050105 古典文献学

而在研究生教育体系中，"汉语国际教育"作为专业硕士学

[①] 郑通涛（2013）指出："汉语国际教育的目的在于提供一个可靠的、本土化汉语汉学教学与研究环境。而其研究的内容包含了跨学科的语言、文学、历史、哲学、政治、经济、文化、心理、教育等对象。"

[②] 胡范铸、刘毓民、胡玉华（2014）指出："应该说，汉语国际教育不但绝不是单纯的语言教学，也不仅仅是一种文化传播，不应该只是希望由此拓展中国经济实力或提升中国国际政治地位。汉语国际教育在本质上是一种基于语言能力训练而展开的'国际理解教育'，是一种可以影响'情感地缘政治'的过程，它应该是造就国际社会情感沟通的重要力量。"

位（代码0453）是与教育学（代码04）门类相关的一个领域，它与学术型的教育学（代码0401）、心理学（代码0402）、体育学（代码0403）不同，与专业学位领域的教育（代码0451）、体育（代码0452）以及应用心理学（代码0454）等并列，同时涉及文学（代码05）学科门类[1]。

0401 教育学

040101 教育学原理 040102 课程与教学论 040103 教育史

040104 比较教育学 010105 学前教育学 040106 高等教育学

040107 成人教育学 040108 职业技术教育学 040109 特殊教育学

040110 教育技术学 040111 教育法学

0402 心理学

040201 基础心理学 040202 发展与教育心理学 040203 应用心理学

0403 体育学

040301 体育人文社会学 040302 运动人体科学 040303 体育教育训练学 040304 民族传统体育学

0451 教育

045101 教育管理 045102 学科教学（思政） 045103 学科教学（语文）

045104 学科教学（数学） 045105 学科教学（物理） 045106 学科教学（化学）

045107 学科教学（生物） 045108 学科教学（英语） 045109 学

---

[1] 硕士、博士专业学位授予与人才培养目录参见教育部《关于印发〈硕士、博士专业学位研究生教育发展总体方案〉、〈硕士、博士专业学位设置与授权审核办法〉的通知》（学位〔2010〕49号），该文件是国务院学位委员会第27次会议审议通过。关于汉语国际教育硕士专业学位授权点基本条件，参见《关于开展新增硕士专业学位授权点审核工作的通知》（学位〔2010〕20号）。

科教学（历史）

045110 学科教学（地理） 045111 学科教学（音乐） 045112 学科教学（体育）

045113 学科教学（美术） 045114 现代教育技术 045115 小学教育

045116 心理健康教育 045117 科学与技术教育 045118 学前教育

045119 特殊教育

0452 体育

045201 体育教学 045202 运动训练 045203 竞赛组织

045204 社会体育指导

0453 汉语国际教育

0454 应用心理

博士学位的情况更加不统一，有的学校在中国语言文学一级学科下设立"汉语国际教育"专业，有的学校在外国语言文学一级学科下设立"汉语国际教育"专业，专业名称也不尽相同。从"对外汉语"或"对外汉语教学"到"汉语国际教育""汉语国际传播""语言学及应用语言学"（对外汉语教学），专业名称变了，但大的学科都是文学学科门类，不在教育学门类中。

之所以会出现这种现象，是因为"汉语国际教育"实在是具有中国特色的一个专业，它与国际上的学科体系无法直接对应，在中国的高等教育学科体系中也摇摆不定。2012年北京语言大学对外汉语研究中心和重庆大学国际学院联合举办"汉语国际教育新形势下的对外汉语教学学科建设"国际学术研讨会，与会专家就这个学科的性质、定位、学科基础、学科框架、学科与事业的关系、人才培养等问题进行了深入的研究和讨论，但是并没有完全形成共识。一些学者坚持"对外汉语教学是一门独立的学科"，坚持沿用"对外汉语"或"对外汉语教学"旧名。我们在这里不准备就存废及其利弊问题进行讨论,既然教育部学科目录已经改为"汉语国际教育",我们就要面对现实。再者说,"汉语国际教育"这个名称已经为社会所接受,按照约定俗成的原则,我们就在这个前提下讨论问题。

我们这里所讨论的"汉语国际教育"从专业内涵上涵盖了它的前身"对外汉语"或"对外汉语教学"。国内学界有关"对外汉语""对外汉语教学"和"汉语国际教育"名称存废的纠结实际上反映了人们对这个学科定位的不同认识。其中的一些基本问题,李向农和贾益民(2011)已经阐述得非常清楚,尤其是关于"专业"和"学科"的分别说得很明白。潘文国(2004)分析了"对外汉语教学"这个名称的问题以及产生分歧的原因,主张为"对外汉语"正名,因为名不正则言不顺,言不顺则事不成。现在看来,"汉语国际教育"这个名称避免了"对外汉语"逻辑上不清不楚的麻烦,也避免了"对外汉语教学"层次切分上的尴尬。但是如果不把"汉语国际教育"的学科属性和学科内涵说清楚,有人就会随意解释,它就会变得无涯无际。

"汉语国际教育"是一个专业,这个专业培养"汉语作为第二语言教学"的教师和研究者。而"汉语作为第二语言教学"从理论上说既包括对外国人进行的汉语教学,也包括对境内少数民族进行的汉语教学。但是"汉语国际教育"的内涵则比较明确,它只包括在国内或者国外对第一语言非汉语者进行的第二语言教学。有人提出"汉语国际教育"的主要任务是中国文化传播,对这个观点我们不敢苟同。语言是文化的载体,第二语言教学不可避免地会涉及文化问题,"汉语国际教育"说到底还是"汉语教育"，"国际"只不过突出了它的教育对象及其分布特点。说白了，它的意思就是培养能够在世界各地进行汉语教学的专门人才，包括本土人才。"汉语国际教育"到底是什么教育？在这里学者们的认识产生了分歧：有人说"汉语国际教育"是汉语文教育（骆小所、卢石英，2007），有人说"汉语国际教育"的核心是汉语言文字教学（陆俭明，2014），也有人说"汉语国际教育"含义更广，应该对这个学科的体系进行重构（丁安琪，2014）。目前"汉语国际教育"本科专业归在"中国语言文学"这个学科门类，而硕士专业则归属于"教育学"，博士专业归属于"中国语言文学"或"外国语言文学"，这实际上是一个很滑稽的局面。

我们认为"汉语国际教育"从学科属性上来说不单纯，它是交叉学科，既然是交叉学科，那么把它简单地归到哪里都不合适。它涉及汉语言文字学、语言学、教育学、心理学、信息科学、传播学等多个学科门类。可否说"汉语国际教育"已经是一个独立的学科了？从学理上说恐怕还不能。但是从它的交叉性上看，作为一个独立的学科来看待是比较合理的。作为一个独立的学科就应该有独特的研究对象、独特的研究方法、独特的科学体系、独特的研究成果（赵金铭，2004）。它的独特之处在哪里呢？除了赵金铭（2004）提出的四个方面，我们认为还应该看到以下一些独特之处：

1. "汉语国际教育"这个名称诞生的背景是独特的，它与孔子学院事业的发展有伴生关系。

2. "汉语国际教育"既是一项事业，又是一个专业，这个概念不单纯。作为事业人们赋予它太多的功能，而作为专业则必须有明确的边界。

3. 作为专业的"汉语国际教育"的研究对象从本质上说不是单一匀质的。"如果说化学、物理学、天文学等学科的研究对象是较为单一的、匀质的，那么对外汉语教学学科的研究对象就是复合的、非匀质的。"（金立鑫，2002）它的研究对象甚至不是一种静态的事物，而是一种行为。也就是说，它不仅要研究静态的语言，更要研究如何教授语言。而要研究如何教授语言，必得研究语言自身的结构规律、研究教学方法、研究学习者的习得过程、研究教学环境和手段。语言研究从学科上来说应该归属于语言学，教学法研究从学科上来说应该归属于教育学，习得研究从学科上来说既有语言学的属性，又有认知科学的属性，也是教育学关注的课题，教学环境和手段的研究则涉及现代教育技术、传播学以及与此相关的一些学科，如教材研究、语言测试、语料库等等，它涉及出版、心理测量和计算机技术。

4. "汉语国际教育"不仅仅要研究语言和语言教学，还要研究语言背后的文化，这是毋庸置疑的。语言是文化的载体，语言教育不可能完全脱离文化内容，但是不能把文化教学与研究作为主要任务。当然，一个在海外从事汉语教学与研究的教师一定要对自己国家的政治、历史、文学、艺术、哲学、社会等常识性的内容有所了解，这是另外一个问题。不唯汉语国际教育如此，任何一个人文学者除了自己的专业之外也要有这方面的修养。

5. "汉语国际教育"还要有针对性地研究所在国家的政治、历史、文化、宗教信仰、风俗习惯等，做到"入境问俗，入国问禁，入门问讳"。知己知彼才能百战不殆，这是很浅显的道理。

6. "汉语国际教育"这个专业培养的人才不仅仅要有知识，更要有能力。这个能力包括组织能力、外交能力、文化理解能力、独立研究能力、语言表达能力、才艺表演能力、亲和力等等,当然最重要的是要有教学操作能力。一个好的汉语国际教育工作者应该既是"匠人"又是"学者",既是中华文明的"传播者",又是异质文明的"接受者",既是传道授业解惑的"教师",又是促进世界和平的民间"大使"。

基于以上分析,我们可以看到学界对这个专业和学科有不同的认识其来有自。但是任何一个专业都不可能、也不应该是包罗万象的,必须加以限定。简单做个结论:

"汉语国际教育"的学科定位是交叉性的,很难简单地归之于某个单一学科。从这个意义上说,可以说它是一门"独立的学科"。它的学科基础是语言学(理论语言学、应用语言学)、汉语言文字学、教育学、认知科学和现代教育技术(图示如下)。

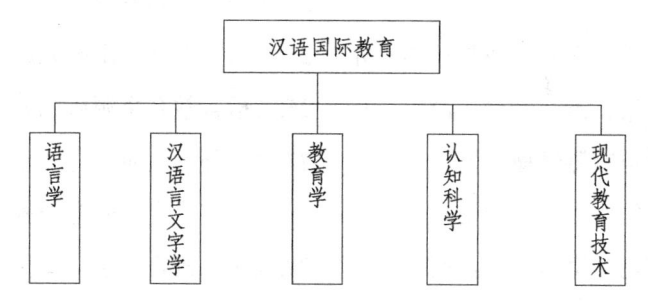

```
                    汉语国际教育
    ┌────────┬────────┬────────┬────────┬────────┐
  语言学   汉语言   教育学   认知    现代教育
           文字学            科学     技术
```

这个专业的课程体系也应该包括以上几个学科领域的内容。根据这样的学理逻辑,我们组织编写了一套"汉语国际教育"的教材[1],其中包括了八个板块:基础理论与方法板块;汉语语言学理论板块;语言教学理论板块;语言技能教学理论板块;语言要素教学理论板块;语言教育技术理论板块;汉外对比及跨文化

---

[1] 由崔希亮主编,三十多位汉语国际教育领域的学者参与的这套教材已经列入北京语言大学出版社的出版计划,目前已有若干种教材完稿。

交际理论板块；语言测试及其他板块。

根据这八个板块和专业人才培养的实际需要，我们确定了30种教材：

1. 《语言导论》
2. 《语言学流派》
3. 《语言学方法论》
4. 《语言教学研究方法论》
5. 《语言研究的实验设计》
6. 《汉语概论》
7. 《汉语简史》
8. 《第二语言教学导论》
9. 《第二语言教学设计概论》
10. 《第二语言习得与认知研究》
11. 《第二语言学习概论》
12. 《语言测试概论》
13. 《第二语言教学史》
14. 《第二语言教学法研究》
15. 《专门用途汉语研究与教学》
16. 《对外汉语教材研究》
17. 《汉语听说教学研究》
18. 《汉语阅读教学研究》
19. 《汉语写作教学研究》
20. 《语法及语法教学研究》
21. 《语音及语音教学研究》
22. 《词汇及词汇教学研究》
23. 《汉字及汉字教学研究》
24. 《语用、篇章教学研究》
25. 《语言教育技术研究》
26. 《语言教育资源研究》
27. 《汉外对比研究与教学》
28. 《跨文化交际研究与教学》
29. 《第二语言教学与文化》
30. 《第二语言教师发展与培养》

"汉语国际教育"的学科定位问题众说纷纭，各有各的道理。我们认为这个专业应该作为一个独立的二级学科来建设，而不是简单地依附于其他的学科。然而就现状来看，依托于中国语言文学是比较好的，因为教学中出现的很多问题实际上是我们对汉语本体的认识还不充分，对如何把本体研究的成果转化为容易为学习者所接受的教学方案研究得还不够。从国际学术界比较能够接受和理解的角度看,"汉语国际教育"的学科支撑理论都可以纳入应用语言学的范围,因为说到底它还是第二语言教学的翻版,只不过这个第二语言教学有特定的对象和目标而已。本文只是一家之言,说出来就教于大方之家。

参考文献

[1] 崔希亮(2010)对外汉语教学与汉语国际教育的发展与展望,《语言文字应用》第 2 期。
[2] 崔永华(1997)对外汉语教学学科概说,《中国文化研究》第 1 期。
[3] 丁安琪(2014)重构"汉语国际教育"学科理论体系——从"国际汉语教学"走向"汉语国际教育",《国际汉语教学研究》第 2 期。
[4] 胡范铸、刘毓民、胡玉华(2014)汉语国际教育的根本目标与核心理念——基于"情感地缘政治"和"国际理解教育"的重新分析,《华东师范大学学报(哲学社会科学版)》第 2 期。
[5] 金立鑫(2002)试论对外汉语教学学科的科学属性及其内部结构,《暨南大学华文学院学报》第 1 期。
[6] 李向农、贾益民(2011)对外汉语与汉语国际教育:专业与学科之辨,《湖北大学学报(哲学社会科学版)》第 4 期。
[7] 刘珣(2000)《对外汉语教育学引论》,北京:北京语言大学出版社。
[8] 刘珣(2005)《对外汉语教育学科初探》,北京:外语教学与研究出版社。
[9] 刘毓民(2012)汉语国际教育——基于传播学的分析,华东师范大学博士学位论文。
[10] 陆俭明(2014)汉语国际教育专业的定位问题,《语言教学与研究》第 2 期。
[11] 骆小所、卢石英(2007)汉语国际教育的目的是汉语文国际教育,《云南师范大学学报(对外汉语教学与研究版)》第 6 期。
[12] 潘文国(2004)论"对外汉语"的学科性,《世界汉语教学》第 1 期。
[13] 吴应辉、牟玲主编(2011)《汉语国际传播与国际汉语教学研究》,北京:中央民族大学出版社。

[14] 杨庆华（1995）在对外汉语教学的定位、定性、定量问题座谈会上的发言，《语言教学与研究》第 1 期。
[15] 赵金铭（2004）《对外汉语教学概论》，北京：商务印书馆。
[16] 郑通涛（2013）汉语国际教育与文化传承、文化传播的协同创新——在 2013 年东亚汉学学会第四届学术年会暨首届新汉学国际学术研讨会上的发言，《海外华文教育》第 4 期。

"一带一路"与汉语传播：历史思考、现实机遇与战略规划 *

王建勤

自西汉张骞出使西域，打通了连接亚欧大陆的丝绸之路，至今已有两千多年的历史。古丝绸之路的开通，不仅为亚欧大陆带来贸易的繁荣，而且为沿线各民族的宗教和文化传播带来繁荣。不同民族的语言、文化和宗教在相互传播和交流的过程中不断融合，并落地生根。

今天，在国家提出"一带一路"倡议的背景下，回顾历史，探寻古丝绸之路汉语传播的历史轨迹，不仅可以为当今"一带一路"汉语国际传播提供历史借鉴，而且对新时期制定汉语传播战略规划具有重要的现实意义。

一、古丝绸之路汉语传播的方式与动因

古丝绸之路打通之后，西域各国与中国的贸易、文化交流日益频繁，宗教传播日益繁盛，由此带来的语言传播成为丝绸之

---

* 原文发表于《语言战略研究》2016年第2期。

路上一道亮丽的风景线。古丝绸之路的商人来自西域以及欧洲不同民族和国家，当时中国朝廷拥有常备的翻译队伍。后汉时期，"军队农业移民队屯垦在有肥沃土地的地区，随之，沿主要道路设立了驿站。信使和翻译穿梭般不停地旅行，异族商人和货郎每天都要到边界地区来"（余英时，1967。转引自丹尼斯·西诺尔，1997）。这就是说，古丝绸之路的汉语传播，主要是由往来于驿站之间的商人和庞大的翻译队伍推动的。因此，这一时期的汉语传播可称作"驿站式"汉语传播。然而，这种传播方式并没有使汉语成为丝绸之路贸易广泛使用的语言，汉语也没有在古丝绸之路沿线国家落地生根，传播开去。

东汉至魏晋南北朝时期，汉语主要是通过佛教进行传播的。一些来自印度的僧侣把佛经翻译成汉语，而西域一些民族又把汉译本的佛经翻译成其他语言。据文献记载，"几乎所有尚存的粟特文佛教典籍均译自汉语，甚至到了这样的程度：连那些典籍中出现的来自印度的词，居然在外形上也能看出汉语的影响"（丹尼斯·西诺尔，1997）。此外，来自西域和印度的僧人为了传播佛教，开始系统地学习汉语。在敦煌、凉州等地形成了西域僧人汉语培训班。这些设在寺庙中的培训班除了教授汉语之外，重点传授中国文化和宗教（张西平主编，2009：23）。这一时期来华僧人是汉语传播的主要对象，而僧人学习汉语的目的是传播宗教而非传播汉语，因此，可称作"宗教伴随式"汉语传播。汉语传播依附于宗教传播，宗教传播客观上促进了汉语本身的传播。

隋唐时期，随着丝绸之路中西物质与文化交流日益繁盛，汉语传播达到高潮。当时有许多西域人和印度人来华定居。这些西域移民的后代接受汉语教育，同时具有母语交际的优势，因而成为西域来华僧侣学习汉语的理想教师。这些双语人才为当时的汉语传播做出了重要贡献。此外，隋唐时期国力强盛，文化昌明，吸引了大批留学生来华学习中国的语言文化。汉字传入朝鲜、日本和越南，在东亚地区形成了"汉字文化圈"（董海樱，2011：21）。因此，我们把这一时期的汉语传播称作"文化吸引式"汉语传播。正如西方学者所描述的那样，对于"中国的信徒们"而言，"中国就是先进文明的源泉"。"中国近邻对于中国文化的热情崇拜和追随，可谓是汉语的一次间接性的传播。"（尼古拉斯·奥斯特勒，2011：148—149）这一时期，汉语传播的动因除了文化的软实力，还应包括隋唐王朝经济繁荣的硬实力。

宋、元时期，大航海时代的到来促进了海上贸易的兴起，丝绸之路的重要性渐渐退去。海上贸易成为拉动汉语传播的关键因素。早在公元5至8世纪，汉语经苏门答腊岛通往印度，继续向南进发。直到15世纪，通过海路移居东南亚的华人达1200余万，在当地说着各自的方言或普通话[①]。这一时期，由于宋、元王朝对中国商人在海外拓展贸易给予积极扶持和支持，汉语通过海上丝绸之路漂洋过海在异域永久地扎下了根。因此，这一时期的汉语传播可称作"贸易拉动式"汉语传播。

但是，汉语在海外落地生根主要是由海上贸易伴随的华商移民形成的。华人移居海外，也将汉语带到了东南亚，并逐渐建立起了汉语社区。海上贸易为汉语传播提供了必要的前提条件，而海外移民形成的"语言共同体"才是汉语在东南亚延续至今的根

---

① 据西方学者描述，移居东南亚的华人大都说闽南话，有的说粤语和客家话，在移民马来西亚的450万华人中，约有50万人说普通话。数据引自尼古拉斯·奥斯特勒（2011：135）脚注。

本动因。

二、汉语传播之历史借鉴与现实机遇

古丝绸之路的汉语传播在不同的历史时期采取了不同的传播方式，而这些推动汉语传播兴衰更替的内在动因，对当今"一带一路"的汉语国际传播具有重要的历史借鉴作用和现实意义。

2.1 古丝绸之路汉语传播的历史借鉴

纵观古丝绸之路不同历史时期汉语传播的方式，无论是"驿站式""宗教伴随式"，还是"文化吸引式"，抑或"贸易拉动式"，揭示了一条基本规律，即语言往往不是通过语言本身来传播的。语言的传播往往以宗教、文化、贸易等因素为依托，并通过这些因素的拉动而广泛传播。不同的传播方式反映了不同的拉动因素。这些推动汉语传播的因素都是历史赋予的机遇，不同机遇带来不同的传播结果。

从古丝绸之路汉语传播的路径来看，汉语传播由西向东，大都局限于东亚，是一种区域性传播。这种区域性传播在一定程度上限制了汉语传播的规模。而随着航海时代的到来，海上丝绸之路为汉语传播带来了便利，汉语才真正漂洋过海。海上丝绸之路带来民族的迁徙，民族迁徙为异域"语言共同体"的建立奠定了基础，从而使汉语在海外落地生根。

古人云，以史为鉴，可以知兴替、明得失。古丝绸之路汉语传播这些历史经验如果归结为一句话，那就是：语言传播必须抓住时代机遇，搭上时代的"顺风车"。因此，当今汉语国际传播应以"一带一路"为依托，应该搭上"一带一路"相关国家经贸与产业经济合作全球化拓展的"顺风车",从而加快汉语向世界传播的步伐。

2.2 汉语国际传播的现实机遇与传播路径

"一带一路"倡议的提出,不仅为中国和世界经济的发展提供了新动力,也为汉语国际传播提供了不可多得的现实机遇。这一机遇就是,"一带一路"相关国家产业经济合作全球化拓展使汉语国际传播有所依托,不仅赋予汉语国际传播以新动力,同时也赋予汉语国际传播以新内涵。具体而言,在"一带一路"产业经济合作全球化拓展的背景下,汉语国际传播不再是空喊弘扬中华文化的口号,而是具有实实在在的内容,那就是,汉语国际传播要服务"一带一路",服务产业经济合作,服务企业走出去、走进去、走上去,服务企业国际化,服务企业生产力发展。汉语国际教育作为汉语国际传播的具体体现,通过"一带一路"相关国家复合型以及高端汉语人才的培养,来提升企业语言能力和竞争力,促进产业和经贸合作,与此同时推动汉语在"一带一路"的传播。

"一带一路"产业与经贸合作全球化拓展,不仅为汉语国际传播带来新机遇,而且提供了传播的新路径,即"丝绸之路经济带"西进路径与"21世纪海上丝绸之路"南下路径。古丝绸之路虽然联通亚欧大陆,但当时汉语传播的路径是由西向东,而且"驿站式"汉语传播不可能使汉语成为商道上广泛使用的贸易语言,也不可能在沿线国家落地生根。新世纪,习近平主席提出"一带一路"要实现"五通",即"政策沟通、设施联通、贸易畅通、资金融通、民心相通"。这"五通"为"丝绸之路经济带"西进提出了"语言通"的需求。"一带一路"基础设施的建设为汉语传播突破区域局限、一路向西铺平了道路。

从地缘政治学的角度看，我国在历史上一直是以陆权为主的国家，陆权的发展保证了古丝绸之路曾经的繁荣。而海权的经营和发展一直是我国的短板。"21世纪海上丝绸之路"的提出，是发展我国海权、维护国家海上安全的重大举措。与此同时，"21世纪海上丝绸之路"的开拓为汉语国际传播南下开辟了新路径。古丝绸之路衰微之后，宋、元两朝做出明智的选择，鼓励海外贸易，客观上推动了汉语在海外的传播。而明朝，除郑和下西洋之外，采取限制海外贸易的政策，汉语传播失去了进一步南下的机遇。在新世纪，汉语国际传播应汲取历史的经验和教训，借海上贸易的"顺风船"助力海上丝绸之路贸易发展，助力国家海权发展与海上能源通道安全。

三、"一带一路"产业合作格局与汉语国际传播战略规划

"一带一路"倡议的提出不仅给汉语国际传播带来了发展机遇和传播路径，同时也给汉语国际传播带来了挑战。就孔子学院而言，作为汉语在海外传播的主力军，如何与"一带一路"产业经济合作全球化拓展相结合，调整孔子学院战略布局，服务国家"一带一路"倡议，与此同时，依托"一带一路"进行汉语传播，让汉语走进世界，走进"一带一路"沿线国家的语言生活？

3.1 "一带一路"产业合作格局与孔子学院分布现状

自2015年3月我国发布《推动共建丝绸之路经济带和21世纪海上丝绸之路的愿景与行动》报告后，得到"一带一路"相关国家的积极响应。目前已有64个国家参与这一合作平台。2015

年8月中国国际贸易研究中心发布了《"一带一路"沿线国家产业合作报告》①。该报告根据中国海关总署提供的贸易大数据,详细地展示了目前我国与"一带一路"相关国家经贸合作的总体格局。报告指出,2014年,我国对"一带一路"相关64个国家的出口总额为6370亿美元,出口国家主要集中在东南亚、东北亚的俄罗斯以及南亚的印度等地区和国家,其中出口总额超过百亿美元的国家17个;我国贸易进口总额为4834亿美元,进口国家主要集中在中东、东北亚的俄罗斯和东南亚地区,其中进口总额超过百亿美元的国家15个。

从某种意义上说,这些数据展示的我国与"一带一路"相关国家经贸和产业合作的总格局,在某种程度上反映了汉语传播的潜在需求。那么,孔子学院是否能够满足这些潜在需求呢?为此,我们对孔子学院在世界各地的分布格局进行了统计分析。根据孔子学院总部发布的《孔子学院年度发展报告(2014)》②,截止到2014年年底,孔子学院总部在全球126个国家共建孔子学院475所、孔子课堂851个。根据这些数据,我们列出了孔子学院数量排名前20位的国家③。

从下表可以看出,孔子学院数量排名前20位的国家中,仅有7个"一带一路"国家。孔子学院数量排名靠前的都集中在经

---

① 中国国际贸易研究中心、大连瀚文资讯有限公司(2015)《"一带一路"沿线国家产业合作报告》,http://wenku.baidu.com/link?url=Zv-exJOLpI45RNiNzPKvG-G78OMUDWRl_IkfIfdr8d7A-GFSf8_82g9b6T5W6Clak-MllEptvmmmmftoK2uNdeUkrla7mHuzlWjrlycx2_ari.

② 国家汉办/孔子学院总部(2014)《孔子学院年度发展报告(2014)》,http://www.hanban.edu.cn/report/。

③ 本文的统计分析仅包括孔子学院的数据。

济发达或较发达国家。其中非"一带一路"国家拥有孔子学院261所，占孔子学院资源总量（475所）的55%，而7个"一带一路"国家拥有55所孔子学院，占孔子学院资源总量的11.6%。此外，在这20个国家中，与我国进出口总额超过百亿美元的国家有6个，拥有孔子学院50所，占孔子学院资源总量的10.5%。

通过孔子学院资源分布与"一带一路"相关国家产业合作格局的比较和分析，我们发现，孔子学院的战略布局与"一带一路"相关国家的产业合作格局不相匹配。就孔子学院数量的分布而言，50%以上的孔子学院资源集中在发达和较发达国家，而"一带一路"相关国家大都属于发展中国家，拥有孔子学院的数量仅占孔子学院资源总量的25%。这种格局同"一带一路"相关国家产业合作与发展对汉语传播资源的潜在需求存在较大的差距。

孔子学院数量排名前20位的国家

国家	孔子学院	"一带一路"国家	进出口超百亿美元国家
美国	107		
英国	25		
韩国	21		
俄罗斯	18	@	#
德国	17		
法国	16		
泰国	13	@	#
澳大利亚	13		
日本	13		
加拿大	12		
意大利	11		
巴西	10		

（续表）

国家	孔子学院	"一带一路"国家	进出口超百亿美元国家
印尼	6	@	#
西班牙	6		
波兰	5	@	#
乌克兰	5	@	
墨西哥	5		
南非	5		
菲律宾	4	@	#
哈萨克斯坦	4	@	#

（*"@"表示"一带一路"国家，"#"代表进出口超百亿美元的"一带一路"国家）

就"一带一路"相关国家产业合作格局而言，孔子学院的战略布局对我国进出口贸易具有重要战略地位的"一带一路"国家关注不够。在我国贸易出口总额超百亿美元的17个"一带一路"国家中，孔子学院的分布极不平衡。拥有孔子学院数量排名前20位的国家中，出口贸易超百亿美元的国家仅有6个。而出口贸易超百亿美元的排名前5位的国家，如越南、印度、新加坡、马来西亚等却榜上无名。此外，我国重要能源进口国，如沙特阿拉伯、伊朗、阿联酋等，一共仅有一所孔子学院，有的能源进口国甚至没有孔子学院。

上述分析表明，我国孔子学院的分布缺少战略规划，离国家"一带一路"战略布局相距甚远。孔子学院是国家重要的语言战略资源，因此，孔子学院的分布与战略布局应该避免盲目性，应与国家"一带一路"倡议相匹配。

3.2 "一带一路"汉语国际传播的战略规划

2015年3月国家发展改革委员会、外交部、商务部联合发布的《推动共建丝绸之路经济带和21世纪海上丝绸之路的愿景与行动》报告，描绘了"一带一路"路线图：一条路线是贯穿亚欧大陆的"丝绸之路经济带"，另一条是由南向西的"海上丝绸之路"。2015年8月中国国际贸易研究中心发布的《"一带一路"沿线国家产业合作报告》根据我国对外贸易大数据描述了我国与"一带一路"国家开展合作的七大区域，即由蒙古、俄罗斯构成的东北亚区域，东南亚11国区域，独联体6国区域，南亚8国区域，中亚5国区域，西亚北非16国区域，中东欧16国区域。这两个报告提出的"一个格局"和"两条路径"构成了"一带一路"的总体格局和路线图，为汉语国际传播的战略规划提供了可资参考的重要依据。

"一个格局"是指由上述"一带一路"产业合作七大区域构成的总体格局。根据《"一带一路"沿线国家产业合作报告》提供的数据，我国对"一带一路"沿线国家的出口贸易主要集中在三个区域，即东北亚（俄罗斯）、东南亚、南亚（印度），形成了向南、北辐射的发展路径。而进口贸易主要集中在中东、北非、东北亚和东南亚几个区域，这些区域的能源和矿产进口量占"一带一路"沿线国家进口总额的42.58%。另据统计，上述七个区域是我国对"一带一路"国家进出口贸易最活跃的区域，2014年我国对这些区域的进出口总额占64个"一带一路"国家进出口总额的80%以上。由此看来，汉语国际传播在这些区域应该大有作为。基于上述分析，孔子学院应该根据"一带一路"贸易的重点区域进行战略布局，通过贸易与产业合作拉动语言传播。与此同时，孔子学院作为国家语言能力的具体体现，也应该助力"一带一路"沿线国家的经贸合作以及产业发展。通过"借力"与"助力"

形成汉语国际传播的良性循环。

如果说"一带一路"的产业合作格局为孔子学院的战略布局提供了参考的依据,那么,"两条路径",即"丝绸之路经济带"和"海上丝绸之路"则为汉语国际传播战略规划指明了方向。首先,基于我国海上安全的考虑,有学者认为,"一带"和"一路"并非两线并行的战略。鉴于目前中国海权的短板,应该以"一带"为主,"一路"为辅[①]。基于这一战略考量,汉语国际传播应该一路向西,加强"丝绸之路经济带"的战略规划。连接亚欧大陆的腹地中亚和西亚是孔子学院建设比较薄弱的区域,而中西亚是维护国家政治安全以及能源安全的战略要地。因此,孔子学院的战略布局应该向这一地区倾斜,在沿线国家建立更多的孔子学院。此外,尽管"海上丝绸之路"的开拓有诸多不稳定因素,但作为国家经济、能源以及军事的战略要道,针对这一地区的语言战略规划依然十分重要。历史上,尽管明朝限制海上贸易,但汉语传播以顽强的生命力在东南亚国家扎下了根。今天,东南亚国家的华人社区作为汉语传播的桥头堡,对当今汉语国际传播依然具有重要的意义。

四、汉语国际传播的思路与对策

"一带一路"作为国家的大战略,提出了各种愿景和行动计划,涉及政治、经济、文化、企业、媒体各个领域,但很少涉及

---

① 乔良(2015)《美国人对"一带一路"的战略思考》,http://mt.sohu.com/20151003/n422546278.shtml。

语言传播在"一带一路"建设中的重要作用。李宇明（2015）[①]提出了"'一带一路'，语言铺路"的倡议。我们认为，汉语传播应在"语言铺路"中发挥不可替代的作用。

4.1 加强顶层设计，整合资源，调整战略布局，服务"一带一路"

孔子学院不仅仅是汉语国际传播的机构，而且是国家重要的语言战略资源。因此，资源的分配与布局应服从或服务国家提出的"一带一路"倡议。首先，国家应从战略高度，根据"一带一路"倡议，加强新时期汉语国际传播的顶层设计，即把汉语国际传播纳入"一带一路"愿景和行动计划。汉语国际传播是国家语言能力的体现，"一带一路"的开拓与建设离不开国家语言能力的支持。"五通"的核心是"民心相通"，而语言通是民心相通的必备条件。其次，孔子学院作为国家重要的语言战略资源，应根据"一带一路"经贸和产业合作格局进行调整，通过整合孔子学院资源，形成以"一带一路"倡议为核心的分布格局，以满足"一带一路"沿线国家经贸和产业合作对语言资源的需求。

4.2 借力"一带一路"，助力"一带一路"

历史的经验表明，语言传播不是通过语言本身来传播的，语言传播必须抓住历史机遇，顺势而为。在"一带一路"的现实机遇面前，汉语国际传播应与"一带一路"相关国家经贸与产业合作相结合，借力发展；与此同时，也应通过服务企业国际化走出去，助力"一带一路"。"一带一路"相关国家的经贸和产业合作离不开对语言人才的需求，特别是复合型高端双语人才。因此，

---

① 李宇明（2015）《"一带一路"需要语言铺路》，http://theory.people.com.cn/n/2015/0922/c40531-27616931.html。

孔子学院的汉语国际教育不仅要关注普及型人才的培养，更应该满足"一带一路"相关国家对高端、复合型人才的需求，培养既懂汉语又懂专业的复合型人才。此外，孔子学院不应仅仅局限于汉语人才的培养，也应为企业走出去培养复合型外语人才。"语言铺路"应该是双向铺路，培养双向人才。

4.3 提高企业语言能力，加速"一带一路"建设

科技是生产力，语言也是生产力。在信息化时代，语言在促进科技、经济、信息、媒体等各个领域的发展中发挥了重要的作用。"一带一路"同样需要语言的推动。因此，企业要走出去参与"一带一路"建设，应该把语言能力作为企业重要的生产要素，特别是跨国企业，应该把语言能力作为企业的核心生产力，从而提高企业的语言能力。企业语言能力不仅仅是企业员工个体的语言能力，还包括企业利用和整合所有语言资源的能力。对于"一带一路"相关国家的企业，包括中国的企业，如果企业员工会使用两种以上的语言进行交际，企业能充分利用这些语言资源，将会大大提高企业的工作效率，进而真正实现"五通"。因此，参与"一带一路"经贸和产业合作的企业，应该把企业员工外语培训和外籍员工汉语培训作为提高企业语言能力的重要议程，通过企业语言能力建设，加速"一带一路"的建设。

总之，汉语国际传播不仅仅是语言学家们的事情，汉语国际传播能够为实现"一带一路"的愿景助力，"一带一路"也将会助力汉语在世界的传播。

参考文献

[1] 丹尼斯·西诺尔（1997）丝绸之路沿线的语言与文化交流，《第欧根尼》

第 1 期。
[2] 董海樱（2011）《16 世纪至 19 世纪初西人汉语研究》，北京：商务印书馆。
[3] 国家发展改革委、外交部、商务部（2015）《推动共建丝绸之路经济带和 21 世纪海上丝绸之路的愿景与行动（2015 年 3 月）》，北京：人民出版社。
[4] 尼古拉斯·奥斯特勒（2011）《语言帝国：世界语言史》，章璐、梵非、蒋哲杰等译，维舟校，上海：上海人民出版社。
[5] 余英时（1967）《贸易与中国的发展：中外经济关系结构研究》（*Trade and Expansion in China: A Study in the Structure of Sino-Barbarian Economic Relations*），伯克利。
[6] 张西平主编（2009）《世界汉语教育史》，北京：商务印书馆。

何为国际汉语教育"国际化""本土化"*

赵金铭

汉语作为第二语言/外语教学,从一开始就是国际化的事业。对外汉语教学最初的定义是,面向母语非汉语的来华成年外国人的汉语教学,教学对象是世界各国的汉语学习者。与此同时,对外汉语教学工作者,走出国门,在世界各国教授汉语,足迹遍布全世界。教学对象与教学环境都体现了国际化。因此,今天如果强调国际汉语教育国际化,必须明确其内涵,否则会引起思想混乱,不利于汉语国际教育整体水平的提升。

当下国际汉语教育在世界范围内蓬勃发展。原有的对外汉语教学,是一个汉语作为第二语言/外语教学的学科,作为一个独立的学科,为更好地体现学科外向型的特点,如今已更名为国际汉语教育,但这不过是内涵更深、外延更广,涵盖面更宽阔,其本质未变,依然是汉语作为第二语言/外语教学学科。换言之,学科性质并未发生改变。对外汉语教学是其前身,国际汉语教育是在其基础上的拓展,二者本为一体。现今提出国际化、国别化

---

* 原文发表于《云南师范大学学报(对外汉语教学与研究版)》2014年第2期。

问题，对汉语国际教育来说，应有新的认识。即国际汉语教育中可以"国际化"的是什么？国际汉语教育特别是汉语教材如何"国别化"？

汉语加快走向世界是件大好事，是提升国家软实力的重要环节。国际汉语教育的国际化与国别化，一事两面，其目的是让汉语更快地走向世界。汉语作为第二语言/外语教学加快走向世界的过程，就是国际汉语教育国际化的具体体现。需要进一步解决的问题，则包括如何适应各国、各地的汉语教学实际，体现国别化特点。国际汉语教育的哪些方面应加速国际化，哪些应保留自己的特色，哪些在国别化的过程中更应体现汉语和中华文化的特点？是我们应该探讨的问题。

目前国际汉语教育的本土化、国别化、当地化的提法，被广为使用，但因所指不明，概念的内涵与外延不清楚，见仁见智，容易造成思想的混乱。这种提法大约来源于英语的"localization"。目前使用于"国际化汉语教学""国别化汉语教材""本土化汉语教师""本土化汉语教学法"等。这之中，有的可以国际化、本土化，有的不可国际化、本土化，不可不详加区分。本文将从教师、课程设置、教学方法和教材内容诸方面加以阐述。

一、汉语教师国际化

1.1 汉语教师构成国际化

汉语作为外语教学的教师应该本土化，也就是应该大量培养母语非汉语的本土汉语教师，并逐渐使其成为当地汉语教师的主体。

世界上大国在向全球推广本民族语时，只靠母语为本民族语的教师是远远不够的。中国有3亿多人在学习英语，母语为英语的教师是个别的，绝大多数是母语为汉语的英语教师。我国有成千上万的英语教师，如北外的许国璋先生、北大的李赋宁先生等，以他们为代表的广大英语教师，承担着我国英语作为外语教学的主体。目前，世界上有4000多万人学习汉语，我国派出的汉语教师只是任教者中的一小部分，汉语教师缺口很大。解决的唯一办法，是汉语教师本土化，大量培养母语非汉语的本土汉语教师。多培养像美国黎天睦、德国柯彼德、法国白乐桑、日本伊地智善继和舆水优、韩国许壁这样的终生献给汉语教学的外国人。他们汉语水平很高，又有教本国学生汉语的教学高招，令人钦佩。

还有一些长期旅居海外的华人，像英国佟秉正，美国李英哲、姚道中，澳大利亚胡百华、徐家桢等，以及近年来脱颖而出的中、青年华人汉语教师，他们身在异国，熟悉当地人的学习习惯与教学环境，也是海外汉语教师本土化的中坚。

对来自海外的母语非汉语的汉语教师，应加大培养力度，使之成为合格的母语非汉语的汉语教师。所谓合格，必须在汉语和中国文化知识、汉语教学技能和教师的基本素质三方面达标。

目前，所设立的汉语国际教育硕士专业学位，正在培养母语非汉语的外籍汉语教师，他们有望成为未来海外本土汉语教师的新生力量。当务之急是尽快提升他们的汉语水平，汉语是根基，这些教师汉语水平的高低，决定着国际汉语教育发展水平，是治本措施。目前虽有不少就读汉语国际教育硕士专业学位的外国学生，其中不少学生汉语本身的水平还有待于极大地提高，特别是应该加深高级汉语课程的学习，尤其要加大汉语原文的阅读，加强汉语写作的教学，使其逐步达到使用汉语时能用汉语思维。取法乎上，仅得其中。对汉语教师的培养必须高标准，这样将来作为母语非汉语的汉语教师，才能在异国教好汉语，传播汉语。如果在培养阶段忽略其汉语水平的不断提升，仅仅完成培养计划所设课程的教学，他们将难以肩负将汉语传播到世界的使命，也难以成为合格的汉语教师。国际汉语教学界加快汉语走向世界，需要千军万马的汉语教师队伍，汉语教师本土化理有必至，势有必然。汉语教师本土化之日，就是汉语走向世界之时。

1.2 汉语教师知识结构国际化

国际汉语教师知识结构的国际化，则要求国际汉语教师不仅汉语和中国文化知识扎实，还应该了解世界文化，拓展自己的国际视野，不但具有民族认同感，还应具有世界认同感，培养世界公民意识。要能将汉语置于多元语境与多元文化之中，真正使汉语作为第二语言教育具有国际化视野。

我们这里主要论述汉语为母语的教师的知识结构在国际化方面的欠缺。汉语为母语的教师在语言知识和语言教学技能的培养方面甚为重视。每位汉语教师至少具备用一种外语熟练进行汉语教学的能力，并具有国外教学或学习经历，具有跨文化沟通能力。但是，从国际化角度看，仅此是不够的，我们所要了解的是，国际汉语教师对所教的外国学习对象是否有充分的了解？是否真正明了外国学习者是如何看待所学的汉语和中华文化的？

目前，我们对以汉语为本族语教师的培训，缺少重要的一环，那就是是否接受过用外国人的眼光看待汉语和中国文化的训练？教过外国人汉语的著名语言学家韩礼德说过：汉语教师的绝大部分仍是以汉语为本族语的人，"他们是否采用外部立场审视汉语的语言现象？问题是他们可能带来许许多多关于汉语语言和汉语文化的神话，但这些往往使'西方'（这里说的'西方'包括南北美、非洲、澳洲、欧洲南亚及西南亚）学习者学习起来更加困难"（韩礼德，2012）。韩礼德所说的"神话"，就是指我们对自己非常熟悉并习以为常的汉语和文化现象的理解与认识。其中最突出者，大多来源于汉语声调和方块汉字。在我们看来，汉语有声调，是很自然的事情，四声区别意义，汉语说起来高低参差，抑扬顿挫，优美悦耳。汉字是我们祖先留给我们的宝贵财富，我们为汉字承载厚重的中华文化而自豪，母语为汉语的儿童学起汉字来从来没感到有任何困难。

但是，不少外国学习者却对汉语感到陌生，认为汉字书写很奇怪。这是因为"汉语是有声调的分析型语言，书写形式是方块字，汉语语法又有一些独特之处，所以母语是没有声调、以拼音为书写形式的屈折语言的学生对汉语感到特别陌生"（中国大百科全书编辑部编，1988：60）。针对这种现象，赵元任先生说，"声调很难学，其实这是心理因素而不是语言本身，因为学生一旦明白了声调是词的一部分，并且记住要使用它，否则词就不是原来的词了。一旦这个态度明确下来，模拟声调并不难"。赵先生几十年的汉语教学，只遇到一个特例，他说"我仅仅想起一个个案，就是在伯克利这儿的一门课上，一个学生就是不能模拟声调。如果你说'啊'a（第二声），他会说 a（第四声）。他是调盲，或者叫调聋"（罗斯玛丽，2010：184）。这就表明，初学者对汉语声调是不了解的，保有其自身的认识，于是觉得难学。汉语教师一定要了解学习者是如何看待汉语声调的，要能讲清楚声调的本质，解除其误解与畏难情绪。

又比如，一些学习者认为汉语难学，是基于汉字的书写不容易。甚至认为一个汉字，就是一幅画儿。但汉字与音节相联系，所以一个教外国人汉语的中国人必须完全熟悉汉语拼音，能熟练地用汉语拼音书写，能熟练地阅读汉语拼音，以汉语拼音为引导，教外国人先说话，用此带动学习者学会基本汉语会话。当其掌握了初步的语言之后，在一个适当的时候，进入汉字学习，适当讲解汉字是怎么一回事，引入结构及其变化，这时他们将如母语者学习汉字一样地轻松自如，这就是基于学习者对汉字的透彻了解。如果在还没掌握初步语言的情况下，贸然引进汉字，会令一个初学者十分不解，以致产生畏难甚至厌恶情绪。了解他们如何认识汉字，因势利导地使其正确地了解汉字，再遵循识字、描字、写字的规律教汉字，汉字之难，便迎刃而解。首要的就是要真正知彼，具有"他者视角"，要设身处地地为学习者考虑，从学习者视角出发，有针对性地进行教学。

汉语教师国际化，重要的一环，就是教师要具有"他者视角"。无论教语言，还是教文化，皆如是。周有光老先生最近强调："在经济全球化的进程中，语言政策有许多都是全球化的。中国的语言政策要'从世界看中国，不要从中国看世界。'"[①] 对我们的母语汉语和中国文化，我们自己熟知，并了然于心，但是我们不一定知道外国学习者是怎么看汉语和中国文化的，要知其所想，也就是说，不但要了解学习者的语言和文化，还要了解他们如何认识和看待我们的语言和文化。这样才能有针对性地教，才能达

---

① 周有光（2013）给北京语言大学语言文字规范标准研究所题字，北京语言大学校园网。

到预期效果。

了解他人，不仅有助于推动汉语学习，一旦学习者了解了我们的汉语和文化，言传身教，一通百通，会收到意想不到的效果。有人介绍说，通过外国学生的视角所展现的中国文化，远比中国自己所介绍和传播更能得到世界的认同。比如，"一位法国学生拍摄中国太极，他的影片讲述了一个太极哲学的故事。他希望在个人主义盛行的社会，借鉴这一哲学找到解决问题的有效办法，使世界和谐共处"（漆谦，2013）。这就与我们对太极的认识不同，介绍太极的角度也不一样。但却把我们的和谐理念介绍给世人。

国际汉语教师国际化的重要一环是了解世界各地汉语学习者对汉语和中国文化的认识与理解，唯其如此，才能因势利导，循循善诱，教好汉语和中国文化。

二、汉语课程设置与汉语教学法国际化

人们常说，国际汉语教育有所谓"三教"问题，教师问题是个前提，前提明确之后，就是课程、教法、教材的国际化问题。

2.1 汉语课程设置国际化

国际汉语教育课程分为两类：汉语作为第二语言学习的各类汉语课程、国际汉语教师培养和培训课程。

在汉语作为第二语言学习的汉语课程中，因国内多年来比较注重功能法语言教学，追求听和说效果，不仅读、写成为弱项，还多少忽视了系统语言知识的讲授。讲授要用学习者母语，受条件限制，这在一定程度上是有难度的。因此课程体系上就缺少针对学习者心理的语音、词汇、语法和汉字结构的讲解与演示课程。

明显的后果就是,学习者大多缺少对汉语知识的较为全面和系统的认识。

而在世界各地的汉语教学中,使用母语进行讲解汉语知识的情形却十分普遍。如在保加利亚,当地汉语教师认为,在他们那里,没有汉语语言环境,汉语不能习得,只能学得。因此很注意语言理论和语言知识的教学,在课程设计中,课时较多,占有很大比重。

我们认为,在汉语课程国际化过程中,应加强语言知识课程的分量,讲解是必要的,可画龙点睛地讲解,简明扼要,点到为止,成人学习者追求理解与分析,善于对比与类推,讲解可达举一反三,触类旁通之效。

而在教师培训课程国际化方面,我们还有不够完备之处。多年来,我们曾努力地将汉语作为母语教学与汉语作为第二语言教学区分开来,这是两种不同性质的语言教学。然后,我们又非常强调对外汉语教学不是知识的传授,而是技能的训练。于是,在教师的培养与培训方面,既注重语言技能的培养,也注意培养对学习者学习过程的观察,却忽视了自身语言学知识的积累。

英国 MTESOL 的课程体系,就很值得我们参考。据田艳(2012)介绍,英国英语国际教育硕士语言学类课程在核心课和选修课中的比重都不小(分别占 18.29%、11.90%),据李晓琪(2011)对美国英语国际教育硕士课程的考察也发现,其语言学类课程占到了 20.17%。而我们的汉语国际教育硕士核心课程中语言学类却占 0%。在课程国际化中,应引起关注。在我们的课程设计中,对中国文化、文化传播,以及跨文化交际类课程较为关注,这是我们的特色。

我们的选修课中,虽有"汉外语言对比"一门课,是一门重要的语言类课程,但真正能开出这门课的,并不多见。此外诸如国际化视野类的课程基本没有列入课程规划。如果从课程设置的三大类上看,基本知识类课程,语言教学技能类课程,以及特色类课程,有两类还有待于与国际第二语言教学课程设置相协调。参考国外第二语言教学体系,结合汉语和汉字本身的特色,在核心课程的设置上,真正体现汉语作为外语教学的特点,与国际第二语言教学课程设置前沿接轨,既保证汉语教师语言学知识的完备性,又保障学习者通过汉语知识课程的学习,结合技能训练,在一定时间里尽快掌握汉语。

2.2 汉语教学模式、教学方法国际化

我们有几十年在国内从事对外汉语教学的经验,形成一套有效的汉语教学模式和教学方法。当我们走出国门,面对的是世界各国的汉语学习者,语言各异,文化背景不同,语言教学环境也有很大的差异,我们必须基于将普遍的语言教学原理,结合当地的实际,使所采用的汉语教学模式和教学方法适应当地的学习者。世界不同国家和地区的丰富多彩的汉语教学模式构成了汉语教学模式的国际化。

汉语作为外语教学法不仅应该国际化,更可以本土化。内容既定,方法灵便。国际汉语教育,面对的是多种多样的教学对象,纷繁复杂的教学环境,应将汉语教学的一般规律,与所在国家和地区的教学实际相结合,并加以改造,以求适应教学与学习的特殊需求。所谓国别化汉语教学,不过是汉语作为第二语言教学一般规律的具体化。个别地区的汉语教学经验,是一般规律与当地实际相结合的升华,具有一定的参考价值和借鉴意义。

作为一门学科的国际汉语教育,就语言教学来讲,与其他语

言作为外语教学，在教学法原则、教学方法、教学技巧三个层面，既有共性又有个性。共性不必说，个性就是要体现汉语语音、词汇、语法的特点，及其书写系统所独具的特色。教学法的选择，只要遵循语言教学的基本原理，可依据当地国情，做灵活处理。只有掌握了汉语作为外语教学的一般规律，当我们走向世界各地进行汉语教学时，才能结合当地的实际情况，开展有针对性的汉语教学，形成当地汉语教学的特色。世界各地的汉语教学各具特色，才能共同打造蓬勃发展国际汉语教育的宏伟局面。教学法的选择，可依据当地国情，遵循语言教学的基本原理，做灵活处理。只要立论坚实，目的明确，条条大路通罗马，教学方法不但可以国别化，还可标新立异（赵金铭，2013）。

在实行国际汉语教育国际化时，有一种观点认为，在教学与教材编写中应"认真推行国家汉办／孔子学院总部提出的'三贴近'原则：贴近外国人习惯，贴近外国人思维，贴近外国人生活"（刘英林、马箭飞，2010）。特别在教材内容方面，认为国际汉语教育，"不少教材编写理念陈旧，内容不能贴近外国人的生活习惯和思维"（范常喜等，2012）。

我们认为，教材内容可从两方面思考：一是语言内容，主要指语言基本要素。国际汉语教学在语言内容上，也就是汉语语言系统，包括语音系统、词汇体系、语法结构和规范汉字，都不能国际化，必须依照我国有关规定规范化；二是言语内容，一般指思想内容、文化内容，内涵丰富，包括文化精髓，社会生活。民风民俗等都体现在言语内容中。在言语内容上，既映现中华民族文化特点，又体现人类共通的思想感情，比如"己所不欲，勿施于人"，和谐社会和谐世界，既是中国特色，又是世界共通的。

在这种意义上，有些言语内容是可以国际化的。

但是，思维又当别论。思维是人类特有的一种精神活动，各民族的思维有一致性，也有差异性。语言是思维的重要工具，各民族的思维习惯不同，正如德国著名的理论语言学家洪堡特说，"每一种语言都包含着一种独特的世界观"，思维有差异，反映在语言上就是表达方式不同。比如对时间、地址等的表述，汉语是从大到小，而有些语言是从小到大。比如说一个单位的地址：

汉语：中国 北京 海淀区 学院路 15 号 北京语言大学

英语：Beijing Language and Culture University No. 15 Xueyuan Rd. Haidian District, Beijing, China

汉语中一个动词带一个宾语，宾语不一定是受事，可以具有多种多样的语义关系。吕叔湘先生曾经说过，汉语"动词和宾语的关系，是说不完的"（吕叔湘，1985）。徐通锵认为，这是因为汉语和印欧语，是两种有原则差异的语言世界观，这种差异，使汉语和印欧语的结构走向不同的结构类型，汉语重语义，印欧语重形态变化（徐通锵，2007：181）。汉语动词和宾语只要语义相关，可以直接组合，无须任何成分，在印欧语中，往往置于介词框架中，何以如此，是不同的思维形式决定的，如：

汉语	语义	英译
1）吃大碗（工具）	用大碗吃	eat with a big bowl
2）吃食堂（处所）	在食堂吃	eat at dinning hall
3）吃包伙（方式）	以包伙形式吃	get meals at a fixed rate
4）吃父母（依据）	依靠父母吃	live on their parents
5）跑第四棒（系事）	跑的是第四棒	run relay as the fourth
6）跑十秒（结果）	跑的结果十秒	run within 10 seconds

（续表）

7) 跑警报（原因）	因警报而跑	evacuate on alarm
8) 跑原料/跑官儿（目的）	为原料而跑	look for material
	为得官儿而跑	crave for official positions
9) 跑了犯人（施事）	犯人跑了	prisoners escaped

学习一种新的语言，就是要克服本族人固有的思维习惯和语言表达方式的影响，接受新的思维习惯和语言习惯。王力先生说："要学好外语，很重要的是改变自己的语言习惯"，"等到自己说外语，或用外语写文章时，是用外语思想的，而不是用母语思想，然后译成外语说出来或写下来的，那就是真正彻底改变自己的语言习惯了"。王力先生为了强调学习外语时改变语言和思维习惯的重要，进一步引用马克思的话，马克思曾说："就像一个刚学会外国语的人总是要在心里把外国语言译成本国语言一样；只有当他能够忘掉本国语言来运用新语言的时候，他才领会了新语言的精神，才算是运用自如。"（王力，1983：340）

早期留学美国，英语达到运用自如水平的潘光旦教授曾说："无论学哪一科，想知道自己的英文是否'够用'，必须问自己两个问题：（1）写作的时候是否能直接用英文想？（2）写作时是否能有'三分随便'？"何炳棣按："随便"是多少带点"游刃有余"的意思。（何炳棣，2009）

钱锺书先生说："思想是不出声的语言。"我们教外国人学习汉语，就是要告诉他们汉语的语言表达方式，以及背后的思维习惯。一个外国人汉语学习的最高境界，就是在说汉语时直接用汉语思维，然后说出符合规范的汉语，而不是先想好母语怎么说，再翻译成汉语说出来。因此，汉语教学不是贴近外国学习者的思维，而是相反，要让外国学习者了解汉语的思维习惯，掌握汉语的思维习惯，从而学会正确的汉语表达方式。

当我们讲国际化时，一定要守住自我，汉语教学内容不能国际化，汉语的教学方法不能走偏。要按照第二语言教学规律编写教材，组织教学，要把握好汉语和汉字的特点，体现中华文化的精髓。在借鉴世界语言教学的新理念、新方法的同时，激发并创新具有汉语特点的语言教学法，大力培养汉语教学人才，使汉语更快地走向世界。

三、汉语作为外语教材的语言内容，不能国际化，也不应本土化

汉语作为第二语言教学，首先面临的问题是教什么，其次是怎样学，再次才是如何教。国际汉语教育的本旨，是要让汉语加快走向世界，教标准的汉语，教规范的汉字，这都是不容置疑的。

我们这里主要讲语言内容不能国际化，也就是语言要素不能国际化。汉语作为外语教材的语言、文字应遵循汉语规范化的要求，应该依据《中华人民共和国国家通用语言文字法》第十条之规定："学校及其他教育机构以普通话和规范汉字为基本的教育教学用语用字。"以之作为国际汉语教育中"教什么""学什么"的根本法则，也就是说，在语言要素与文化内容方面，不能本土化。

在不违背这条基本原则情况下，可适当增添一些汉语使用过程中的当地色彩，如个别词汇的表达。像新加坡所教汉语中就可能增加脚车、组屋、巴沙、沙爹等词汇。也可结合当地一些人文特色，如法国的埃菲尔铁塔，美国的自由女神等。至于语音格局、

基本语法结构是不可改变的,如果按照当地的一些汉语表达方法编写汉语教材,按照当地的汉语发音,进行汉语教学,无疑将会扩大各地华语之间的歧义,增加汉语国际之间的交际难度。对本已建立的汉语教学国际标准,带来冲击,有可能导致教学标准的难以执行。没有标准,不能保证汉语教学质量与学习效率,统一的教学评估也将会受到影响。

现在有一种观点认为,普通话是国家标准语,而带有方言味儿的地方普通话是通用形式。应该承认地方普通话的存在及其合法性,比如邓小平1974年在联合国大会第六届特别会议上的发言,说的是带有四川口音的地方普通话。这种通用语为一般民众所用。涉及汉语国际化,有人提出"放宽语音标准是汉语国际化的重要一步",并认为"通用语目前的语音标准将众多的外国学生摒弃在'初级汉语'的大门之外,而'北京口音'(如儿化音)又让无法抽身来北京留学的外国学生对'高级汉语'望而却步。"于是提出"在认识到国家语言有通用形式和标准形式以及争取汉语作为国际交际语的目标之后,将通用语与标准音脱钩无疑是汉语国际化的一条终南捷径"(侍建国、卓琼妍,2013)。

我们认为世界各国、各地的华人社区,存在各种带有方言特点的普通话,这就是上面所说的通用语。通用语用于人们之间的交际,也无可非议。但是作为语言教育用的国别化的汉语教材,还是应该教规范的普通话,而不应教带方言味儿的话。其实,之所以产生上述误解,是混淆了民族共同语和民族标准语的概念。

早在1987年,胡明扬先生就论述过,民族共同语和民族标准语是两个不同的概念。民族共同语一般是自然形成的,可以没有明确的规范。"官话"正是这样一种汉民族共同语。民族标准语是有明确规范的民族共同语,是在民族共同语发展的一定阶段人为推广的,普通话就是这样一种汉民族标准语。胡先生(2011:454—455)进一步说:"民族语言规范化的进程就要求其他方言向基础方言靠拢,逐步做到民族语言的规范化。这是现代社会的要求,也是一个民族和社会现代化的要求。"

国际汉语教育要教给外国学习者的应该是汉民族标准语,而不应该是没有规范的民族共同语。在世界各地的华人聚居区,流行各种带自己方言特色的汉民族共同语。他们往往只依照自己的语言习惯,用自己的语音、词汇、语法,去套所学语言的语音、词汇、语法,形成带有方言味儿的普通话,即共同语,这种现象很普遍。比如四川、湖南等地,许多人n、l不分,台湾等地区的舌尖音问题,粤方言的j、q、x组和zhi、chi、shi组混淆等。国际汉语教育不能顺应学习者的要求,降低语言标准,即使普通话中难发的必须儿化的一些音,也应学会,如:小孩儿玩儿球儿。姑娘好像花儿一样。我爱吃冰棍儿。如不儿化就很不顺耳。

有一些特殊词类和特殊的词,普通话中是有严格区分的。比如语气词就很复杂,只有按照标准的读音,才能理解它的含义:

你回去吗?(一般询问)

你回去吧?(有疑问的询问)

你回去啊?(有些吃惊的询问)

你回去啦?(意思是"不应该回去")

你回去嘛!(带点儿撒娇的意思)

再比如,汉语谓语动词既可有前修饰语,又可有后补语。我在新加坡问路,应该说"直走",回答我的人说"走直"。粤语区有人将"你先走",说成"你行先"。凤凰卫视的主持人说,"评论不是结论，而是提供多一个看问题的视角和方法"。这句话与"评论不是结论，而是多提供一个看问题的视角和方法。"有什么区别？其实涉及动补结构结果问题。汉语结果补语是一个结构，两个表述：

我听懂了→我听＋我懂了

我洗衣服洗湿了鞋→我洗衣服＋鞋湿了

我吃光了碗里的饭→我吃碗里的饭＋碗里的饭光了

这些具有汉语特点的语法现象，只有依据母语者的思维习惯，使用规范的表达方法，才能掌握汉语的语言形式。

世界上主要国家在向外推广自己的母语时，教材中随之而用的均为本民族标准语。回顾世界通用的外国人所编的英语教材，如《新概念英语》《走遍美国》，并未结合所在国家本土化。国人所编的在国内广泛使用的英语教材，如许国璋《英语》（四册），也并未结合我国情况本土化。根本的原因是，一种语言在使用过程中，随着地域的改变，会发生一些地域变异，不可因这些变异而改变语言的规范性。至于教材中的语言对比与文化差异在教材中的体现，则另当别论。质言之，国际汉语教育中汉语教材的本土化、国别化应该慎重对待。

国际汉语教材依据面对的学习对象大致可分为三类：

1. 通用汉语教材，如李晓琪主编《博雅汉语》，李泉主编《发展汉语》。

2. 针对某种语言文化背景的汉语教材，如刘珣主编《新实用汉语课本》（供母语为英语者使用），李艾《新思维汉语》（供母语为西班牙语者使用）。

3. 针对某地区语言文化背景的汉语教材，如匈牙利罗兰大学《匈牙利汉语课本》（在匈牙利供母语为匈牙利语者使用），白乐桑、张朋朋编《汉语语言文字启蒙》（在法国供母语为法语者使用）。

所谓国别化教材，应该指第三类，是使用面较窄的汉语教材。即使这类教材，也应遵循说普通话、写规范汉字的原则。

总之，国际汉语教育中的"本土化""国别化""当地化"等提法，概念模糊，易致误解。如若理解偏差，将不利于国际汉语教育的长期发展。不能笼统地谈国际汉语教育的"国际化""本土化"，哪些该"化"，哪些可"化"，哪些不能"化"，要分别对待，以利于国际汉语教育的长期发展。

参考文献

[1] 范常喜、杨峥琳、陈楠、卢达威（2012）国际汉语教材发展概况考察——基于"全球汉语教材库"的统计分析，见周小兵主编《国际汉语》第二辑，广州：中山大学出版社。
[2] 韩礼德（2012）教外国学习者汉语要略，邵洪亮、董莉译，黄国文、吴国向审校，见周小兵主编《国际汉语》第二辑，广州：中山大学出版社。
[3] 何炳棣（2009）《读史阅世六十年》，南宁：广西师范大学出版社。
[4] 胡明扬（2011）语言和方言，见胡明扬《胡明扬语言学论文集（增订本）》，北京：商务印书馆。
[5] 李晓琪（2011）英美大学TESOL专业研究生课程设置考察与思考，《汉语国际传播研究》第1期。
[6] 刘英林、马箭飞（2010）研制《音节和汉字词汇等级划分》探寻汉语国际教育新思维，《世界汉语教学》第1期。
[7] 罗斯玛丽·列文森编（2010）《赵元任传》，焦立为译，石家庄：河北教育出版社。
[8] 吕叔湘（1985）在第一届汉语国际教学讨论会全体会议上的讲话，《语言教学与研究》第4期。

[9] 漆谦（2013）借外国青年视角传播中国文化，《环球时报》9月26日。
[10] 侍建国、卓琼妍（2013）关于国家语言的新思考，《语言教学与研究》第1期。
[11] 田艳（2012）基于英国 MTESOL 课程体系对汉语国际教育硕士课程设置的思考，《世界汉语教学》第2期。
[12] 王力（1983）谈谈学外语，见王力《王力论学新著》，南宁：广西人民出版社。
[13] 徐通锵（2007）《语言是什么》，北京：北京大学出版社。
[14] 赵金铭（2009）教学环境与汉语教材，《世界汉语教学》第2期。
[15] 赵金铭（2013）国际汉语教育的本旨是汉语教学，见北京语言大学对外汉语研究中心编《汉语应用语言学研究》第2辑，北京：商务印书馆。
[16] 中国大百科全书出版社编辑部编（1988）《中国大百科全书·语言文字》，北京：中国大百科全书出版社。

汉语国际教育"当地化"的若干思考[*]

李宇明　施春宏

一、引言

汉语国际教育的当地化（localization），是当前汉语国际教育理论与实践中的一个热点问题，也是一个学术前沿课题[①]。对此问题的关注由来已久。于锦恩（2011、2014）指出，民国时期的华语文教材就已经关注语言资源的当地化问题。董淑慧（2014）认为，朱德熙、张荪芬 1954 年为保加利亚学习者编写的《汉语教科书》，已体现出汉语教材编写的诸多"本土化特征"。在此后的"对外汉语教学"时期，教材国别化问题已经进入学人视野，王若江（2000、2004）对法国汉语教材编写理念的分析，张英（2001）对日本汉语教材与中国对外汉语教材的对比分析等，都为当地化问题提供了新的认知角度。当然，这些关注还多是关于教材编写等实践层面的思考，

---

[*] 原文发表于《中国语文》2017 年第 2 期。
[①] 推进"一带一路"建设需要语言铺路（参看李宇明，2015）。在这一过程中，汉语国际教育应该起到很好的助推作用，这就使得汉语国际教育当地化问题呈现出许多新的任务和论题。

许多方面的当地化问题还没有顾及，理论分析也尚未来得及展开。

近十多年来，汉语作为第二语言教学事业发展到汉语国际教育的新阶段，大规模的海外汉语国际教育实践使当地化问题显得尤为突出与迫切。教材和师资是最容易看得见的、最迫切需要解决的"抓手"，教材当地化或国别化问题、海外汉语师资培训和建设问题等，成为学界关注的热点。例如，郭熙（2007）等对东南亚华语（华语文）教学的当地化进行了较多讨论；李泉（2015a）提出国际汉语教材的编写应该"体现汉语汉字的特点及教学法，主要贴近当代中国人的生活和文化、适当贴近人类共通的情感和价值观、有限贴近海外学习者的生活和有关国家的文化"。赵金铭（2014）从教师、课程设置、教学方法、教材内容等多个角度对汉语国际教育的"国际化"和"本土化"做了较为全面的思考。但总体而言，汉语国际教育中不容易成为直接"抓手"的方面，如"当地化观念、当地化的目标"等，研究尚不充分；当地化所涉及的一些基本概念、基本观念、基本内容和基本认识等，都还存在着不少争议，有些地方的理解还不到位，当然还有很多问题尚未触及。如何从更高的层面、更广的视野来看待这些问题，需要更多的整体性思考。

本文在前哲时贤研究的基础上尝试做些更深入的思考，就"当地化"的内涵、本质、目标、主要内容以及中国和当地的角色定位等，提出一些看法，以就教于方家。

二、汉语国际教育当地化的相关术语及内涵

2.1 术语的选择

我们在梳理研究文献的过程中，发现学界使用了四个相关的术语：本地化、本土化、在地化、当地化。根据视角的不同，可把它们分为"本地化、本土化"和"在地化、当地化"两组。

"本地化、本土化"在相关文献中使用较多。就视角而言，这两个术语是"中国视角"，即立足中国去看汉语教育在世界各地的发展。"中国视角"当然有其可视之景观，但并不全面，也不客观。因为汉语教育还应当有"当事国视角"，甚至这种立足当事国来看本国、本土、本地的汉语教育的视角更为重要。这正如"对外汉语教学"这个术语，采取的是"中国视角"，并不方便将海外的汉语教育（特别是外国人在海外开展的汉语国际教育事业）纳入"对外汉语教学"的概念之中。

"在地化、当地化"这两个术语，选取的是"客观视角"，既不是"中国视角"，也不是"当事国视角"。这种"广角"视角更便于客观探讨问题，因此，就视角而言，"在地化、当地化"这两个术语应当优于"本地化、本土化"。再细究，"在地化"构词上似乎不如"当地化"顺畅，在使用上也不及"当地化"普遍，故而本文采用"当地化"这一术语。

2.2 对"当地化"的理解

要理解"当地化"，须首先准确理解"化"。《现代汉语词典》第7版（2016：561）在解释"化"作为词语后缀时写道："加在名词或形容词之后构成动词，表示转变成某种性质或状态……"

这一释义，虽然没有明确性质或状态在多大程度上的转变，但"转变成"之"成"，表示性质或状态的全部转变。这种解释，符合毛泽东《反对党八股》的说法："现在许多人在提倡民族化、科学化、大众化了，这很好，但是'化'者，彻头彻尾彻里彻外之谓也。"

按照《现代汉语词典》的解释和《反对党八股》的说法，"彻头彻尾"地"化"入当地、"化"为当地，方为"当地化"。但如此理解并不符合"~化"的使用实际，也不是汉语国际教育所希望实现或一下子所能实现的目标。

现实中，"绿化、美化、年轻化、艺术化"等，都未必是彻头彻尾地"化"。比如"绿化"[①]，并非使没有绿色的地方全部变绿，而只是通过种植草木等方式让绿色植被达到一定覆盖率，从而实现环境、生态优化的效果。

"~化"者，就是通过改变现状，达到目标所指向的一定的状态。目标所指向的一定状态是一个状态的连续统，"转变成某种性质或状态"只是一种极致状态，只是一种转化的趋向。如果这样来看待"化"，那么"当地化"就可以理解为："当地化"体现的是一种汉语教育逐步融入当地因素、逐渐具有当地特色的发展趋势。例如，由不怎么注意当地因素转变为比较重视当地因素，教材编写、教学过程等有机融入某些当地的要素，积极探索当地因素在汉语教育中的作用等。"当地化"并非一定要达到，甚至也不需要达到"彻头彻尾、彻里彻外"的"当地"程度。

---

① 《现代汉语词典》第7版854页是这样解释"绿化"的："种植树木花草，使环境优美卫生，防止水土流失：~带｜～山区｜城市的～。"这个释义中，有措施，也有目标和效果，但并没有讲"绿化"的程度，更没有强调彻头彻尾地变"绿"。

2.3 "助学当地化"和"汉语生活当地化"

汉语国际教育的"当地化",一般理解为"助学当地化"。所谓助学当地化,就是利用当地的语言资源、文化资源、教师资源等来提高学习效率。比如当地的华语社区、中国公司和中国家庭,懂得汉语及中国商贸、文化等方面的人才。

当然,在学习中也有用汉语表述当地风土人情、物产社会的需要。教学必然涉及当地内容,特别是海外的汉语教学。但教外国学生学习汉语,不管教学地点在中国还是在海外,其目的主要是培养学生的"涉华交际"能力,包括从事汉语的教学与研究、利用汉语获取有关中国的知识及处理中国事务,因此教学内容里不能全是"当地故事"(如"文革"时期中国的中学英语教材那样)。换句话说,教学内容不能化为当地,而应以"中国故事"为主。这样,学习者才能了解现在中国和历史中国、未来中国,才能分享中华文明智慧和中国发展所带来的多方面红利。

学习汉语是手段,汉语教育的最终目标是用汉语进行交际,具有"汉语生活"。因而,教育者不仅要关注学习者的语言学习,更要关注学习者利用汉语进行交际的问题,包括培养交际能力,提供交际所常用的社会、文化资料;教育者不仅要关注学习者当下的学习,更要关注他们未来的"汉语生活"。我们从事汉语国际教育,根本路径还是立足现在,面向未来,将中国故事和当地生活结合、交融在一起。

今日之汉语学习者,就是明日之中华文化的传播者,就是帮助中国走向世界的人。同时,在学习和使用汉语的过程中,他们也把自己的语言、文化和智慧带进中国,带入汉语,推动世界走入中国,促进汉语和中华文化的发展进步。英语和英语文化的丰富，与非英语人的学习和应用有密切的关系。汉语国际教育于此颇可借鉴。

在一个地区学汉语、说汉语的人多起来，特别是有华语基础的地方，就可能在当地形成汉语生活，或改善当地的汉语生活。这便是"汉语生活当地化"。新加坡、印度、巴基斯坦及中国香港等地，都能够看到那里的英语生活，这些都是英语生活当地化的表现。汉语的国际教育和国际传播发展到一定程度，也有可能形成现在华人社区之外的汉语生活。这种当地化是一种高级的当地化，有了这种当地化，便能进一步促进助学的当地化。

三、汉语国际教育当地化过程中的角色定位

汉语国际教育当地化，关键在"化"：为何"化"？"化"什么？谁来"化"？怎么"化"？而要回答这些问题，需要讨论中国和当地及学习者这两个角色在汉语国际教育中的职能定位。

3.1 中国的职能定位

中国是汉语的故乡，是汉语作为第二语言学习的"目的语国"。至少在汉唐时期，汉语就向周边传播，四夷藩国来华留学。自此开始，如何扮演目的语国的角色就一直在实践中。20世纪50年代以来，特别是20世纪90年代以来，目的语国的角色问题由实践逐渐进入理性思考。在汉语国际教育中，我国似乎一直在扮演着"我为中心"的主导者、推动者的角色。

观察英语、法语、西班牙语等的传播过程、传播方式和传播效果，可以看出这些语言的目的语国所扮演的角色。例如近几十年来中国的英语教育，可谓之"热"，这种热是英语教育当地化（中

国化)的成果,是在当地和由当地热起来的。一种语言的传播要达到成熟、稳健的程度,当地的作用很重要,甚至是起决定作用的。目的语国所做的主要是顶端之事、引领之事,即在理念、标准、教师、教材、教法、管理、资源等方面掌握话语权,并向当地提供及时、有效的支持;引导当地成为目的语学习的主要推动者和实施者,并保障其持久发展。

在汉语国际教育事业中,"我为中心"的角色如何过渡到、转变为引导者、支持者;在这种角色转变中,政府、教育机构、教师、社会各自应发挥什么作用,有几个关键之处需要理解到位:

第一,作为汉语国际教育的引导者,妥善地处理好中国引导与当地办学主体间的关系。

第二,作为汉语国际教育的支持者,尽可能在全球范围内做到有求必应。

第三,作为汉语国际教育的全方位服务者,要引导、参与一系列的汉语教育的高层活动,包括制定汉语国际教育的语言标准和教学标准、参与教师培训和教材编写、融入教学管理和建设教学资源等。

第四,从根本上说,汉语国际教育是世界各国自身的需要。中国不仅要满足国际需要,还要使汉语国际教育具有不断增强的"需求驱动"。

3.2 当地及学习者应扮演的角色

汉语国际教育中,当地及学习者应该扮演怎样的角色?在当地化问题的相关讨论中已有学者关注并发表过不少高见,但多立足于如何让学习者参与到汉语国际传播过程中。实际上,汉语国际教育的真正推动者,应是汉语学习者及其所在国,他们是这一过程真正的"施事"而非"受事"。在整个汉语国际教育过程中，没有"受事"，只有"施事"和"与事"。

对学习者个人而言，学习一门外语应当是有益处的，包括现实的益处和潜在的未来益处，但应当看到，语言学习的投入也是巨大的，包括学资、时间、情感和机会成本。关于学资、时间和情感的投入，已有很多讨论，但对"机会成本"关注较少，也未纳入学习成本的计算之中。所谓"机会成本"，是学习者本可利用这些学资和时间做其他事情，但因学习这种语言而失去了一些机会，失去之机会理应在学习这种语言之中、之后得到补偿，而且这种补偿应有相对高的附加值。学习者选择学习 A 语言而不是 B 语言，这也是一种机会的选择，是对未来预期收益的综合考量。

国家亦如此。把某种语言作为第一外语或第二外语，让它进入国民教育体系，也可以说这个国家把自己在未来国际上的部分命运交给了这种语言，甚至是交给了目的语国。这也就是一种机会成本的计算和预期。

故而汉语国际教育当地化要特别关注当地化之"后"，要帮助学习者学习之后实现学习汉语的价值，提高获取更大收益的机会。这也牵涉到汉语最终能否走出去、到底能走多远的问题，牵涉到汉语国际教育可否持续发展的根本问题。只有这样，才能进一步提高汉语在国际上的语势，即"语言接触中一种语言的潜在传承潜力和通用潜力"（陈保亚，2016）。

认清中国和当地及学习者在汉语国际教育事业中所扮演的角色十分重要。中国应由"我为中心"的角色转变为智慧的引导者、有效的支持者；学习者和当地是汉语教育的最大受益者，因此也应是汉语国际教育的主办者和推动者。促使当地及学习者的角色到位,是汉语国际教育规划的重要任务。

这里需要特别提及汉语言学者在汉语国际教育当地化过程中所起的特殊作用。汉语学者除了从事一般的教学教育工作外,还有一个重要使命,就是对当地汉语(华语)的语言特点和语言生活描写、考察清楚,为教学工作、自主学习、教学评测和教育管理提供一种合适的参照。如"一带一路"上各个国家的汉语教学和语言生活状况等。又如有学者正倡导和开展全球华语语法研究(邢福义、汪国胜,2012);有机构组织全球学者来编写《全球华语大词典》(李宇明主编,2016);有学者在探讨华文社区词和普通话词语互动关系的基础上,探讨海外汉语语言交际的社群性和社区表达系统(如社区语音、社区语法、社区语用、社区修辞、社区语体、社区文体等)问题,进而倡导在国际华语交际互动中积极建设和发展普通话(施春宏,2015)。这些基础性工作做充实了,可为汉语国际教育当地化的组织实施提供更加坚实的学术支持和保障。

四、汉语国际教育当地化的若干内容

汉语国际教育当地化,应考虑哪些需要当地化、哪些能够当地化、如何实施当地化等诸多问题,具体涉及观念、教学内容、师资、教法、教材、管理、标准、资源等。这些问题处于不同的层次,下面简略地从四个大的方面来做些阐释。

4.1 观念的当地化

汉语国际教育当地化首先是观念的当地化,亦即关注学习者的语言、文化背景等对语言学习的补益功能,关注语言学习之后对学习者和所在地的影响，强调发挥当地办学等方面的主动性。这也体现着对另一种文化的理解和尊重。

观念当地化这一问题的提出，是汉语国际教育的"时、势"所使。这时这势是：其一，过去，外国人多是到中国来学习汉语，而今海外的汉语教学快速发展，当地化的问题急遽凸显出来。其二，过去强调教授"纯正的汉语"，而今海外华语的地位得到了学者关注，人们（包括海外华语社区的人们）并不简单地用"标准不标准、纯正不纯正"来看待海外华语。其三，英语的国际变体研究、英语中的大量借词研究，也促使人们思考汉语学习者对汉语的影响，思考他们用汉语表述当地事体这种特殊的"汉语生活"。汉语当地化对汉语的海外生根、在全球化语境下"汉语"形成 Englishes 式的复数概念（洪历建，2014），也是有意义的。在当地学汉语、利用当地资源学汉语，从关注学习到关注学习者的汉语生活等，要求人们必须正视当地化问题。

4.2 教学内容的当地化

教学内容的当地化，是讨论较多且争议较大的问题。教学内容当地化，首先涉及汉语国际教育教什么的问题，明了了教什么，才能进一步讨论哪些内容需要当地化。

陆俭明（2013）指出："汉语国际教学的核心任务与内容是汉语言文字教学。"尤其是初中级阶段（实际上绝大部分外语学习者都处于这个阶段），语言教学是根本，文化可以通过语言教学过程中的选材、讲解、辅助读物等来体现，到了一定程度还可以做文化专题说明和教学。学语言就是学文化，交际是语言文化的核心。

也有学者强调汉语国际教育主要是教中国文化，甚至强调以教中国传统文化为主。

如何看待这两种观点，汉语国际教育是教语言还是教文化，直接关系到什么内容需要当地化：语言系统中哪些要素可以当地化，哪些要素难以当地化；中华文化中哪些因素可以跟当地文化结合，哪些难以当地化但又需要向当地人介绍，解决这些问题进而才能讨论。

教学内容当地化讨论的核心问题，是如何制定适合当地化的语言文字标准和教学大纲，以及如何进行评测。绝大多数二语习得者都难以达到母语者的语言水平，因此中国早就开发了对外汉语教学的语言文字标准、考试标准、教学大纲等。但是，这些标准和大纲，怎样进一步适合国别和地区的"当地化"需求，以适应、指导不同国家和地区的汉语教学，具有重要的实践价值，也涉及汉语国际教育事业的发展战略。

李泉（2015b）曾提出"双轨制"的多元标准设想：语言标准上，采取"普通话"和"大华语"双标准；文字标准上，采用"规范汉字"和"汉语拼音"双标准。普通话和规范汉字视为海外理想标准，大华语则是海外的合格标准；汉语拼音作为合格的、规范的文字标准。这种双轨制的设想"有助于满足多元化汉语教学的需要"。但是，这一设想主要适用于海外华语社区的"当地化"，而非华语社区如何"双轨制"，还需要研究，需要实践。

4.3 教学的当地化

教学问题主要是教师、教材、教学法这"三教"问题，其中教师问题是枢纽。

师资的当地化。从事汉语国际教育的一线教师应主要由当地人担当，要建设起多层次的会汉语、了解中国文化、可以用汉语交际的当地教师队伍。中国的外派教师要合理地融入当地汉语教师。缅甸一些学校的做法是：首先选派优秀教师来华培训，这些教师作为"种子教师"，回缅后再培训其他教师。种子的作用就是在土地里生根、发芽、开花、结果，长出更多的种子。这是迅速建立本土教师队伍的一种好举措。

还需要特别注意的是，从事学历教育和非学历教育、成人教学和非成人教学的师资，其知识结构和教学能力的要求并不完全相同，如何在师资培训中有效区分和确立适应当地化需求的多层次师资标准，是一个迫在眉睫的问题。

教材的当地化。选材内容要结合当地的生活、文化、观念，所需教学量要与当地的学制、学时相匹配，内容的呈现方式要适合当地经济、文化、民族性格等特点。教材文本的选择至为关键，要充分考虑文本的来源、类型、文化内涵等（郭熙，2008）。目前，教材当地化已经受到广泛重视，但仍有大量工作要做，比如泰国，2013年共有1524所院校开设汉语课程，863 056人学习汉语[①]；中泰已经合办孔子学院14所和十几家孔子课堂，自2003年至2015年中国已累计派遣志愿者10 567人。但据了解，适合泰国当地情况的高质量教材还很不够。教材当地化，需要中外教师和教育学专家合作编写。好的当地化教材，也许最终有赖当地教师的成长。

教法的当地化，包括教学模式的当地化。第二语言教学的最终目的是提高交际能力，主要不是语言学知识的传授。教学当然

---

① 2014年10月31日，在昆明召开了第二届海外汉语教育国际论坛。此数据见泰国教育部基础教育委员会汉语项目负责人助理世玉的报告。

需要教知识，但教知识也是为了培养能力。不同文化背景的学生，不同教育体系培养出来的学生，可能有不同的语言观和语言学习习惯，因此需要适合当地语言生活和学习习惯的教法和教学模式。

教学当地化还涉及通用汉语教学和专门用途汉语教学的问题。相对而言，通用汉语教学的当地化比较容易操作，也受到了比较多的关注；而专门用途汉语，包括应用于文史哲、政治、法律、理科、工科、医学等专业的"专业汉语"，和应用于商务、经贸、外交、军事、媒体、公司、航空、旅游、酒店等业务的"业务汉语"，其教学当地化的研究所见不多。感性地说，也许越是"中国特色"鲜明的专门用途汉语，其当地化的情况就越是复杂，有的容易有的难。比如武术、传统手工制作、职业技能培训等的汉语教学，当地化的难度似乎并不太大，在具体教学中，利用通用汉语或当地华语再加一些专业词汇，大体可以实现教学目标。而像中医中药的汉语教学，如何当地化，则有更大的难度，或许还是需要来中国学习、体验。

4.4 服务的当地化

这里的"服务"是一个广义的概念。就当下的汉语国际教育发展态势而言，管理的当地化和资源的当地化是实现有效、及时服务的两个重要抓手。

管理的当地化。管理就是服务，只有有效的管理才能充分推动汉语国际教育事业科学、稳妥地发展。孔子学院和孔子课堂，在管理模式上进行了很多富有创意的探讨，特别是让当地管理机构和教师更多地参与到汉语国际教育的教学管理和规划中来，甚至让他们成为主要的管理者、推动力，这是值得肯定和进一步发扬的。

资源的当地化。主要包括资源库（网络资源和非网络资源）、语料和语料库、工具书等的当地化问题。有先生已经提出："为了从根本上解决教材在地化问题，很有必要提倡制作一个万能的大型汉语语料库。"（李如龙，2012）信息化对解决不同国家和地区汉语教育资源分布和分配的矛盾，提供了手段与桥梁，至少使矛盾不再像以前那么尖锐；现在的关键问题在于如何建设。能否制作一个万能汉语语料库，这可以再仔细研究；但建立多层次、多功能、贴合当地需求的汉语语料库、教例库、教师支持系统等，是具有可操作性的。建立基于互联网的机助作文评改系统、机助口语评测纠偏系统，对于提高学生的汉语水平也极富价值。另外，在条件允许的情况下，逐步建设适应于当地汉语教育的慕课（massive open online courses）课程体系、适当发展移动微学习（MobiMOOC）资源，应是一项具有前瞻性的工作。

此外，还有教育主办者之间的协调问题。现在从事汉语作为第二语言教学的主体逐渐多起来，有中国大陆、中国台湾地区、海外地区及其他汉语教育举办者等。这必然涉及各个举办主体之间的协调、合作问题。如何协调各教育主体的教育观念、教学标准、师资培养、评估测试、教育资源等，从而形成汉语国际教育的合力，也是随着当地化发展需要正视的问题。

五、余论

汉语国际教育当地化是个说新又旧的问题："新"体现在当前的汉语国际教育态势使这个问题变得异常突出和紧迫；"旧"则体现在这种现象在长期的海外汉语教学中都或隐或显地出现了

一些。但总体而言，当地化问题变得更加复杂而迫切。

汉语国际教育当地化涉及一系列理论和具体问题，都需要去系统考察、深入分析、逐步解决。这些问题的思考与解决，会带来汉语国际教育理念、理论、实践、方法等诸多方面的转变。

在促进这些转变、适应这些转变的过程中，有一点需要特别注意，那就是如何充分利用教育市场因素。市场因素是一个最长久的、巨大而无形的手，在市场中能形成你情我愿、相互依托、双利双赢的语言学习、语言教育新局面，能更好推动汉语走向世界。当地化的一个重要的体现，应该是汉语教育市场的当地化。

参考文献

[1] 陈保亚（2016）语势：汉语国际化的语言条件——语言接触中的通用语形成过程分析，《语言战略研究》第 2 期。
[2] 董淑慧（2014）汉语教材编写的本土化特征——基于《汉语教科书（1954）》与通用性教材、"一本多版"的比较，《海外华文教育》第 1 期。
[3] 郭熙（2008）关于华文教学当地化的若干问题，《世界汉语教学》第 2 期。
[4] 郭熙主编（2007）《华文教学概论》，北京：商务印书馆。
[5] 洪历建（2014）"国际汉语"：作为"国际性语言"的汉语如何发展，《华东师范大学学报（哲学社会科学版）》第 6 期。
[6] 李泉（2015a）汉语教材的"国别化"问题探讨，《世界汉语教学》第 4 期。
[7] 李泉（2015b）国际汉语教学的语言文字标准问题，《语言教学与研究》第 5 期。
[8] 李如龙（2012）论汉语国际教育的国别化，《语言教学与研究》第 5 期。
[9] 李宇明（2015）"一带一路"需要语言铺路，《人民日报》9 月 22 日。
[10] 李宇明主编（2016）《全球华语大词典》，北京：商务印书馆。

[11] 陆俭明（2013）汉语国际传播中的几个问题，《华文教学与研究》第3期。
[12] 施春宏（2015）从泰式华文的用词特征看华文社区词问题，《语文研究》第2期。
[13] 王若江（2000）由法国"字本位"汉语教材引发的思考，《世界汉语教学》第3期。
[14] 王若江（2004）对法国汉语教材的再认识，《汉语学习》第6期。
[15] 邢福义、汪国胜（2012）全球华语语法研究的基本构想，《云南师范大学学报（哲学社会科学版）》第6期。
[16] 于锦恩（2011）民国时期华文教材语言资源的当地化，《渤海大学学报（哲学社会科学版）》第6期。
[17] 于锦恩（2014）民国时期华文教育本土化探析——以国语文教材的编写为视角，《华侨华人历史研究》第3期。
[18] 张英（2001）日本汉语教材及分析，《汉语学习》第3期。
[19] 赵金铭（2014）何为国际汉语教育"国际化""本土化"，《云南师范大学学报（对外汉语教学与研究版）》第2期。
[20] 中国社会科学院语言研究所词典编辑室编（2016）《现代汉语词典》（第7版），北京：商务印书馆。

关于汉语国际教育师资培养的新构想 *

李春玲

一、汉语国际教育师资培养的必要性

随着中国经济的快速发展以及国际地位的进一步提高，汉语学习者的人数也与日俱增，从而对汉语国际教育师资的要求也越来越高。在"新汉语国际教育"视域下（伊理，2011）[①]，如何培养出符合时代发展需求的汉语国际教育师资人才，以更好地促进汉语和中华文化在海外快速、有效地推广和传播，具有重要的意义。下面，我们首先看看近几年中国在全世界范围内开设的孔子学院和孔子课堂等相关情况。

---

* 原文发表于《云南师范大学学报（对外汉语教学与研究版）》2015 年第 1 期。

① 所谓"新汉语国际教育"，既与 1983 年起所说的"对外汉语教学"和 2007 年起所说的"汉语国际教育"一脉相承，同时，又是一个内涵更丰富、外延更开放、综合色彩更浓厚的交叉学科。其内涵应理解为，"以中国为施教主体，逐渐走向以中外为双施教主体，面向海内、外母语非汉语者（本国少数民族除外）为施教对象的以汉语言文化教学为中心的培养人的教育、教学活动或与之相关所有活动的总称"。

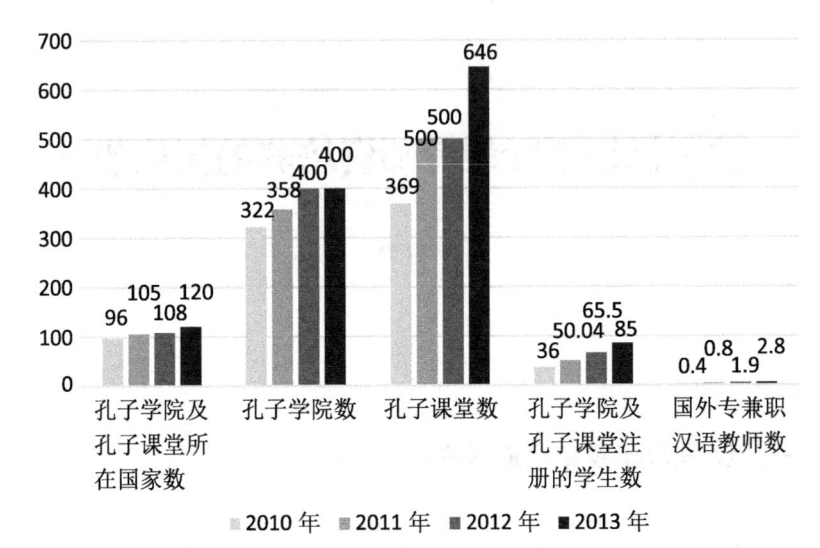

图1 2010—2013年海外孔子学院与孔子课堂等相关数据一览图

从图1看出，2010年到2013年，仅仅4年间全世界孔子学院、孔子课堂总数就增加了近400所，设置这两个机构的国家数由96个增加到120个，注册学习汉语的人数2013年比2010年增加了一倍多，国外专兼职汉语教师数2013年是2010年的7倍。根据孔子学院发展规划（2012—2020年）①，计划到2015年，全球孔子学院达到500所，中小学孔子课堂达到1000个；学员达到150万人，其中，孔子学院（课堂）面授学员100万人，网络孔子学院注册学员50万人；专兼职教师达到5万人，其中，中方派出2万人，各国本土聘用3万人。

我们再看看其他方面的数据，"据不完全统计，目前海外汉语学习者大约已达5000万之多，但是海外汉语教师的数量却只有5万多人，国家汉办预测，到2015年，世界学习汉语的人数

---

① 孔子学院发展规划（2012—2020年），《光明日报》2013年2月28日。

将达到 1.2 亿，届时全球至少需要 500 万汉语教师，可见海外汉语教师缺口极大"（黄遥、夏日光，2012）。

从以上数据看出，如何培养出一支合格的海外汉语师资队伍已是当务之急，这不仅是汉语国际教育本身的需要，更是时代发展的需要。

二、汉语国际教育师资培养的研究现状及存在的主要问题

目前，关于汉语国际教育师资培养的研究主要集中在以下四方面：

一是关于汉语国际教育的发展战略的研究。如赵金铭（2011）从学科发展、研究领域、标准建设及汉语传播方略研究等四方面指出目前研究的薄弱环节。

二是关于师资队伍素质问题的探讨。研究成果中，关于汉语国际教育师资所应具备的素质的问题研究文献较多。如张和生（2006），陆俭明（2011），李春玲等（2012）等。根据目前汉语国际教育硕士专业学位的考研生和研究生的构成，研究者普遍认为目前汉语国际教育师资的汉语言文化基础知识十分薄弱。如李泉（2009）"根据 MTCSOL 专业学位教育指导委员会秘书处对 2007 年 24 所院校实际参考的 1418 名考生的分析来看，汉语国际教育硕士专业学位的考生中有 70% 以上的专业背景与'汉语汉字'和'中国文化'相去甚远，也就是说，可能成为汉语国际教育专业硕士的绝大多数考生没有或缺乏汉语语言学、语言学理论、汉字学、中国文化方面的知识"。汉语国际教育师资在"汉语作为第二语言的教学能力"和"跨文化交际能力"方面也有待

进一步提高。如赵金铭（2007），孙立峰（2012）等。

三是关于师资培养模式的探讨。这部分探讨中施教地点在国内的师资培养模式或从某一角度来探讨师资培养模式的较多。如茅海燕、唐敦挚（2007）提出"定向型、非定向型与混合型"的培养模式；吴慧（2012）提出"基于任务型的汉语国际教育硕士培养模式"。也有个别从海内外合作角度提出对外汉语师资培养模式的。如周士宏（2009）指出"要加强（国内外）高等院校间的合作；实施对外汉语与国外小语种双修培养……"，与此观点相近的还有刘振平（2012）等。

四是关于不同国别汉语师资培养的探讨。这部分探讨主要集中在国外本土汉语教师培养和国外短期培训模式的探讨上。如杨子菁（2003），范启华（2005），范宏伟（2006），李凌艳（2006），虞莉（2007）等。

这些研究成果无疑对汉语国际教育师资培养提供了有益的参考。然而，目前汉语国际教育师资培养主要存在以下四方面的问题：一是师资质量总体不高；二是培养师资院校的师资队伍水平参差不齐；三是培养理念不够与时俱进；四是培养模式单一化。基于此，在新汉语国际教育形势下，在大数据时代的今天，如何快速培养出符合时代发展需求的合格的汉语国际教育师资，是制约汉语和中华文化在海外快速、有效地进行推广和传播的瓶颈，也是我们面临的老大难问题之一。

因此，本文在现有研究成果的基础上，对汉语国际教育师资培养做了进一步思考，提出了"一个改制""两个构建""三个加强"的构想。

三、关于汉语国际教育师资培养的思考

3.1 "一个改制"

所谓"一个改制",是指改革现有一些高校汉语国际教育硕士(Master of Teaching Chinese to Speakers of Other Languages,简写为 MTCSOL)专业学位研究生的学制。本文对全国所有具有培养汉语国际教育硕士专业学位研究生资格的 107 所高校的该专业中国研究生的学制进行了统计,具体如下图 2。

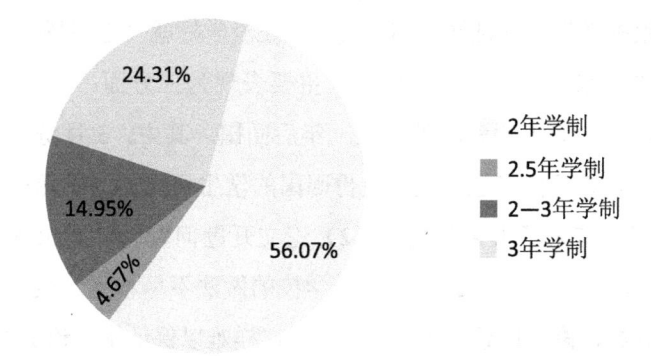

图 2　107 所汉语国际教育硕士专业学位研究生培养院校该专业中国研究生学制百分比图

从图 2 看出,目前我国汉语国际教育硕士专业学位研究生培养院校中 2 年制的最多,占 56.07%;3 年制的占 24.31%;2—3 年制的占 14.95%;2.5 年制的最少,仅占 4.67%。通过调查还发现,在培养过程中,即使学制是 2—3 年的,事实上大都也是 2 年毕业。虽然国家对专业学位研究生学制一般要求为 2 年,但汉语国际教育硕士专业学位研究生与其他专业学位研究生培养要求有所不同。即要求他们在学习期间至少有半年以上的海内外实习经历。经过调查和实践检验还发现,2 年制的院校在研究生培

养过程中出现的问题最多,也最大,主要体现在以下两个方面:

一是出国任教问题。现在国家汉办派出的汉语教师志愿者大部分是国内的汉语国际教育硕士专业学位研究生。很多该专业"研一"学生第一学期就参加了汉办的志愿者选拔,选拔合格者第一学期还没结束就要进行为期1个多月的寒假定点集训(寒假集训时间大概是每年12月末或下一年度的1月初)。培训结束后,"志愿者"大部分在下一年度的2月末或3月初就要到赴任国任教,个别的"志愿者"在下一年度的9月份到赴任国任教。这样就造成了很多学生的基础知识和相关技能还没学好就"上战场"了。

二是回国后的学业等问题。主要表现为三方面:(1)管理问题。该专业志愿者海外任教一年后回国,其中,3月份回国的学生可以6月份毕业,但6月份回国的学生还得申请推迟毕业,这给管理带来了很多问题。(2)论文开题问题。针对出国任教的学生毕业论文开题一事,每个学校的做法不尽相同。很多都是网上开题,论文指导也是网上指导,这样难以保证毕业论文质量。(3)课程问题。3月份回国的学生,一方面急需集中补课;一方面还要赶写毕业论文。因为他们在国外任教期间,几乎很难有时间写毕业论文,所以毕业论文的质量可想而知会是如何。这样两年下来学生几乎没学到什么,只不过算是有个海外教学实践经历而已,如此培养出来的学生质量又如何能保证!因此,建议如下:

第一,改革学制。2年制的学校最好改成3年制,这有利于人才的培养和管理。各培养单位可以参照学术型研究生提前毕业的条件,制定汉语国际教育硕士专业学位研究生提前毕业的条件,符合条件的学生可以申请提前毕业。如果与学术型研究生学习年限一致,相同课程就可以同时上,这既便于管理,也相应节约了培养成本。

第二，限制具体实习时间。这里主要是指限制研究生出国任教或进行教学实习的具体时间。汉办在选拔海外汉语教师志愿者时，应该严格要求研究生"研一"下学期或"研二"上学期才能参加志愿者选拔。即选拔上的研究生也应该在"研二"上学期或"研二"下学期才能到海外从事汉语志愿者工作，在国内实习的时间亦应如此。这样就可以保证研究生至少有一年的时间在校"打基础"。他们在"研一"基本修完全部学分或大部分学分，然后"研二"进行汉语教学实践，"研三"写毕业论文，这样才能相对保证研究生的培养质量。

3.2 "两个构建"

所谓"两个构建"，是指构建汉语国际教育师资培养高校的师资队伍培养机制，构建汉语国际教育方向外国研究生的预备教育机制。

3.2.1 构建汉语国际教育师资培养高校的师资队伍培养机制

针对近年来海外汉语国际教育师资队伍数量缺口大的问题，我国已经采取了多种措施扩大师资队伍。如，对外汉语硕士的培养已从原来的学术型逐渐向教学型转变，仅培养汉语国际教育硕士专业学位研究生的高校，全国就从2007年第一批的24所发展到2010年的82所。并且从2010年起，汉语国际教育硕士专业学位研究生培养的审批权，也由原来的教育部审批，完全下放到各省、自治区、直辖市的教育主管部门审批，到目前为止已增至107所。所以由此带来的每年招生人数也会大幅度增加。另外，自1983年中国开始设立对外汉语本科专业，到目前为止，大概已有380多家（陆俭明，2011）[①]，并且培养院校仍有逐年增加的态势。

在汉语国际教育师资培养上，我国也采取了多种措施加强专业化师资队伍建设。如制定并发布了国际汉语教师标准；恢复了国际汉语教师资格认证；制定了符合汉语国际教育特点的教师职务（职称）评聘办法；建设了教师培养、培训基地；与外国高校合作设立了一些汉语师范专业；培养、培训了一些各国本土汉语教师；建立了志愿者人才库；建立了汉语国际教育硕士专业学位研究生海外实习制度，等等。

以上措施和标准的出台，在一定程度上提高了我国汉语国际教育师资的质量，缓解了师资短缺问题。但通过调查发现，几年来我国汉语国际教育本、硕培养院校和招生人数都在剧增，相比较而言，师范院校和综合院校汉语国际教育本、硕专业的教学师资相对较好，但一些理工科院校的该专业师资严重缺乏，尤其是汉语言文化方面的师资和针对汉语作为第二语言的专业师资凸显不足，这些院校很多都是在"跑马圈地"。

有些培养院校该专业本科生4年下来有几百名，但这些院校与汉语国际教育有关的师资却寥寥无几，甚至出现由汉语国际教育专业毕业的老师一人讲授几门专业课，或者普遍存在教其他专业的老师暂时给汉语国际教育专业的本、硕研究生上专业课的现象。这些老师没有任何海内外汉语教学的经历和经验，所以上课内容缺乏针对性。如给汉语言本科专业学生上的"现代汉语"课

[①] 参见陆俭明于2010年12月9—12日在北京召开的"全国高校对外汉语专业建设研讨会"上的讲话。

和给汉语国际教育本科专业上的"现代汉语"课，其方法、内容、侧重点等完全一致，这样无法凸显汉语作为第二语言"教"和"学"的特点。甚至有的师资本身汉语言文化等基础知识就很薄弱，其他专业课亦如此，所以学生感知不到汉语国际教育专业到底要学些什么，它与汉语言文学专业有何区别，等等。基于此，建议采取以下措施来提高这些培养高校汉语国际教育师资队伍的质量。

第一，严把审批关。相关职能部门应该做到：申请培养院校成熟一个才能批准一个。不能一味追求汉语国际教育师资的数量而放宽对培养单位的审核标准和条件。

第二，出台相应政策。尤其是出台一些改善培养单位的汉语国际教育师资队伍的政策，以提高培养院校的汉语国际教育师资队伍的教学水平和科研水平。如建立师资院校的师资培训基地，对那些培养汉语国际教育师资队伍薄弱院校的师资要进行有针对性的培训，包括专业课培训，跨文化交际的培训，外语培训，先进教育技术培训，等等。

第三，建立严格的考核制度。对已审批招生的培养单位要严格考核，不合格的要求定期整改，整改不合格者取消其培养资格。

3.2.2 构建汉语国际教育方向外国研究生的预备教育机制

目前，学习汉语国际教育的外国研究生，无论是硕士研究生还是博士研究生，也无论是公费生还是自费生，在进入专业学习之前，同样需要语言学习和专业教育的培训。针对这部分学生应该如何开展该专业预科教育，目前我国学界还很少提及，但在欧、美、日等一些发达国家，研究生预科教育模式已经成熟，我们完全可以借鉴。

近几年，来华外国留学生学历生中的硕、博研究生，无论是

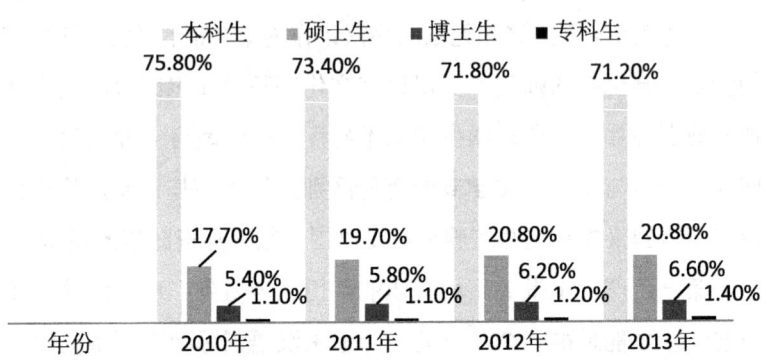

公费生还是自费生的数量都在迅速增加（见图3）。

	本科生	硕士生	博士生	专科生
2010年	75.80%	17.70%	5.40%	1.10%
2011年	73.40%	19.70%	5.80%	1.10%
2012年	71.80%	20.80%	6.20%	1.20%
2013年	71.20%	20.80%	6.60%	1.40%

图3 来华外国留学生学历生中不同层次所占的百分比图

从图3看出，来华留学生学历生中，最多的是本科生，所占比例为70%以上，但有逐年递减的趋势；最少的是专科生，所占比例为1%左右。研究生处于中间状态，其中，硕士研究生的比例明显高于博士研究生的比例，且二者均有逐年递增的趋势。

在研究生中，国家对公费研究生有明确的汉语水平等级的要求，对自费研究生到目前还没有要求。很多学校为了追求研究生的数量，对其汉语水平要求不一，把关也不严，即使是公费生，此类现象也不同程度地存在。

通过对2007—2010年审批的具有汉语国际教育硕士专业学位研究生培养资格的82所高校的调查，我们发现这些学校的招生简章中对外国硕士研究生入学时汉语水平的要求不尽相同。其中，只有36所学校有外国硕士研究生的招生简章。在这36所学校中，有14所学校对学生的入学汉语水平要求没有任何说明；13所学校要求汉语水平为新HSK5级以上；3所学校要求新HSK3级以上；2所学校要求新HSK6级；1所学校要求新HSK4级以上；1所学校要求旧HSK8级以上；还有2所学校只写了"具有相应的汉语水平"。由此看出各校外国研究生入学时的汉语水平参差不齐。虽然目前有的院校在该专业研究生培养过程中，对其已经做了相当于预科教育的课程设置，但全国没有一个统一的、科学的课程设置体系、评估体系等，更不必说统一、规范的培养模式了，各个院校基本是各行其是。因此，如何有效地开展全覆盖的、科学的汉语国际教育外国研究生预科教育是提高该专业外国研究生质量亟待解决的问题之一。因此建议：

可以在全国范围内建立汉语国际教育方向外国研究生预科教育试点院校，建立汉语国际教育方向外国研究生预科教育机制。用1年时间进行预科教育，统一外国研究生预科教育培养模式，进而起到强化语言、了解中华文化和熟悉专业的作用，这些试点院校培养模式成熟后再进一步向全国普及。这更有利于汉语国际教育本土师资人才培养。

3.3 "三个加强"

所谓"三个加强"，是指加强海内外汉语国际教育师资培养联盟的建立，加强汉语国际教育师资培养模式的创新，加强现代化教学手段——MOOC运用能力的培养

3.3.1 加强推动海内外汉语国际教育师资培养联盟的建立

从目前汉语国际教育师资培养状况来看，一些未来对外汉语师资在汉语基础知识和汉语作为第二语言教学能力及跨文化交际能力等方面相对较弱。

在汉语基础知识方面，各学校要通过灵活多样的方式方法，加强对这些没有该专业背景知识的研究生进行汉语基础知识的培训，弥补他们这方面的不足。

在汉语作为第二语言教学能力方面，我们以国内派往海外的

志愿者为例。被派往海外的志愿者，无论是本科生还是硕士生，有相当一部分学生没有接触过留学生。即使接触过留学生，一般也没有真正在对外汉语教学课堂上讲过课，所以对汉语程度不同的留学生到底该使用哪些词语，语速如何，使用什么样的教学方法，等等，他们头脑中基本没有概念。这主要是因为国内很多高校拥有留学生的学院和培养汉语国际教育师资（中国本科生和中国硕士研究生）的学院是分开的。很多高校的汉语国际教育本科专业（中国学生）和汉语国际教育方向研究生（中国学生）的培养都在文学院，虽都在一个学校，但事实上他们很难有机会真正走入留学生课堂。

在跨文化交际能力方面，由于平时很少有机会接触留学生，对目的国文化的完全不了解和不太了解，造成他们在跨文化交际方面还存一定问题。基于此，我们建议要加强海内外汉语实践联盟的构建。

在国内，与有留学生的院校和培训机构建立联盟。根据"教指委"[①]的要求，汉语国际教育硕士专业学位研究生毕业的条件之一，是要在国内外有半年以上的教学实践经历。然而，现在国内有汉语国际教育硕士专业学位研究生的高校，每个学校每年大概有不到一半的学生以志愿者的身份被派出，还有一半以上留在国内，所以加强与国内院校和机构的合作，可以有效地解决这部分学生的教学实践问题。教学实践方式要灵活，可以集中实践，也可分时段实践，想出国任教的学生可在出国前分阶段分课型进行实践，留在国内的学生可在二年级上学期或下学期进行集中实践。

---

① "教指委"是汉语国际教育硕士专业学位教学指导委员会的简称。

在海外，与和本院校有合作关系的海外院校或汉语教学机构建立合作联盟。国家汉办每年向国外派出志愿者的数目有限，而海外汉语师资缺口大，国内汉语国际教育本科生、研究生的数量又急剧增加，因此各学校应该加强与国外合作，争取做到让想出国实习的学生都能有机会。

只有汉语基础扎实，有机会与外国学生接触，真正走进留学生的课堂，才能真正快速提高师资汉语教学能力，这也是进一步提高跨文化交际能力最有效的途径之一。

3.3.2 加强汉语国际教育师资培养模式的创新

在人才培养方面，要加强与国内外有汉语师资需求的院校或机构的合作。根据对方汉语师资需求的具体情况，可采取"走出去"和"请进来"的灵活培养模式。

这里所谓"走出去"的培养模式，包括两个含义：一是指给合作对方的培训机构提供相关课程及专家和教师，采取集中授课或分期讲座形式。也可以根据对方的需求，帮助对方设置相关课程，帮助其有针对性地培养师资。二是指有汉语国际教育研究生的院校派部分研究生到海外合作院校继续深造或进行教学实践活动。对继续进行深造的学生可以采取"1+2"或"2+1"的联合培养模式。所谓"1+2"是指研究生在国内攻读 1 年硕士课程，在国外合作校攻读 2 年相关硕士课程及进行教学实践，包括写中外毕业论文，毕业论文通过后可以获得中外两个硕士学位；所谓"2+1"是指研究生在国内攻读 1 年硕士课程，在国外合作校攻读 1 年相关硕士课程或教学实践 1 年，第三年在国内完成中外两篇毕业论文的写作，毕业论文通过后仍可获得中外两个硕士学位。为了充分发挥双方的优势，联合培养过程中，中国合作方可侧重理论基础知识的培养，而海外合作方可侧重跨文化交际能力的培养，还可侧重指导学生学习当地汉语课堂的教学法、教学技巧和课堂管理方法等，从而能够迅速提高研究生的课堂教学能力和跨文化交际能力。

这里所谓"请进来"的培养模式，也包括两方面内容：一是请国外汉语教师来中国合作校进行培训；二是请国内订单单位的学生来合作校进行培训。培训单位要对请进来的汉语师资进行有针对性的培训。这需要培训前做需求调查，然后进行订单培养。这种接受订单培养的院校要具备完善的、科学的课程设置体系和高水平的师资队伍。可以建立培养师资人才库，这一师资人才库中的教师可以是本校教师，也可以是外校教师。

3.3.3 加强现代化教学手段——MOOC运用能力的培养

目前汉语国际教师在现代化教学手段的运用上还要与时俱进。在大数据时代的今天，我们要紧跟时代发展的步伐，更新观念，加强多媒体等先进辅助教学技术的运用，特别是培养学生有针对性地开展MOOC的制作及运用能力。这正如刘延东副总理（2013）[1]所说："要借助网络化、数字化、信息化等现代技术手段，加快教学法改革创新。近一两年来，大规模、开放式在线教学'慕课（MOOC）'热正在全球范围兴起，很多专家学者认为，这是当代教育面临的一场革命，有利于扩大优质教育资源覆盖范围，提高师资效益，激发受众的学习兴趣。要大力提倡和推动孔子学院引入'慕课'教学模式，为各国民众提供更便捷、

---

[1] 刘延东（2013）携手促进孔子学院事业发展 共同谱写中外人文交流的新篇章——在第八届全球孔子学院大会开幕式上的主旨演讲，中国教育新闻网www.jyb.cn。

更优质的汉语教学服务。"因此，我们除了上课时所必需的 PPT 课件外，还应培养学生针对不同课型及内容制作相关的 MOOC，建立 MOOC 团队。

四、结语

汉语国际教育师资培养是一项系统工程，在新汉语国际教育视域下，更突显其交叉性和综合性。目前应在已有的政策标准的基础上，解决汉语国际教育师资培养的本质问题，加强海内外的协作与交流，并根据海外汉语教学的实际，探讨可行的、订单式的、科学的培养模式，共同构建一个多元的、多层次的、全方位的汉语师资培训体系，以保证汉语国际推广健康、稳定、持续的发展，以便最大限度地培养出"厚基础、高层次、应用型、复合型"的汉语国际教育师资，以便更好地为汉语国际教育服务。

参考文献

[1] 范宏伟（2006）缅甸华文教育的现状与前景，《东南亚研究》第 6 期。
[2] 范启华（2005）汉语教学志愿者"菲律宾模式"探析，《云南师范大学学报（对外汉语教学与研究版）》第 6 期。
[3] 黄遥、夏日光（2012）海外孔子学院汉语师资建设研究，《牡丹江教育学院学报》第 4 期。
[4] 李春玲、王素梅、董萃（2012）论汉语国际教育硕士培养的实践模式——以沈阳师范大学为个案，《沈阳师范大学学报（社会科学版）》第 5 期。
[5] 李凌艳（2006）汉语国际推广背景下海外汉语教学师资问题的分析与思考，《语言文字应用》第 S1 期。
[6] 李泉（2009）汉语国际教育硕士培养目标与教学理念探讨，《语言

文字应用》第 3 期。

[7] 刘振平（2012）国际汉语教育师资培养策略的调整与模式的创新，《海外华文教育》第 4 期。

[8] 陆俭明（2011）汉语教师的素质和师资培养的针对性，《国际汉语》第 1 期。

[9] 茅海燕、唐敦擎（2007）海外汉语教师及其培养模式探索，《高校教育管理》第 2 期。

[10] 孙立峰（2012）从海外汉语教学看汉语国际教育硕士的培养，《学术论坛》第 1 期。

[11] 吴慧（2012）基于任务型的汉语国际教育硕士培养模式探析，《内蒙古师范大学学报（教育科学版）》第 3 期。

[12] 杨子菁（2003）关于东南亚华文师资培训工作的思考，《海外华文教育》第 1 期。

[13] 伊理（2011）汉语国际教育的内涵解析，《云南师范大学学报（对外汉语教学与研究版）》第 4 期。

[14] 虞莉（2007）美国大学中文教师师资培养模式分析，《世界汉语教学》第 1 期。

[15] 张和生（2006）对外汉语教师素质与培训研究的回顾与展望，《北京师范大学学报（社会科学版）》第 3 期。

[16] 赵金铭（2007）汉语作为外语教学能力标准试说，《语言教学与研究》第 2 期。

[17] 赵金铭（2011）国际汉语教育研究的现状与拓展，《语言教学与研究》第 4 期。

[18] 周士宏（2009）汉语国际传播师资问题初论，《暨南学报（哲学社会科学版）》第 1 期。

关于海外本土汉语教师培养问题的思考*

郭　鹏

世界各地的汉语学习热对汉语教师数量、质量的要求都在不断提高，为此我们一直在输出公派汉语教师和汉语教师志愿者。除了原有的校际合作交流渠道外，近些年孔子学院做出具体指导和规划，海外孔子学院纷纷设立，外派教师规模已是今非昔比。据孔子学院总部2010年统计，各国孔子学院共有专兼职教职工约3 100人，其中中方1 150人，外方近2 000人。但要注意，在外方所聘的近2 000人里有相当数量的行政管理人员，其余多为兼职教师，在大多数海外孔子学院和孔子课堂上，中方派出的教师依然是主体，担当着骨干教师的角色。就目前而言，海外孔子学院是汉语国际教育教学与教师比较集中的地方，在很大程度上体现出外来教师和本土教师并重这一海外汉语教学生态，当然也反映出一些需要解决的矛盾和问题。

这里仍以孔子学院教师构成为观察点，来说明海外本土教师的主要成分。孔子学院海外本土教师有专职和兼职两大类。外方专职教师（多数外方院长也是其中一分子）的数量一般较小，在

---

* 原文发表于《国际汉语教育》2012年第1期。

那些中文教学及研究基础比较雄厚的大学里，原来中文系或汉语部的部分专任教师可能会跨到孔子学院兼差，因其具有很大的稳定性，亦可视同孔院专任教师。外方所聘的兼职教师情况较为复杂，有的孔院在当地聘的兼职教师数量较大，其中既有当地本籍人士，也有侨居在外的华人，还有部分中国留学生。这里需要说明的是，本土教师并不能仅仅限定为母语为本土语言的当地本籍汉语教师，所谓海外本土汉语教师，其内涵和外延实际上应根据不同的国情即海外各国政治制度与经济发展水平以及宗教、移民、教育等政策的不同而有所变化。经济发展水平较低，或是针对华人的移民政策、宗教政策较为严格的国家与地区，其本土汉语教师一般只限定在本籍本族人士；经济发展水平较高，或是针对华人的移民政策、宗教政策相对较为宽松的国家与地区，其本土汉语教师的来源不仅有当地本籍本族人士，还包括汉外双语的海外华人以及可能会留在当地工作的中国留学生。

国内开始重视海外汉语教师本土化及其培养问题，反映了人们将对外汉语教学的眼界放宽到全球的认识过程，即由对外汉语教学向包括海外汉语教学在内的汉语国际教育转变。而真正形成这一自觉意识的时间应该是在本世纪初，也可以说，其标志就是 2005 年 7 月在北京举行的首届世界汉语大会。虽然从 20 世纪七八十年代开始，国内的一些面向留学生的汉语学历教育曾把培养汉学家、汉语教师作为培养目标之一，有的还在本科生、研究生阶段面向留学生开设汉语教学方向，但不能不说，自觉认识到本土汉语教师培养的重要性和紧迫性，还是在新世纪全球"汉语热"持续升温以及汉语国际教育的内涵更加丰富和完善之后。海外孔子学院如雨后春笋般的设立、孔子学院外方师资培训的强化、侧重海外汉语教师培养的汉语国际教育专业硕士学位的设立、来华留学学历生（特别是硕士、博士）奖学金份额的加大等举措，都可视为这种自觉意识的客观反映，同时这些举措也积极促进了海外本土化汉语教师的培养工作，一定程度上顺应了海外本土化教师的需求趋势。

因为工作原因，我关注这一问题相对较早。2006年，我曾在中国高等教育学会外国留学生教育管理分会年会上提出，应加大培养汉语类外国研究生的力度，以深层次推进汉语国际推广工作。当年年底，我应邀参加国家汉办召集的汉语国际教育专业硕士（MTCSOL）设置草案论证报告的起草工作。后来汉办又在华东师范大学开会讨论针对来华留学生的汉语国际教育专业硕士培养方案，我也应邀参加。在参与这项工作的过程中，我曾对汉语国际教育主要是指面向海外母语非汉语者的汉语教学这一说法提出质疑。争论刺激着思想，认识也变得宏观，特别是对培养海外本土教学人才的问题，我们一直在思考。2009年年底，我陪同崔希亮校长参加在大阪举行的亚太地区国际汉语教学学会第一届研讨会，在会上做《中国高校培养海外本土汉语教师的新趋势》的专题发言，主要论述汉语国际教育硕士在海外本土教师培养工作中的重要作用以及相关问题。2010年秋，我应邀赴墨尔本参加"全球语境下的高校汉语教学"国际学术研讨会，我的大会发言涉及来华留学汉语本科专业与汉语国际教育硕士专业课程的衔接、中外之间应在汉语及"中国学"类的课程设置以及培养方案上加强参照与连通等问题。

关于培养海外本土汉语教师的诸多工作，不能不说我们仍在探索与改革中。这里我想贡献五点意见，不当之处敬请批评。

第一，完善培养机制的核心是要有培养层级和专业依托。培养海外本土汉语教师，贯通于教师培训与进修、汉语本科教育、汉语研究生教育等多个层次，每个层次都是培养海外本土汉语教师的平台，研究生教育层次固然极为重要，但就目前而言还不能只限定在这一个层次上面。另外，尽管各个层次都有不同的培养方案和课程大纲，但彼此之间的培养经验应当相互借鉴。北语有着20多年的海外汉语教师培训经验，至今已培训过5000多人次的汉语教师，遍布于美国、英国、德国、法国、澳大利亚、新西兰等50多个国家和地区。汉语教师培训理念、模式和经验，实际上也已被融入学历层次的海外本土汉语人才的培养工作。说到专业依托，我认为不应限于一两个专业。目前汉语国际教育专业硕士发展势头比较迅猛，而且孔子学院设置了专门的奖学金。但要注意，原有的语言学及应用语言学、汉语言文字学以及文学诸专业培养的留学生，也是海外本土汉语教师的主要来源。因此，专业依托仍是多样的，这也是留学生自身的专业选择与学习动机等因素客观造成的。

第二，培养机制的很多层面都存在需要分类指导的问题。最明显的是汉语国际教育专业硕士培养过程中，中研、外研既有趋同教育，也有区分教育。目前要求中外研完全同堂上课是不现实的，所以汉办制定了针对来华留学生的汉语国际教育专业硕士指导方案。中外研究生入学基础不同，教育背景不同，未来职业场域亦不尽相同，培养过程中必须要有针对他们的特色课程以及实践教学、实习方法。一些高校根据外研汉语作为第二语言的学习特点，专门开设了中国学、高级汉语、汉语写作、汉外对比、中外文化交流等突出汉语技能和中华文化浸润的特色课程，显然是十分必要的。培养海外本土汉语人才，还应该强化实践教学，比如组织外国研究生参观博物馆、园林建筑，体验地方民俗文化，欣赏京剧艺术，学习书法、绘画、武术、民乐等，并经常组织他们与中国民众社区交流联谊，全方位体验中国社会文化的内里。与此同时，实习方式也需要探索创新，应紧紧围绕其未来工作的国别化特点，鼓励留学生回到本土进行汉语教学实习。北语即与留学生来源国的大学或教育机构合作，搭建海外的汉语教学实习平台，目前已和韩国启明大学、泰国兰实大学、日本关西外国语大学等达成合作意向。这些都使得培养海外本土汉语人才的目标实现得到了更大的保障。

分类指导的理念还应贯彻到不同语系、不同国别的海外本土汉语教师的培养工作中，培养机制中必须要有国别的概念存在。所以，中外语言对比、中外文化对比、国别汉语教学等课程应该强化。在为来华留学生讲授汉语专业知识、汉语教学原理时，应最大程度地跟学生的母语及本土文化结合起来。

第三，在符合国家有关政策和对象国法规的前提下，利用教育国际化的大好时机，向国外大学和教育机构输出研究生培养模式，与国外大学和有资质的教育机构联合培养海外本土汉语教师。比如，受到汉办资助，泰国民教委的中小学汉语教师研修班来华学习，分在几个学校，其实这类培训也可以考虑直接在泰国当地进行。北语也曾尝试在韩国开办汉语国际教育硕士班，以输出模式。又如，北语与葡萄牙雷利亚理工学院在联合培养汉语本科生的基础上，商定为这些本科毕业生联合举办汉葡翻译研究生班，学生一年在北语，一年在澳门，一年在葡萄牙。显然，这种培养模式带有一定的输出色彩，对培养未来的葡语国家本土汉语教师而言还是比较理想的。

第四，在思考海外本土汉语教师的培养机制问题时，实际上还是需要冷静、理性的态度。事实上，海外本土汉语教师的发展情况，与我国英语教学本土教师的情况还是不一样的。中国有几千万人在学英语，但外教没有多少，基本上都是中国籍的英语教师在做这项工作。海外汉语职场的未来发展中，至少有两点是肯定的：一是海外本土汉语教师的数量和结构，短时间恐怕不会有太大改观，也许东亚、东南亚的情况会好一些，但欧美以及其他各洲就慢一些；二是海外本土汉语教师中，取得所在国国籍或永久居留权的华人，仍然是不可忽视的力量，这是海外本土汉语教师的一个重要特点，所以在培养海外本土教师时，要特别关注他们。

第五，出于推广汉语、传播中国文化的目的，国内高校积极致力于培养海外本土汉语教师，但在这一问题上也要具有国际视野。应该看到，国外大学的东亚系、汉学系、中文部，也是海外本土汉语教师培养职能的重要承担者，这是不可否认的。我们应该和他们多多沟通合作，而不应不相往来、各行其是。这种客观情况也提醒我们，海外本土汉语教师的培养一定要处理好精英教育与大众教育的关系、培养普通人才与培养高端人才的关系、培养教书匠与培养汉学家的关系。所以我认为，在海外本土汉语教师的培养工作中，尤其不能放松高端精英人才的培养，毕竟，引领作用和话语权非常重要，只有那些海外本土汉语教学和汉学研究的精英人物才能起到"振臂一呼，应者云集"的作用。这也表明应加大在来华留学生中培养硕士、博士的力度，并着力提升培养质量。

美国小学汉语沉浸式教学的发展、特点和问题*

崔永华

一、引言

沉浸式教学（immersion programs）又叫双语教学或双语教育（bilingual education），《朗文语言教学及应用语言学辞典》解释为："在学校里运用第二语言或外语教学知识性科目。"（Richards et al., 1992：66）。柯顿等（2011：323）认为："沉浸式项目中，教学的重点是各科目的内容（社会学、科学、数学、语言艺术、健康、艺术、音乐），而第二语言则是教这些科目所用的工具。"[①]

本文讨论的美国小学汉语沉浸式教学[②]正是这样一种教学项目，即在小学[③]中用英语和汉语两种语言教授全部课程（包括语

---

* 原文发表于《世界汉语教学》2017年第1期。
① 王斌华（2003）罗列了国内外学者的若干定义，可以参考。
② 为称说简洁，下文把"汉语作为第二语言教学"简称为"汉语教学"；把"美国小学汉语沉浸式教学/项目"简称为"汉语沉浸式教学/项目"，请注意其与"沉浸式汉语教学"的区别。请参看4.1。
③ 小学包括幼儿园。

文、数学、科学、社会学)。在犹他州相关的沉浸式项目[①]中：

(1) 用汉语教授的课程和用英语教授的课程各占50%；

(2) 用汉语教授的课程包括数学(20%)、学科课程(15%)、汉语语文课(15%)；

(3) 用英语教授的课程包括英语语文课(35%)、数学和学科课程(15%)。

但是，美国不同地区、不同学校英汉两种语言的授课时间比例不尽相同。表1显示了2013年美国各沉浸式项目授课语言的时间比例(梁德惠，2014)。

从表1可以看出，2013年，美国小学汉语沉浸式项目中，60%的学校采用汉英各半的授课方式，35%的学校，汉语授课的时间在75%以上。限于笔者的考察范围，下文的讨论以50%汉语沉浸式为主要参照点。

表1 美国小学汉语沉浸式项目时间比例表

汉/英课时比例	学校数/个	百分比/%
90:10	34	22.97
85:15	1	0.68
80:20	15	10.14
75:25	2	1.35
75:30	2	1.35
67:33	1	0.68
65:45	1	0.68
60:40	2	1.35
50:50	90	60.81
总计	148	100.00

---

① 源自网址：http://utahchinesedli.org/。

二、美国小学汉语沉浸式教学的发展

根据有关资料，美国的第一个汉语沉浸式项目1981年建于旧金山的 Chinese American International School。1991年加州爱莫利维尔市（Emeryville）Pacific Rim International School 开始了第二个项目。从1981年到2006年共建有25个项目。2007年后，此类项目开始了比较快的发展。表2显示了这种发展的情况。

从表2可以看出，从2007年开始，此类项目发展加快，2012年成为高峰，此后发展速度放缓。但从总量上看，2006年到2016年增长了7倍多，成为美国汉语教学的一个亮点。

表2 美国小学汉语沉浸式项目发展情况 [①]

学年	总数/个	年增长数/个
2006—2007	25	5
2007—2008	38	13
2008—2009	50	12
2009—2010	67	17
2010—2011	84	17
2011—2012	104	20
2012—2013	137	33
2013—2014	161[②]	24
2014—2015	184	23

[①] 表2根据 https://miparentscouncil.org/full-dandarin-immersion-school-list/ It was last updated on April 6, 2016. 提供的美国小学汉语沉浸式项目名单统计获得。感谢储诚志老师提供的信息。

[②] 关于2013年美国小学沉浸式项目的数量，有各种不同版本。有些版本认为2013年的项目数是148所或147所。

（续表）

学年	总数/个	年增长数/个
2015—2016	197	13
2016—2017	213	16

另一个参照角度是美国其他语言的沉浸式项目发展。根据柯顿等（2011：315—317）的统计，2006年美国沉浸式教学项目共310个，其中西班牙语项目132个，占总数的42.6%；法语项目90个，占29%；夏威夷语项目26个，占8.4%；日语项目22个，占7.1%；汉语普通话项目12个，占3.9%。当前汉语项目跃居为仅次于西班牙语的第二名，可见汉语项目发展确实令人瞩目。

汉语沉浸式项目为何受到如此青睐？这当然跟中国快速发展引起的汉语教学迅速发展相关。但是发展如此之快，以至在2006年至2016年翻了近三番，还应当归因于这种教学途径的特有优势。

对于沉浸式教学途径的总体优势，很多著述都援引加拿大安大略教育研究院（Ontario Institute for Studies in Education，OISE）现代语言中心（Modern Language Center）在20世纪70年代的研究结果：（1）沉浸式双语教学是有效的学习法语的教学方式，虽然其效果不能说是十分完美，但比一般的语言教学课更有效果；（2）项目中的学生对法语和法语民族的文化比其他学生持更积极、更肯定、更友善的态度，也更喜欢接触说法语的人；（3）在学法语对母语影响方面，实验表明早期沉浸的学生可能出现暂时落后，但不会对母语产生长期的负面影响；（4）在学科成绩方面，常规教学和沉浸式教学对学生的学科成绩具有同等的效力（转引自袁平华、俞理明，2005：89；另见王斌华编著，2003：28；柯顿等，2011：323）。以上四点加上汉语学习需求的快速增长，已经成为美国汉语沉浸式项目快速发展的原因的共识[①]。

三、汉语教学在小学汉语沉浸式教学中的地位

柯顿等（2011：323）指出："他们（指老师——笔者注）备课的时候，既要把语言能力的发展作为重点，同时也要把达到学科内容目标作为重点。"还说："沉浸式项目的目标可以总结如下：（1）第二语言能够达到实际需要的语言能力；（2）保持和发展学生的英语语言技能，使之与英语项目的学生水平相仿，或者超过他们；（3）掌握所在学区课程大纲要求的学科知识内容；（4）跨文化的理解。"（柯顿等，2011：313—314）这表明，作者认为，在沉浸式项目中，第二语言具有双重身份：教授学科课程的工具，同时也是教学目标之一。

前面引用的安大略研究中心所说的"沉浸式双语教学是有效的学习法语的教学方式，……比一般的语言教学课更有效果"，也表明他们实际上是把第二语言能力的培养当作主要的教学目标。

Ferguson et al.（1977：154—179）曾归纳出双语教育的10个不同目标，即：（1）将个体或集团同化到主流社会中；（2）使人们社会化以便全面参与社会生活；（3）统一多语社会……使人们能够同外界交际；（4）提供市场的、能帮助人们找到工作、得到好的位置的语言技能；（5）保存民族的、宗教的认同；

[①] 笔者在美国参加过的几次相关学术会议上，多次听到、遇到与会人员援引此论述。

（6）扩散殖民者语言，扩大殖民社会化；（7）在不同的语言和政治团体间进行斡旋和调解；（8）扩大精英团体，保持他们在社会中的地位；（9）给予在日常生活中无平等地位的语言以法律上平等的地位；（10）加深对语言和文化的理解（转引自董艳，1998）。

在上述10种教学目标中，"（4）提供市场的、能帮助人们找到工作、得到好的位置的语言技能"[①]和"（10）加深对语言和文化的理解"应当更接近美国小学汉语沉浸式项目的教学目标。可见，培养汉语能力应当是汉语沉浸式项目的主要内容之一。

四、美国小学汉语沉浸式教学的特点

将小学汉语沉浸式教学跟其他语言教学类型进行比较，可以帮助我们了解小学汉语沉浸式项目中汉语教学的特点。

4.1 汉语沉浸式教学跟沉浸式汉语教学比较

在汉语教学领域，至少存在两种"沉浸式"教学："沉浸式汉语教学"和"（小学）汉语沉浸式教学"。

学界熟知的美国明德暑期中文学校、普北班（普林斯顿北京汉语培训班）、哥大班（哥伦比亚在北京）、哈佛北京书院等暑期汉语教学项目，都被称为"沉浸式汉语教学"。在这种沉浸式项目中，汉语是唯一的教学内容，学习结果是用汉语成绩来衡量的。

小学汉语沉浸式项目显然与此不同，它的教学内容不仅是汉

[①] 根据笔者的了解，很多家长送孩子到汉语沉浸式项目中学习，是认为孩子掌握汉语，将来会有较好的就业前景。

语，其主要内容是（用汉英双语教授的）学科课程，学习结果主要是用学科成绩来衡量的，学科考试是用母语（英语）进行的。在这种项目中，汉语也是学习内容之一，但是主要是通过作为学习学科课程的媒介语的途径来学习。

表 3 显示了这两类教学的基本区别。

表 3　小学汉语沉浸式教学和沉浸式汉语教学的比较

	小学汉语沉浸式教学（双语教学）	沉浸式汉语教学
教学目标	学习学科知识和目的语	高效学习目的语
学习者	多见于多元文化国家的中小学	多见于成人的强化学习
汉语地位	学习学科课程的工具和教学内容	教学内容
教学环境	在母语大环境中建立目的语环境	处于目的语环境或营建全封闭的目的语环境
时间	持续数年的双语教学	短期的强化教学
教学性质	以隐性语言教学为主	以显性语言教学为主

可见，小学汉语沉浸式教学跟对成年人的沉浸式汉语教学是性质迥异的两种教学。这里理解的关键是：在"小学汉语沉浸式教学"中，"汉语"是沉浸的"环境"；而明德等的"沉浸式汉语教学"，"汉语"则是教学的目标和内容。因此，下文将把"美国小学汉语沉浸式教学"简称为"汉语沉浸式教学"，这也可以把它跟"沉浸式汉语教学"区别开来。

4.2 汉语沉浸式教学跟汉语儿童语文教学比较

汉语沉浸式教学，有跟汉语儿童的语文教学相近的地方，比如年龄相仿、用汉语学习学科知识，也有很多不同的地方。比较二者的异同，也有助于理解汉语沉浸式教学的性质。

Johnson & Swain（1997）列举了外语沉浸式教学的 8 个核心特点：(1) 以第二语言为教学媒介；(2) 用第二语言教授的课

程平行于其他班级用第一语言教授的课程；（3）第一语言至少被作为一门课程学习；（4）项目的目标是使学习者拥有添加性双语能力；（5）对第二语言的接触通常只限于课堂中；（6）同班级的学习者第二语言水平相似；（7）教师为双语者；（8）课堂仍处于第一语言社会文化中（转引自李丹青，2014；另见卢蓬军，2007：15）。

参考上述论述，我们归纳出表4。

表4 中美小学生汉语学习比较

	中国小学生学习母语	美国小学生学习汉语
汉语作为第二语言	否	是
汉语作为语文课（非外语课）	是	（否）①
汉语作为学科教学语言	是	（是）②
只在课堂上使用汉语	否	是
课堂处于汉语文化中	是	否
以隐性教学为主	是	（是）③

注：上表中的（是）/（否），表示"倾向于（是）/（否）"。

结合上表，可以看出，汉语沉浸式教学跟中国儿童的语文教学有相同之处，但也仍有很大的差别，前者还应属于二语或外语教学的范畴，因此，应当部分地遵循二语学习规律。

4.3 汉语儿童语文教学、沉浸式汉语教学和汉语沉浸式教学的相关因素比较

为了进一步认识汉语沉浸式教学的特点，我们再把它跟儿童母语教学和外国成人的沉浸式汉语教学中涉及的学习者相关因素做一个综合比较。结果如表5所示。

---

① 跟对成人的汉语教学不同。
② 另一半是外语教学。
③ 请参看第六部分。

表 5　汉语儿童语文教学、沉浸式汉语教学和
汉语沉浸式教学的相关因素比较表

	汉语儿童语文教学	沉浸式汉语教学	汉语沉浸式教学
学习者	汉语儿童	外国成年人	外国儿童
学习目的	融合目的	工具目的为主	接近母语习得
课堂环境	母语环境	目的语环境	接近母语习得
发音器官	发音器官有可塑性	发音器官可塑性差	接近母语习得
学习心理	不怕犯错误	怕犯错误	接近母语习得
学习途径	隐性学习为主	显性学习	接近母语习得
学习年龄	从生下来就学	成年后开始学	介于二者间
学习目标	主要学习书面语	学习汉语交际能力	介于二者间
认知水平	跟认识世界同步	认知充分发展	介于二者间
语言背景	没有语言背景	已有母语背景	介于二者间
课外环境	母语环境	目的语环境	介于二者间

由表 5 可见，如果把成年人的二语教学作为典型的外语教学类型，那么小学汉语沉浸式教学就是明显介于母语教学和二语教学之间的一种语言教学。

4.4 汉语沉浸式教学跟西方语言沉浸式教学的比较

在美国，小学汉语沉浸式教学的发展远远晚于加拿大和美国的西班牙语、法语沉浸式教学的发展。当前汉语沉浸式项目所遵循的基本原则，大都源于以西方语言为母语的外语教学经验，如美国英语母语小学生学习西班牙语、加拿大法语母语小学生学习英语等。印欧语系之间的双语沉浸式教学，经过半个多世纪的实践，积累了丰富的经验，发表了大量的著述，并据此制定了行之有效的教学原则和方法。但是人们渐渐发现，在汉语沉浸式教学中，这些原则和方法，并不是事事顺手。例如笔者在课堂观察和

访谈中感到，学生的汉字和读写能力滞后于听说能力。这当然与汉语沉浸式起步晚，在教学方法、教师、教材方面都需要一个积累的过程有关，但是汉语与印欧语之间的巨大差别，应当是一个重要的影响因素。表6是英语母语者学习印欧语与汉语时相关因素的比较。

表6 英语母语者学习印欧语与汉语的相关因素比较

比较因素	印欧语作为二语	汉语作为二语
与母语的语言亲属关系	接近	无
语音、词汇、语法近似度	接近	完全不同
文字接近程度	接近	完全不同
与母语文化的距离	接近	差距大
成人学习者口语达到流利程度的学时[①]	600小时	2200小时

从表6可以看出，对英语母语者来说，学习汉语的难度应当远远大于学习印欧语。这种差别主要源于语言结构（语音、词汇、语法）和文字上的巨大差别，特别是汉字的学习和运用，即使对处于良好学习环境的中国儿童来说，也需要花费很多时间。汉语沉浸式项目都以汉字为学习文本，所以汉字水平又必然制约着学习者后续的汉语学习。

4.5 小结

通过上面四种比较，至少可以得到如下结论：（1）汉语沉浸式教学与中国儿童语文学习在学习目的、课堂环境、发音器官发育、学习心理、学习途径等方面有相通之处，因此教学设计要符合儿童学习的特点，包括儿童母语学习的特点；（2）汉语沉

---

① 请参看6.3。

浸式教学具有第二语言教学性质，因此教学设计要考虑二语学习的一些特点，语言教学的方式应与儿童母语教学有所不同；（3）汉语沉浸式教学与印欧语的沉浸式教学有所不同，这主要体现在作为教学内容的语音、词汇、语法跟学习者的母语差距巨大，文字系统截然不同，因此在听说读写技能培养上难度大。上述三点在制定教学原则、选择教学方法上应当予以充分考虑。

五、汉语沉浸式教学语言教学应遵循的基本原则和存在的问题

柯顿等（2011：321）引用了美国应用语言学中心和美国各地研究人员以及实践教师组成的专家组共同制定的"双语教学指导原则"。其中在"教学"一章列出了以下4项原则：原则1，教学方法来自于双语教育研究获得的原则以及对学生双语和双语阅读写作能力发展的研究。原则2，教学策略可以提高学生双语能力、双语阅读能力与写作能力以及学业成绩。原则3，教学以学生为中心。原则4，教师创造多语言、多文化的学习环境[①]。

王斌华（2003：77—79）则比较详细地列出了沉浸式双语教育的成功教学策略：（1）充分发挥儿童习得语言的能力；（2）逐步加强语言学习；（3）学习语言宜早不宜迟；（4）初期应关注听力理解技能的掌握；（5）使用儿童能够理解的语言；（6）使用保姆式语言；（7）重温新词或相关概念；（8）倡导以学生为中心；（9）正确理解和对待学生的语言错误；（10）允许

---

① 柯顿等（2011：320）提供的网址为：www.cal.org/twi/guidingprinciples/htm。

学生使用语际语（中介语）；（11）注意第一语言对第二语言的迁移作用。

林秀琴（2012）通过自己的观察归纳出明尼苏达相关学校汉语沉浸式教学的特点：（1）由全中文向中英双语教学过渡；（2）人造中文环境；（3）没有讲解，只有游戏；（4）中文课堂具有"中国特色"。

根据笔者的观察与对教师、管理者的访谈，上述原则在汉语沉浸式教学中都得到了很好的贯彻和体现①。但是，在对相关教学管理者、任课教师、教学顾问（西班牙语教学背景）的访谈中发现，大家都为一个现象所困扰，即在幼儿园和一二年级，学生的汉语水平提高很快，幼儿园和一年级的学生尤为明显，但是到了三年级及以上，进步就大大放缓了。我们姑且称之为"高原现象"②。

笔者认为，缺少针对汉语沉浸式教学的外语性和汉语教学特殊性的教学设计，可能是产生"高原现象"的主要原因。这主要表现在以下几方面：

第一，汉语教学内容大纲不明确。这里的内容大纲指对语音、词汇、语法、汉字项目及其学习进度的规定。儿童学习母语，不需要这样的大纲，即使在集中学习汉语的语文课上，有识字大纲

---

① 下面的讨论，主要基于笔者2013年3月至6月对犹他州、俄勒冈州、明尼苏达州10余所实施汉语沉浸式教学学校的实地考察、课堂观察、对十多位教师和教学管理者的访谈，以及同时录制的20多小时的课堂教学录像资料。

② 高原现象，指在学习或技能的形成过程中，出现的暂时停顿或者下降的现象。在成长曲线上表现为保持一定水平而不上升，或者有所下降，但在突破"高原现象"之后，又可以看到曲线继续上升。在第二语言学习中，把这种现象称为"化石化/石化"（fossilization）现象，指外语学习者在其外语达到一定水平之后，在一段时间内可能会出现止步不前的情况。

就够了，因为儿童已经学会了汉语的发音、词汇和语法结构，主要精力是在汉语书面语能力的养成上。而在汉语沉浸式项目中的美国小学生，其汉语知识、能力都是空白。教学设计中，必须明确教哪些以及何时教语音、词汇、语法和汉字，才能实施有效教学，并在此基础上培养学生的汉语交际能力。没有教学内容大纲和合理的进程安排，难以保证学习的质量和进度。前期缺乏扎扎实实的积累，基础没打好，很容易后继乏力。

第二，缺少汉语教学的特点。比如汉字是汉语教学的重要内容，也是教学的特点和难点。汉字教学不仅涉及阅读和写作能力的培养，更是中高级阶段汉语能力培养的基础和通达途径。但是笔者基本没有看到或听到美国小学汉语沉浸式教学有系统的汉字教学方法和认真遵循汉字教学规律的汉字教学设计，感到美国小学汉语沉浸式教学对汉字教学的重视程度，远不如汉语儿童识字教学。汉字教学不力，必然影响读写能力的形成，更成为后续学习的瓶颈。因为后续学习是以汉字和汉字使用能力为基础和工具的，特别是汉语课本的课文、词汇、练习等文本都是以汉字形式呈现的，缺乏汉字能力，必然严重制约后续的汉语学习。

第三，缺少必要的显性教学。笔者观察到以下现象：（1）缺少输出。大多数课堂学生输出极少，即使有，也多是说出简单的词语，很少要求学生说出完整的句子，甚至连朗读也很少；（2）缺少对汉语句型结构的明确学习，几乎没有看到针对汉语语法结构的练习；（3）极少纠正学生的语音、词语、语法错误；（4）缺少针对汉语教学难点的应对措施；（5）上述第一、二点，本质上也属于显性教学不足。

由于"显性教学"的讨论比较复杂，我们在下一节专门讨论。

六、美国小学汉语沉浸式教学中的显性教学因素[①]

从对儿童学习和儿童语言学习的认识出发,汉语沉浸式项目应遵循双语沉浸式教学的一般原则,以隐性教学为主,这毋庸置疑。但是从第二语言学习,特别是对美国儿童的汉语作为第二语言学习的角度看,完全排斥显性教学,可能是不恰当的。

6.1 前人对显性教学必要性的论述

双语沉浸式教学需要一定的显性教学活动,这早已为儿童语言教学专家所注意。叶小广(2009:68)指出:"唯'隐性学习'是举的观点似乎忽略了隐性学习的一些弊端。如 Higgs 和 Clifford 指出,过于纯粹的'亲历型'方法恐会容易给学习者造成'石化'。"(见 Allen et al., 1992:322)柯顿等(2011:328)引用一位老师的话说:"我所见过的最大的错误,就是仅使用学区的课程大纲,同时指望孩子们通过潜移默化学会语言。……教师要记住,孩子们不管说得多么流利,毕竟还是第二语言学习者。"

双语沉浸式课堂是否需要一定的输出活动,大家的看法可能有所不同。笔者看到的现象是,多数老师在课堂上忠实执行了"输入大于输出"的原则,但是很少要求学生输出话语。这一点柯顿

[①] "显性学习"与"隐性学习",Schmidt 的定义是:"隐性学习"是一种随机学习活动,对学习过程中输入信息的特征不带有选择性意图,对抽象规则只进行无意识归纳,其语言的表现构成其自发语言行为的唯一基础,且这种语言表现不受讲课的影响。与此相反,"显性学习"却肯定对规则施以选择性的注意力,涉及对规则的显意识归纳,并由这些规则对语言行为施以潜在的影响(Skehan, 1998:54,转引自叶小广,2009:65)。在实验中确定是否属于"显性教学行为",需要准确的鉴别,本文只粗略地把明显强调语言结构和规则的教学和练习方式归为"显性教学行为"。

等（2011：328）也注意到了："沉浸式的研究者也发现，沉浸式项目的学生在课堂上使用这种语言的机会不足。詹姆斯·卡明斯提出，他们（指教师——笔者注）关注的重点是讲述课程内容，很少提供机会让学生进行口头或者笔头的创造性活动以及解决实际问题。他提出应该让语言和话语语段成为沉浸式课程的组成部分之一。"这种看法，显然与"输出假说"一致。输出假说认为，"语言输入对学习者语言习得的影响是有限的，只有语言产出才能真正促进学习者语言表达能力的发展。因为语言产出迫使学习者必须对语言表达形式进行加工，只有这样才能使第二语言学习者的语言能力得到全面的发展"（王建勤主编，2009：184—185）。可见，赵元任先生主张的"目见不如耳闻，耳闻不如口说"，也应适用于低龄学习者的汉语教学[①]。

笔者同时认为，朗读也应当是一种重要的输出手段。伊莱亚森等（2015：250）引用Cambell的话说："朗读是学习读写的基础，也是角色扮演游戏、读者剧场、阅读分享、音乐和美术等活动的支架。"

有儿童语言教学专家认为，儿童学习外语，也需要显性的语言形式学习和显性纠错。比如伊莱亚森等（2015：222—225）认为，句子在儿童语言习得中非常重要，"句子是思维的最小单元，句子结构是逻辑思考的关键"，"与其强调语言的准确性，不如

[①] 赵金铭（2010）说："1922年至1924年赵元任在哈佛任教时，曾提出教外国人国语应贯彻'目见不如耳闻'、'耳闻不如口说'的主张，认为'儿童学习任何语言或方言最快，就是通过耳闻口说熟练掌握过来的。通过认识方块汉字来学习中文及语言，固然是一种正规经典式办法，但是需时很长，对外国人尤其困难'（赵新娜、黄培云编，1998：119）。"

使用正确的语法重复这个句子"。柯顿等（2011：324）引用利斯特（Lyster）的话更明确地提出："应该更加注意语言的形式，并指出含蓄的反馈往往不如明确的反馈有效。换句话说，必须要系统性地纠正错误，而且学生必须要主动改正自己语言输出中的错误。"

6.2 汉语沉浸式教学中的显性教学表现

事实上，在笔者观察到的汉语沉浸式课堂中，已经包含了很多显性教学的因素。比如：在汉语沉浸式项目的教室里，墙上都贴满词汇、常用语、语法规则、常用句子、拼音方案等。这显然是一种显性的教学环境设计，在母语学习中很少刻意使用。不过这种显性教学，带有隐性教学的意味，掩盖了其显性教学的本质。另外，可以看到，经验丰富、教学效果好的老师，常常采取一些显性的教学方式。比如教师 Z 用生词卡集中复习生词，教师 C 让学生以游戏的方式做句型练习，教师 S 让学生朗读、背诵课文和歌谣，教学生按笔画书写汉字，等等[①]。这些做法与相关专家的看法也是一致的："利斯特（Lyster）引用的研究显示，学生习得第二语言效果较好的班级中，采用了以下教学方式：教师、学生互动较多；学生之间进行有意义的交流活动的机会较多；理解意义时，对非语言提示的依赖较少；纠正错误时用更为明确的方法，而不是含蓄的方法。"（柯顿等，2011：324）

6.3 小结

王斌华（2003：79）说："一般而言，两种语言的语法、句法和词法越相近，它们之间产生的迁移作用就越明显。譬如，

[①] 这三位老师被看作美国小学沉浸式教学领域的优秀教师。没有得到本人允许，不便显示真实姓名。

法语对英语的迁移作用肯定大于法语对汉语的迁移作用。"美国外交学院（The Foreign Service Institute，FSI）根据英语母语者学习一种语言达到说和写的一般专业水平（General Professional Proficiency）①大致需要的时间，把目的语学习难度分为五级（见表7）。

表7　英语母语者外语学习难度分级②

级别	与英语的关系	所需学时	语言举例
1	与英语关系密切的语言	575—600	法语、意大利语、西班牙语
2	与英语接近的语言	750	德语
3	语言/文化上存在差异的语言	900	印尼语、马来西亚语、斯瓦希里语
4	语言/文化上存在显著差异的语言	1100	俄语、乌克兰语、土耳其语
5	对英语母语者异常困难的语言	2200	汉语、日语、韩语、阿拉伯语

从表7的数据可知对英语母语者来说汉语学习困难之大。国外汉语教学专家对此也持相同的看法，如"美国的R. Walton 80年代就说过汉语是美国学生'真正的外语'，德国顾安达教授也认为，对欧洲人来说汉语是'外语中的外语'"③。他们的意思可以理解为，教英语母语者汉语，跟教他们西班牙语应当有所不同，甚至可能有很大的不同。

---

①　这里说的一般专业水平是指：能够用足够的、准确的语言结构和词汇，有效参与正式或非正式的社交和专业话题的谈话。阅读的一般专业水平：能够基本完全理解正常范围内的各种陌生话题的真实文本。（源于 http://www.effectivelanguagelearning.com/language-guide/language-difficulty）

②　根据 http://www.effectivelanguagelearning.com/language-guide/language-difficulty 列表。感谢马跃老师提供线索。

③　刘珣（2016）刘珣教授讲座文字版，微信号"国际汉语教师500强"第2期。

但是，如前面所说，目前汉语沉浸式项目基本遵循西方语言（如美国儿童学习西班牙语）沉浸式教学的原则、方法，汉语教学的特点不够突出。这从前面引用的一般原则可以得到解释，即"原则1，教学方法来自于双语教育研究获得的原则以及对学生双语和双语阅读写作能力发展的研究"。这里所说的研究，显然主要是针对印欧语相互之间的教学进行的。目前关于汉语沉浸式项目的研究（包括阅读写作能力发展的研究）非常匮乏（参看吕婵，2016）。

以上做法导致的结果是：在以模仿为主的学习阶段，发挥了儿童学习语言的长处，但由于忽视教学的外语性和汉语教学的特殊性，缺乏外语教学中必要的显性教学要素，使得学生缺少扎扎实实的汉语知识和能力积累。基础不扎实，自然难以保持后续学习的质量，产生"高原现象"。这一点，柯顿等（2011：328）就已经指出过："在低年级进行语言学习的早期，这种方式（指"潜移默化"的方式——笔者注）确实效果还不错，但是随着孩子们年龄变大，却仍然不注意教给他们学习新词汇以及语法结构的方法，那么他们的语言能力将会因为缺乏准确性而大打折扣。"

基于以上分析，笔者认为，汉语沉浸式教学中的语言教学，无疑要以隐性教学为主，但是也需适当的显性教学，二者不可偏废。

七、余论

本文回顾了美国小学汉语沉浸式教学的发展和现状，认为：（1）美国小学汉语沉浸式教学近十年的快速发展，在于这种教学模式具有的特殊的第二语言教学效果；（2）美国小学汉语沉浸式教学兼有儿童母语教学和外语教学的性质，且汉语教学又有其特殊性；（3）汉语沉浸式教学，应当以隐性教学为主，同时也需要必要的显性语言教学。

在显性教学方面，笔者提出以下具体建议：（1）制定明确的语言内容教学大纲，特别是要规定出基本的汉字、词汇内容，以利学生按部就班、扎扎实实地掌握基本的汉字和词汇，为后续学习打好基础（参看崔永华，2014）。（2）加强汉字教学设计，吸收一些中国儿童识字的手段，如背诵韵文、歌谣、诗歌等，有大量的阅读练习；也可以利用儿童记忆能力，采取一些死记硬背等手段，以获得汉字和阅读能力，保证掌握后续学习的工具。（3）在贯彻"输入大于输出"原则的基础上，保证学生有适当的输出，以利于学生真正掌握汉语的语音、词汇、结构，形成真正的汉语表达能力。（4）适时、适当地显性纠正学生的语音、词汇、语法、汉字以及交际中的错误，应当有利于提高汉语教学的效果。

参考文献

[1] 崔永华（2014）小学沉浸式汉语教材词汇大纲研制思路，《国际汉语教学研究》第2期。
[2] 董艳（1998）浅析世界双语教育类型，《民族教育研究》第2期。
[3] 海伦娜·柯顿、卡罗尔·安·达尔伯格（2011）《语言与儿童——美国中小学外语课堂教学指南》，唐睿等译，北京：外语教学与研究出版社。
[4] 克劳迪娅·伊莱亚森、洛亚·詹金斯（2015）《美国幼儿教育课程实践指南》，李敏谊等译，北京：机械工业出版社。
[5] 李丹青（2014）美国明尼苏达州光明汉语学校沉浸式教学项目实践，《云南师范大学学报（对外汉语教学与研究版）》第4期。
[6] 梁德惠（2014）美国汉语沉浸式学校教学模式及课程评述，《课程·教

材·教法》第 11 期。
[7] 林秀琴（2012）美国"沉浸式"中文教学的特点及面临的问题——以美国明尼苏达大学孔子课堂为例，《世界汉语教学学会通讯》第 1 期。
[8] 卢蓬军（2007）加拿大魁北克沉浸式双语教育研究，西南大学硕士学位论文。
[9] 吕婵（2016）美国沉浸式小学和中文学校学生的中文阅读习得的发展研究，《世界汉语教学》第 4 期。
[10] 王斌华编著（2003）《双语教育与双语教学》，上海：上海教育出版社。
[11] 王建勤主编（2009）《第二语言习得研究》，北京：商务印书馆。
[12] 叶小广（2009）"显性学习"与"隐性学习"的博弈留给我们的启示，《广西师范学院学报（哲学社会科学版）》第 4 期。
[13] 袁平华、俞理明（2005）加拿大沉浸式双语教育与美国淹没式双语教育，《比较教育研究》第 8 期。
[14] 赵金铭（2010）对外汉语教学法回视与再认识，《世界汉语教学》第 2 期。
[15] 赵新娜、黄培云编（1998）《赵元任年谱》，北京：商务印书馆。
[16] Allen, Patrick & Birgit Harley (1992) *Issues and options in language teaching*. Oxford: Oxford University.
[17] Ferguson, C.A., C. Houghton & M. H. Wells (1977) Bilingual education: An international perspective. In Bernard Spolsky and Robert Cooper (eds.), *Frontiers of bilingual education*. Rowley, MA: Newbury House.
[18] Johnson, Robert K. & Merrill Swain (1997) *Immersion education: International perspectives*. Cambridge: Cambridge University Press.
[19] Richards, Jack & Richard Schmidt (1992) *Longman dictionary of language teaching and applied linguistics*. Essex: Longman.
[20] Skehan, Peter (1998) *A cognitive approach to language learning*. Shanghai: Shanghai Foreign Language Education Press.

汉语国际传播的方式与策略探析 *

马洪超

汉语在海外传播历史悠久。在汉代汉语已随着丝绸之路的开通，远播中亚；到元明之时随着海外贸易兴起，众多来华传教士将自己在中国的经历和见闻介绍到西方，西方汉学逐渐发展起来，汉语在海外得以进一步传播。近代以来，华人漂洋过海下南洋谋生计、到美洲做劳工，汉语也随之远渡重洋。历史上，中国与周边国家的商贸往来、人文交流等推动了汉语在海外的传播。

近年来，海外"汉语热"持续升温，海外孔子学院建设获得长足发展，汉语教学主体已经由国内转向国外，国际汉语教学的广泛开展促进了汉语在海外的进一步传播。同时，汉语国际传播作为展现中国文化软实力的重要途径，已成为汉语国际教学学界和传播学界研究的新领域。但是众多研究多从语言学角度或孔子学院建设方面探讨汉语的海外传播，较少围绕传播的基本特征从国家文化战略角度讨论汉语国际传播。面对汉语在世界上传播带来的一系列挑战，我们不仅要从教学层面解决汉语教学中出现的各种微观问题，也要从传播学角度考虑汉语传播策略、传播体系

---

* 原文发表于《安徽理工大学学报（社会科学版）》2016年第3期。

等方面的宏观问题，因而，本文分析汉语国际传播的特征和语言传播的动因，在中国文化走出去的战略背景之下探寻汉语国际传播的途径和方法。

一、语言传播及传播动因

1.1 语言传播及模式

由于研究者关注的角度不同，语言传播的概念也有差异。库柏（Cooper，1982）将语言传播定义为"采用某种语言或语言变体所实现特定交际功能的交际网络比例随着时间的推移在不断扩张的过程"。该定义强调语言变体和语言变体的交际功能。李宇明（2007）从语言学习和使用的过程则将之定义为"A民族（包括部族）的语言被B民族（包括部族）学习使用，从而使A民族（语言领属者）的语言传播到B民族（语言接纳者）"。贺阳（2008）则从语言传播结果的角度定义语言传播"语言传播是指掌握和使用某种语言的人数增加和该语言使用范围的扩大"。总之，语言传播是语言及语言变体在更大的人群和更广的范围内交际功能的实现，语言向外传播并非是一种语言代替另一种语言，有时会出现语言的变体，甚至在语言的接触过程中，也会导致传播语言内部结构的变化，出现语言的借用、双语、融合以及混合等现象。语言传播应该由"以我为主"向"主体间性"传播原则转化（李建军，2014），在对等交流和接触中，营造语言传播的良好氛围。

以上定义是从语言使用和学习的角度探讨语言传播，从宏观层面可以将语言传播归纳为三大类，即人口模式、帝国模式和经济文化模式。人口模式是指语言传播归因于人口大规模的迁移，语言随着人口的流动实现传播。英语和西班牙语即是通过这种方式传播到美洲和南美洲等地，充当移民者的母语。帝国模式是将语言传播归因于殖民帝国的政治统治，语言作为官方语言被强制接受而传播，同时语言的使用被视为身份的象征进而促进民众接受该语言。英语和法语在亚洲、非洲等地的传播即是这种模式。经济文化模式强调了跨国经贸往来对语言传播的作用。二十世纪美、加、澳等国的崛起、以英语为载体的科技和文化事业快速发展，加速了现代英语的传播速度，促使英语成为世界上通用语言（朱风云，2003）。

按照语言从以其为母语的人群向其他人群扩散的特征，语言传播还可分为对内传播和对外传播两类。语言的对外传播也可以称为语言国际传播，它是指一种语言超出了以其为母语的国家的疆域范围而逐渐被非该国公民学习和使用的过程，该过程强调语言发展的自然性和自身主体性，是一种有意识、有目的的语言传播，不同于语言推广。

1.2 语言传播动因机制

目前，有关语言传播动因的研究多是基于英语，但是探寻英语的传播路径也会对汉语传播有所启发。根据语言传播的能动性标准，可将语言传播动因研究分为三大阵营：自然主义观、帝国主义观和文化政治语境观。"自然主义观认为语言全球传播的能动性完全归结于各国政府及其学习者的个人决定；帝国主义观主张语言推广的能动性完全掌控在西方霸权手中，各国及民众是不具有能动性的被动接受者。文化政治语境观则强调受到外力制约的现实语境。"（李清清，2014）实际上，无论是基于实用主义的基础上的自然主义观，还是文化政治语境观始终未能系统揭示外部语境如何影响语言选择的具体过程。依靠武力和强权进行的语言刚性传播是语言传播中重要的动因，但是显然已不合时宜，过分强调语言背后的文化功能也会导致"语言主义"（张西平，2009）。

一种语言在国际能够持久广泛地跨文化传播是该语言的输出力和影响力共同作用的结果。政治强权、民族迁徙、技术强制侵入等因素在短期内是语言传播的决定性因素，但是语言输出方的国际地位、经济拉动、科技带动、文化诱导等因素将长期影响着语言接受方的开放程度和跟进程度，直接影响着语言选择。语言选择的动因是多种因素共同作用的结果，单一因素的研究无法真正揭示语言传播的真正原因，只有多维度才能更有助于阐释语言选择。

语言的传播最终必须实现为语言接纳者选择学习和使用某一语言，语言国际传播成功与否的关键取决于行为主体的语言选择。当行为主体认识到该语言的有用性和以此解决交际目标的需要时，他们才会有意识学习和使用语言。整体而言，语言选择的动因机制包括语言需要、语言价值和语言态度三大要素。吴应辉（2013）在探讨语言国际传播的动力源泉时强调语言的需求决定论，他认为"只有具有传播价值的语言才能传播，只有具有国际传播价值的语言才能在国际传播"。按照马斯洛的需求理论，语言需要也可以分为不同的层次，有作为基本交际工具满足生存的需要，也有更高层次精神需要，如获得尊重和归属感，基于兴趣爱好的自我实现等。语言价值可以理解为基于语言需要上的判断，李宇明（2011）指出"这一价值不仅取决于语言领有者的社会及历史地位，而且同时还要看它对语言接纳者有无价值，以及语接纳者是否认识到其价值"。语言的经济价值对于语言国际传播而言至关重要，可以说是语言国际传播的首要条件，但它并非影响语言国际传播的唯一因素。行为主体对于某种语言及其使用等一切相关事物的观念和认识也影响着语言的选择，语言行为主体的语言态度除受语言的现实或潜在用途大小、应用领域宽窄的影响外，还受情感好恶因素的影响。综上所述，语言选择的动因归根结底是语言价值、行为主体的语言需要和语言态度之间形成相互作用的结果。

二、汉语国际传播的内涵

汉语国际传播、国际汉语教学、汉语国际推广是在对外汉语教学的基础上提出的新概念，体现了汉语走向世界的时代特征。由于受传统的对外汉语教学观念的影响，人们习惯将国际汉语教学等同于汉语国际传播和汉语国际推广，实际上它们之间既有区别也有联系。汉语国际推广具有主动性、强制性和目的性的一面，而汉语国际传播呈现出自然性、温和性和学理性的特点。汉语国际传播涵盖了人类传播和非人类传播，体现了语言传达和交流的一切，而汉语国际推广只能归入人类传播的行为，因而汉语国际传播的内涵要大于汉语国际推广。从语言的感情色彩和作用来讲，汉语国际推广显得积极、强势和功利化；汉语国际传播则重视接受者的态度，讲究传播艺术和策略，遵循语言规律，因而显得客观、规范。汉语国际传播过程中的语言使用采用柔性的文化方略和全球视野，注重推广效果，不会因我方强力推进汉语而掉入他国所设的传播"陷阱"之中，为他人留下口实和把柄。因而，汉语国际传播作为一个具有较为中性色彩的学术术语，已广泛应用到国际汉语教学研究领域。

国际汉语教学是从知识体系角度进行的学科范畴界定，汉语国际传播则是国际汉语教学基础上泛化的概念，已不是简单的学科概念，已成为国家战略的重要组成部分，是一项国家文化事业，服务于国家的整体外交战略和国际经贸战略，体现着国家的文化软实力。

汉语国际传播作为一种传播行为，"必须关心各类信息对人的影响和影响方式，关心这些信息赖以发出与接收的机制，必须研究传播在社会中的地位、作用，必须研究传播者、受传者、媒介和信息，社会功能和社会效果"（戴元光、金冠军主编，2003：6）。汉语国际传播要解决的不仅是教学问题，"还需要采取恰当的策略和措施设法吸引更多的人关注汉语，扩大汉语学习者的群体，不断拓展汉语在国际交往中的应用领域"（贺阳，2008）。汉语国际传播应包含汉语符号信息传播和汉语能力培养及应用两个层次。语言符号在经济文化交流中作为一种元素或背景，依赖于文化的魅力和媒介的引导，被作为符号信息输出，带有无意识性，具有隐性传播特点；在汉语能力培养和应用过程中，需要通过教授和媒体的宣传引导，使得语言接受者获得应用语言的能力并在社会生活中加以应用。传播者和接受者均带有很强的主观能动性，这时汉语向外传播则具有显性传播的特征。

国际汉语传播的功能不只是停留于语言知识和技能形成的基础上的信息沟通，也是中国价值观念、文化传统的传播和创新过程。国际汉语传播形式多种多样，并非国际汉语教学一种，"人际传播、组织传播、网络传播"（戴元光、金冠军主编，2003：

41—55）也应是汉语国际传播的方式。从传播学的角度看，汉语国际传播需要围绕汉语这一传播内容，挖掘汉语传播的动因，兼顾受众的情感因素，从传播过程、传播行为和传播媒介等方面探寻汉语在海外的传播。

三、汉语国际传播的方式与策略

3.1 提高汉语符号的信息功能，增强汉语隐性传播

语言是信息的载体，同时语言符号本身也是一种信息，传递着特定的意义，影响着受众对语言的感知。一个人若想学习一门语言首先是获悉这种语言的存在，然后再去评估它的价值，最后决定是否学习和使用。因此，中国在提升整体影响力的同时，需注重语言作为信息载体的功能，加大汉语符号传播力度和广度，提高世界各国人民对汉语的认识。首先，应该营造接受汉语的文化氛围，提升文化的诱导作用。比如，以经贸活动促进中国的表层文化和行为文化的输出，通过直观的文化要素和文化景观释放文化诱导的能量。其次，注重个人形象和企业品牌，形成文化输出自觉。语言符号描述着社会生活，也体现着科技文明发展程度。当前，中国企业在拓展国际市场的同时也应注重由中国制造向中国创造转变，形成影响世界的中国产品品牌、企业品牌。在此基础上，以汉语为载体的品牌标志将会扩大汉语的影响。再次，以创新引领时代潮流。"只有民族的才是世界的"并非只是强调民族的独特性。在文化交流的开端，"民族的"会让人耳目一新，但这并不意味着缚足不前。在世界文化交流日益活跃的当下，传统元素与新技术结合的产品才会彰显民族的独特魅力。所以，充

分调动文化创意产业的优势，挖掘传统文化元素，揉入人文关怀和时尚元素，开发文化创意产品，丰富中国物质产品的文化内涵，将会悄无声息地影响消费者对中国语言文化的感知和理解。

3.2 重视汉语的需求驱动，培育亲近汉语的态度

海外汉语传播面向不同国家和地区。由于文化、社会环境的不同，受众对语言的需求也有差别，所以在进行语言传播时应当考虑受众国家的语言政策和文化特点，然后考虑受众的不同层次需求和不同国家、民族对汉语持有的立场，以便形成具有针对性的精细化汉语传播模式。

需求是语言学习和使用的驱动力。总体上语言需求具有多样化和个性化的特点，但一般可以分为满足工作需要的工具性动机与自我实现和自我满足的内部性动机。前者属于生存驱动，因而创造工作机会，使用本土化人才，体现汉语在传播地域的应用价值，则会提高汉语的需求；而自我实现和自我满足则可以理解为事业驱动和兴趣驱动。语言在实现交流的同时也提升语言使用者的身份和社会地位。提高汉语在国际交往中的使用频度和使用层次，充分利用我国经济发展和国际地位提升所带来的有利契机，在条件许可的情况下，逐步为汉语争取更大的使用空间。比如，把汉语作为国际会议工作语言、学术交流语言，提升大众传媒的汉语使用比重，增加汉语节目的覆盖率，扩大中文图书的海外发行和经典翻译。这些都将带动汉语产业的发展，从而形成不同的汉语应用和研究领域。在此基础上，人们对汉语的兴趣会更加持久，甚至会由兴趣驱动产生大批海外汉学专家。

语言传播的过程也是语言信息编码和解码的过程，信息传递过程中的"编码"是否合理直接影响信息的"解码"。无论是在

语言信息的主动传输还是语言符号的客观呈现过程中，注重语言的呈现形式和语言接受者的反应，不仅有利于探索语言的柔性传播途径，也有利于语言接受者对语言的解读和选择。对不同国家的汉语传播，媒介需要改进语言组织模式和表达方式，进行换位思考和心理移情，提高受众对语言的接受程度。另外，受众对语言的理解是一个能动的过程，不可避免带有文化背景的影响。为了让受众顺利、准确地解读语言信息，必须注意跨文化因素的影响。

如上所述，语言态度影响语言的选择和传播。由于政治文化背景的不同，不同区域民众的汉语态度存在差异。例如，拉美地区民众对汉语的需求和对汉语的态度与汉语在北美和欧洲一些地区的传播大不相同，即使是在美国一国之内，不同地区对汉语所持有的态度也有差异。拉美文化既有古欧洲之风，又具本土特点，奔放热情的性格已根植于拉美民众的心理深处，他们在语言、宗教、社会结构、人际关系、生活习惯等方面具有开放性和包容性。他们对汉语带有急切的渴望，这与拉美文化特点不无关系。这说明汉语在走出国门时需要"知己知彼"，适时调整传播策略，避免由当地语言政策和文化环境等因素导致的传播障碍。

3.3 扩大汉语传播主体，多方面传播汉语

"传播主体即传播者"（邵培仁，2007：103），在此不妨将语言传播主体理解为完成语言活动的个人或者组织，它既包括微观层面的个人，也包括宏观层面的机构团体、大众传媒等，它是多种传播主体的共同结构。

语言教师作为语言技能的传授者在语言传播中起重要作用。除此之外，人际交往、社会组织活动和传播媒介也在输出语言和

语言的影响力，并影响着人们对语言的选择和使用。语言的接受者在感受到语言的价值和意义之后主动地学习和使用汉语，在直接影响其他语言接收者的行为方面起到越来越重要的作用。比如，印尼、泰国、马来西亚等东南亚国家华裔人群对中国传统文化的坚守，加之近年来出国游人数和双方贸易量的增加，汉语作为工具性的内外需求增加，使得汉语得以迅速传播。其他一些国家的一些人群因为工作需要，学习和主动使用汉语，这些均是以语言的人际传播体现着语言的自传播。

"凡有海水处皆有华人"，遍布世界各国的海外华人是汉语人际传播过程中最具有活力的因素。分布各国的新老华侨虽已成为侨居国的公民，但是他们一般仍保持中国的文化传统、风俗习惯和生活方式。他们参与各种社团组织，构成了当代各国的华人社会。汉语在维系华人的故土情怀和人际关系方面扮演着重要的角色。加强与侨民组织联系，支持侨团建设，将会有助于推动汉语在华人群体和其居住国人群中的传播。

资讯平台和活跃在世界各国的人文交流组织既是对外文化交流的主要机构，也是语言人际传播的平台。例如，文化代表团、艺术演出团、对外展览公司、图书贸易公司、文化旅游公司等也在以各自特有的方式向外输出汉语和汉语影响力。

当前网络、通信技术日益发达，由各种媒介相互融合所形成的新媒介形态对传统的信息内容和传播方式产生了重要的影响，也改变了负载信息的语言。在全媒体时代，传播语言可以综合运用文字、图片、声音、画面、网络等形式全方位地展现信息，增强汉语传播的效果。例如，央视中文国际频道西班牙语、法语、俄语频道的开播，"新华网""人民网"海外网络版本的开设，

《今日中国》七种语言版本都是投射汉语的新途径。其中，中国影视在海外颇受欢迎，也是语言走出去的重要载体。因此，推动、引导中国电视剧、电影和中国纪录片的创作和海外传播，可以通过影视的立体化展示，并借助影视的娱乐性对语言文化传播起到"润物细无声"的作用。此外，微信、微博等自媒体平台使沟通变得更加迅速和便捷，汉语传播也可以尝试利用微传播达到汉语裂变式的传播目的。

3.4 拓展孔子学院的平台功能，提升汉语传播层次

作为以向世界各国传播汉语和中国文化为主要任务的机构，孔子学院成为海外中国汉语热持续升温的坚实基础。目前，孔子学院数量已有500家，孔子学院课堂1000所，其中，孔子学院未来的发展应由数量扩展向质量提高转化。在尊重各国国情和遵循一般汉语教学规律的情况下，拓展服务功能、健全运营机制、明确发展目标、提高办学质量。

在汉语教学中，"教材""教法""教师"是常谈的话题。教师作为教学工作的实施者，在教学过程中的主导作用不容忽视。近年来，孔子学院总部向海外派遣汉语教师和志愿者人数逐年增加，但是与海外汉语教师的需求尚存在一定的距离。为解决教师紧缺的问题，一方面需要制定海外教师及志愿者培训细则和规范；另一方面要加大教师选聘工作力度。比如，从国内派遣专任汉语教师和汉语志愿者，聘用国外合作院校汉语教师，选聘汉语国际教育专业学生实现教师本土化，进而形成良性的执教机制，保证每所孔子学院都拥有数名具备跨文化交际能力和丰富教学经验的教师，保障海外孔子学院的办学质量和管理水平不断提高。在此基础上，充分调动教师的积极性，促进教师从语言教学的技

术层面更新教材内容素材，探索教学方法，形成具有国别化的汉语教学新方法，解决汉语难学的负面认识，使汉语学习成为一件具有成就感的愉悦事情。

海外孔子学院从事的汉语教学多属于非学历教育。众多海外孔子学院工作的重点在于营造语言文化氛围，展示中国文化，培养海外民众对汉语的兴趣和亲近汉语的感情，实际上孔子学院并不是严格意义上的语言学校。为实现海外汉语的稳定传播，孔子学院需要在办学模式上进行创新，拓展教学服务。比如，采用总部授权孔子学院与国内高校达成合作办学模式，推进"孔子新汉学计划"顺利实施，通过来华攻读博士等高端项目促进孔子学院所在国家重视汉语基础教育，推动汉语被纳入当地的国民教育体系之中。为此，孔子学院需要加强本土化汉语师资建设和教学标准制定，以输出语言标准和教学规范来降低外界对汉语传播的抵触情绪。

汉语教学法创新和教材本土化均是汉语传播技术层面的问题，是汉语传播中的"术"而非"道"。汉语国际传播作为国家发展战略的一部分是一项系统性工程，涉及不同国家，需要政府部门、公司、学校、各类机构的参与合作，更需要从宏观层面整合各方面资源，协调各部门，引导和利用媒介全方位、多角度展示汉语，在世界范围内提升汉语传播速度。单纯汉语教学和汉语向外自由扩散难以承担汉语国际传播之重。

参考文献

[1] 戴元光、金冠军主编（2003）《传播学通论》，上海：上海交通大学出版社。

[2] 贺阳（2008）汉语学习动机的激发与汉语国际传播，《语言文字应用》第 2 期。

[3] 李建军（2014）实现中国语言文化传播的六大转变，《中南民族大学学报（人文社会科学版）》第 6 期。

[4] 李清清（2014）英语和法语国际传播对比研究，北京外国语大学博士学位论文。

[5] 李宇明（2007）探索语言传播规律——序"世界汉语教育丛书"，《云南师范大学学报（对外汉语教学与研究版）》第 4 期。

[6] 李宇明（2011）什么力量在推动语言传播？，《汉语国际传播研究》第 2 期。

[7] 邵培仁（2007）《传播学（修订版）》，北京：高等教育出版社。

[8] 吴应辉（2013）《汉语国际传播研究理论与方法》，北京：中央民族大学出版社。

[9] 张西平（2009）国际汉学教育：一个亟待解决的重大问题，《云南师范大学学报（对外汉语教学与研究版）》第 2 期。

[10] 朱凤云（2003）英语的霸主地位与语言生态，《外语研究》第 6 期。

[11] Cooper, Robert (1982). A Framework for the Study of Language Spread. In Robert Cooper. *Language Spread: Studies in Diffusion and Social Change.* Bloomington, IN: Indiana University Press.

墨西哥汉语教学现状与反思*

金娅曦

在汉语海外推广蓬勃发展的大势下，墨西哥的汉语教学也渐渐跳脱边缘位置，在数量和质量方面都引起了越来越多的关注，值得研究。墨西哥成规模的汉语教学总体上分为本国大学和孔子学院两大类型。前者在当地影响力卓著，其毕业生大都能进入本国重要的教育、文化、经济、政治机构工作，所以它们开展的汉语教学也有着相当的影响。后者为新兴产物，借助中国推广文化软实力的大好形势和汉办的大力支持，发展可谓迅猛，影响力也不容小觑。但在迅速发展的过程中，也暴露出了亟待解决的问题，既有学生的，也有关于师资的，期待对这些问题的解决能由表及里使墨西哥的汉语教学获得可持续发展，进而也对整个汉语国际教育的发展有一定的建设性作用。

一、开设汉语教学的学校

目前在墨西哥开设汉语教学的学校按其归属分为两大类。

---

* 原文发表于《云南师范大学学报（对外汉语教学与研究版）》2013年第6期。

1.1 当地大学

在墨西哥虽然汉语教学仍未成气候，但值得人们关注的是，开设汉语教学的大学几乎都是历史悠久的著名大学，它们在当地大都有着重要的影响，如墨西哥国立自治大学、墨西哥学院、蒙特雷科技大学等。其中，又以墨西哥国立自治大学的教学规模和影响力最大，它是墨西哥最早而且是最大的汉语水平考试（HSK）考点，它的汉语教学不仅在墨西哥国内起到领头羊的作用，甚至在整个拉美地区都有着不容小觑的影响。

1.2 孔子学院

自 2006 年开始，国家汉办陆续在墨西哥各地开办了 5 所孔子学院，其中 4 所是与当地著名的大学合作办学，另一所是独立办学。合作办学的 4 所大学分别是：墨西哥国立自治大学、新莱昂州自治大学、奇瓦瓦州自治大学、尤卡坦自治大学，均面向在校大学生及社会人士开设汉语和中国文化课堂，其中以墨西哥国立自治大学孔子学院的办学效果和影响力为最佳。唯一一所独立办学的孔子学院实际是被汉办收编了的当地华人的私立汉语学校"华夏中国文化学院"，其后更名为"墨西哥城孔子学院"，主要面向青少年进行汉语和中国文化的推广，生源从起初的华人华侨子女，逐步扩展到当地中小学生，教学地点也从孔子学院扩展深入到当地学校。

此外，值得提及的还有一所是由台湾人创办的中文学校，从 2009 年也开始接受汉办派出的一名中文教师，他们积极参与中国政府及汉办组织的各类活动，并展开了相关的教学合作。

二、学生来源和学习目的

截至目前，墨西哥的汉语教学仍属于非学历和学分的教学，所以学生的学习目的都以兴趣或工作需要为主。从学生的来源上总体可以分为三大类，其学习目的也各有特色。

第一类是在校大学生，也是人数最多的一类。他们的学习目的从兴趣延伸到了留学应试及提升就业实力，不少学生通过汉语，如愿地到中国留学深造，或在教育、文化、经济、政治机构找到了较为满意的工作。如果他们所在大学开设汉语课，他们大都会就近上课。以墨西哥国立自治大学为例，汉语课属于学生的选修课，每学期的报名费仅人民币一元左右，所以在零起点阶段报名人数一度突破了500人，但碍于教室数量限制，仅有1/5左右的人能选上。起初，学习汉语学生的专业无非是语言及文史哲之类，但现在法律、理工、经济和政治外交类专业的也大有人在。如果他们所在大学没有开设汉语课，他们会选择去当地的孔子学院，一是学费合理，二是课程丰富，贴近中国实际。

第二类是社会人士，其中有在职的，有退休的，也有暂时无业的。他们有的是工作需要，有的纯粹是对中国文化感兴趣，还有的打算靠掌握一定程度的汉语来增强就业优势。因此，这类学生的数量很大程度上受到了中国的发展，以及中墨两国关系的影响。由于这类学生空闲时间较为局限，大都愿意选择早上7点到9点，晚上6点到8点的早晚班，所以课程安排灵活的孔子学院就成了他们的第一选择。

第三类是华人华侨的子女，此类学生虽然人数有限，但却是汉语教学的忠实拥护者，也是青少年汉语学习者的主力军。他们大都从小因为父母的要求而被动地开始学习汉语，却也因此逐步和祖国结下了不解之缘，最终能坚持数年学习汉语的大都早已变成了自发自主的需求。他们中亦有不少人以会汉语为优势，成功申请上了美国的著名大学。这类学生受年龄限制，主要在前述的墨西哥城孔子学院和中国台湾背景的学校学习。

三、师资力量和教材的使用情况

3.1 当地大学

墨西哥本国开设汉语教学的大学基本都已有数十年的汉语教学经验，其中以墨西哥国立自治大学的汉语教学历史最长，隶属于外语教学中心亚洲及现代希腊语系的汉语教研室早在 30 年前就有中国外教赴墨讲授汉语课。由于当地懂汉语的墨西哥人极少，所以刚开始时教师几乎都是中国外教和当地华人华侨。渐渐地曾经来华留学的学生回国，以及当地的学生学成后也有不少成了汉语教师，他们是汉语教学中不可或缺的师资力量。值得关注的是，近年来通过校际交流以及汉办公派赴墨的中国教师成了核心的师资力量，虽然他们有流动性大的缺憾，但在教学及活动执行力上都可谓是中坚力量。

这些大学的教材都由当地大学自行解决，绝大部分都是传统的书面教材，开始时几乎都是翻印北京语言大学的教材，教学效果颇受好评。后来一些华人超市开始从中国贩运并出售《今日汉语》，它的优势在于有西班牙语注释，适合初级阶段的教学。再后来，在中国教师的投入和付出下，也有一些中国教师根据当地大学情况特别编著正式或非正式出版的汉语教材。但总体而言，缺乏分别针对听说读写的按课程类别区分的教材，所以难以有针对性地提高或解决学生的实际问题。一些当地教师以个人行为独立或联合中国教师编写或录制了一些听力材料，但内容和数量都相当有限。

值得注意的是，近几年在汉办的大力支持下海外汉语教学迅猛发展，开设汉语教学的学校只要向汉办提出申请均可获得汉办不同程度的人力和物力上的无偿资助。因此，它们的师资水平有了很大保证，还有条件优越的本地教师免费培训课程，教材种类和数量也得到了极大的丰富，并充分体现了多媒体的特点。

3.2 孔子学院

由于孔子学院是新兴产物，有汉办的大力支持，所以无论在师资组成，还是在教材的使用方面都与当地大学有着本质的区别。

在师资方面，由汉办公派的教师、志愿者组成的中方师资的比例都达到或接近百分之五十，并且几乎都受过专业培训，因此在教学中都起到了主导的作用。汉办公派的教师任期大多是两年，他们经验丰富，教学效果突出，最终据教学需要，任期大多有不同程度的延长。由于墨西哥学生的汉语基础较差，所以这部分教师要不在国内就有一定的西班牙语基础，要不就自愿利用课余时间学习西班牙语，对汉语教学有很大帮助。汉办公派的志愿者任期大多是一年，他们的年龄与学生相仿，还掌握不同种类的才艺，不失为教学或交流上的一大优势。相较中方师资，当地师资虽然在汉语水平上有些不足，但通过孔子学院几乎都能免费在墨西哥或来中国参加教师培训，教学水平提高很快。

在教材的使用上，他们可谓先天条件优越，从建校之初就有汉办无偿提供的种类丰富、数量充足的教材和教学资料，并且可以适时更新或补充，这也为他们开展丰富多彩的文化活动打下了坚实的基础。

四、教学安排

教学安排可以以汉办的推广介入为界分为两个阶段。

4.1 汉办介入之前

教学安排以汉语课为主，极少有文化体验和交流活动。受师资和教材的限制，课程类型几乎只有综合课一种，偶尔根据外教情况和学生报名数，设有口语课和 HSK 辅导课。教学层级没有固定划分标准，分 4—10 级不等，但课程设置大都为 2—3 年，也根据学生人数略微调整。教学课时一般是每周 6—8 个学时，具体时间安排上，孔子学院较为灵活，为了最大程度方便在职人士，课程早至 7 点，晚至 9 点。值得提出的是，受当地教学课时安排的影响，不乏 3 小时连上的情况，师生均非常疲惫，对教学效果有负面影响。

4.2 汉办介入之后

除了汉语课以外，汉语考试（HSK）、中小学生汉语考试（YCT），以及"汉语桥"比赛的准备也成了重要的教学内容，并力争在参加人数和成绩上获得持续的提高。墨西哥国立自治大学以及各个孔子学院可谓是这类活动的主力军。

此外，以饮食和文艺为主的文化体验活动也是每学年必不可少的内容，开放对象不仅是汉语学生，也面向全校，甚至社会人员，对汉语和中国文化都可谓是积极的推广。

可以看到，近年来由于汉办和中国驻墨西哥使馆的大力支持，教学内容有了极大的丰富，除了有日益规范的汉语课外，各类涉及饮食、经济、政治、体育等各方面的文化活动明显增多，提高了教学的实用性。此外，多媒体影音教材显著增多，虽仍未能在各校正式开设听说读写课，但综合课的内容明显更有趣和丰富，并能很大程度地与中国的现实国情挂钩。笔者在任期间，先后迎来北京2008年奥运会、中华人民共和国建国60周年等盛世庆典，对此的转播和宣传都成了教学安排上的特色内容，深受学生好评。

五、问题及对策

5.1 解决语音教学难点

语音教学作为对外汉语教学的入门阶段，在对外汉语教学中的重要性已无须赘述。但是诚如程棠（2000）指出："几十年来，外国留学生中，汉语普通话说得很标准或比较标准的，人数不多，也可以说很少。"刘珣（2000：355）进一步指出："不少教师和学者认为，这些年来从对外汉语教学的效果看，在口语表达的流利程度有所提高的同时，语音的标准性则有所下降。"对此，朱庆明（1999）先生也说，"近年来，不少专家学者都已经注意到并明确地提出了对外汉语教学中语音教学的滑坡现象。因此，加强语音教学并使之规范化是对外汉语初级阶段教学规范化的第一步，也是非常关键的一步"。可见理论和实践都证明，语音教学一向都是海外对外汉语教学的重点和难点，是学生接触汉语学习的第一阶段，也是学生之后的学习中反复要求加强或改进的部分。但传统的语音教学大多采用口耳相传的模式，教师很累，学习的成效也受到学生人数的限制，而且学生课后难以练习巩固。

而且因为专门的语音教材本来就不多，加之能被外国教师看懂并适合他们使用的语音教材更是少之又少，这样一来，绝大部分学校都只能等到有合适的中国老师来才能开设此课，学生的要求日趋强烈，却未能得到满足，语音教学就从重点转化成了弱点和难点，墨西哥的汉语教学也不例外。

近年来在全世界各国的对外汉语教学取得的巨大成效告诉我们，海外的汉语教学从课程类型上要求细分化、专业化，在处理各国学生的实际问题时要注意国别化，即重视母语的影响。考虑到墨西哥师资和教材不足的问题，长期开设专门的语音课程不现实，所幸学生暴露出的问题都比较集中，而且明显是受到了母语西班牙语发音的影响，所以如果对症下药的话，也比较容易解决。陆经生（1991）认为，"人类的发音器官和能力是相同的，困难仅在于操某种语言的人对另一语言所特有的发音部位和方法不熟悉，不习惯"。赵士钰（1999：5—46）还在其专著中详细比较了汉语和西班牙语的语音异同。因此本人基于自身教学经验，并与多位当地教师及中方教师交流后，总结出墨西哥学生在语音教学中的10大难点语音，建议制作模拟动画软件，辅助语音教学。多媒体语音教学的优势在于能直观、准确并且重复地体现发音部位和方法，用多种教学手段如图片、音频、视频等帮助教师实现既定的教学目标，所以模拟口腔动画在汉语语音难点教学的实践中成效显著。

这体现了近年来广泛开展的多媒体教学趋势，让科研与教学充分结合，实现了新型对外汉语语音教学"多媒体课件与教学设计的良好结合"的发展方向。此外，鉴于全世界西班牙语使用国家甚多的特点，开发出的软件不但适用于墨西哥学生，更能广泛适用于全世界32个以西班牙语为母语的国家和地区的汉语学生，相信最终的研究成果会具有相当大的实用性和推广性。

5.2 加强师资交流和培训

前文指出了学生在学习中暴露的问题和应对之策，然而在师资水平方面的提高也同样具有紧迫性。由汉办公派的汉语教师大多具有较高的专业素养，但可惜的是，他们只占总体师资的极小部分，而且具有相当大的不稳定性，所以提高占总体师资绝大部分的本土教师和当地非专业华人教师的教学水平就成了根本性的解决对策。在这一方面，不讳言地说，汉办已经投入了大量的人力和财力并取得了一定的声望和成效。在此，本人想要赘言的是，除了帮助他们获取国家政府的相关交流培训资讯之外，公派教师也可以通过个人方式实现或促成师资的交流和培训。

在师资交流方面，我们作为有专业经验的中方老师，应该利用一切机会多和当地老师正式和非正式地交流，诸如对谈或互听课等。这不仅可以帮助我们尽快了解当地学生的学习情况和需求，进而使我们有效地提高教学成效，此外，也无形中把我们的经验传输于本地教师，在交流中彼此提高。

在师资培训方面，本地教师大多有着到中国培训以进一步提高自身汉语水平和教学水平的需求，反观之，外派到当地的中方教师大多来自有相当对外汉语经验的大学或在国际上有一定知名度的大学，我们自然可以吸引或推荐当地教师到我们所在的国内大学进行学习，比如到我们北京语言大学这样对外汉语教学界领军型的专业大学学习就是绝大部分当地对外汉语教师的梦想。在我们的实际接触中发现，很多时候当地教师缺少的只是一些基本资讯和实际问题解答，我们的帮助常常有事半功倍的效果。这样一来，会一定程度地解决政府奖学金普及还不甚广泛的缺憾，既减轻了政府的负担，又有效地促进了国家推广软实力这一政策的实施。本人和其他公派教师在结束任期后推荐到北京语言大学留学的多名留学生的实际留学体验都反馈甚好，极大鼓舞了本人的这一推想。

参考文献

[1] 程棠（2000）《对外汉语教学目的原则方法》，北京：华语教学出版社。
[2] 刘珣（2000）《对外汉语教学引论》，北京：北京语言大学出版社。
[3] 陆经生（1991）汉语和西班牙语语音对比——兼析各自作为外语学习的语音难点，《上海外国语学院学报》第6期。
[4] 赵士钰（1999）《汉语西班牙语双语比较》，北京：外语教学与研究出版社。
[5] 朱庆明（1999）试论初级阶段综合课教学规范化，见王钟华主编《对外汉语教学初级阶段课程规范》，北京：北京语言文化大学出版社。

汉语国际教育硕士专业学位
水平评估指标体系初探 *

郭　晶　吴应辉

汉语国际教育硕士（Master of Teaching Chinese To Speakers of Other Languages，英文缩写为"MTCSOL"，以下简称"汉教硕士"），是为适应汉语加快走向世界的需要，专门设立的一种硕士专业学位，需要培养一大批从事汉语国际推广工作的高层次、应用型专门人才。2018年1月公示的汉教硕士专业学位授权高校名单显示，授权高校增加了37所，2018年达到145所。随着招生高校数量增多，招生规模扩大，教育质量问题成为学界关注焦点，而教育质量评估是促进教育质量提高的重要手段。在汉教硕士短短十年发展过程中，相关研究主要集中于培养模式及其具体培养环节问题探讨（李东伟、吴应辉，2017；吴应辉，2016；崔希亮，2015；陆俭明，2014；刘颂浩，2013）。而对该专业人才培养质量评估方面的理论和实践研究鲜有涉足，相关论文仅有两篇（王丕承，2017；巩磊，2015）。汉教硕士从开设至今共举办过三次评估实践活动，均由全国汉语国际教育专业学位研究生

---

* 原文发表于《教育研究》2018年第11期。

教育指导委员会在2009年、2014年和2018年分别对24所（首批）、58所（2009—2011年获批）和24所（2014年获批）汉语国际教育硕士学位授权院校进行的专项评估。专项评估主要是针对培养单位的基本办学条件、教学管理和教育质量进行的合格评估。从评估指标体系中可以看出，主要评估目的是检查该专业学位授权点研究生培养体系的完备性，即官方对培养单位是否具备学科建设的基本条件进行鉴定和认证评判。而水平评估则至今尚未开展，评估指标体系也尚未建立。

加强评估是提高研究生培养质量的重要途径。加强汉教硕士专业学位水平评估理论研究，是推动汉教硕士专业学位水平评估实践的必要学术准备。建立一套科学的评估指标体系是开展汉教硕士专业学位教育质量评估活动的前提和核心内容。汉教硕士水平评估指标体系可运用于不同主体和不同评估目的的评估实践中：可用于培养单位内部的历时评估比较，进行自我反思；可用于各培养单位间横向评估比较，找出相对差距；亦可用于政府或社会机构组织的第三方评估，进行行业排名，督促培养单位弥补不足；还可用于官方水平评估，进行淘汰优选。本指标体系的建立，从汉教硕士教育质量水平评估的视角出发，注重对教育成果质量的监测，同时兼顾影响教育质量的各主要环节。各个指标之间相对独立，共同构成了影响汉教质量因素的完整体系。指标构建坚持五个原则，即关注培养结果，兼顾重点环节；指标层次清晰，评估依据明确；普遍性与特殊性兼顾，整体性与独立性兼顾；指向性与可测性兼顾，定量为主、定性为辅；尊重专家意见，避免主观评价。总之，力求使所建构的指标体系科学性与可操作性兼顾。

一、评估指标体系权重确定

本评估指标的权重系数通过层次分析法（Analytic Hierarchy Process，简称 AHP）确定。层次分析法是匹兹堡大学 Thomas L. Saaty 教授于 20 世纪 70 年代初提出的一种实用的多准则决策方法，他把一个复杂的决策问题表示为一个有序的递接层次结构，并通过人们的主观判断和科学计算给出备选方案的优劣顺序，最终可得到各层次结构要素相对于总目标的权重，提出决策。该方法在教育、人才考核评估及发展目标分析等领域广泛应用。

1.1 汉教硕士培养质量指标层次结构模型构建

根据层次分析法（AHP）的指导思想，首先建立汉教硕士培养质量指标层次结构模型。本评估指标权重系数按其具体程序确定，将"汉教硕士专业水平评估指标体系权重"作为最终决策的目标，即目标层；将影响汉教硕士培养质量的一级因素指标和二级因素指标作为中间层，即因素层；将参与试评估的高校作为选择对象，即方案层。构建指标层次结构模型。（见图1）

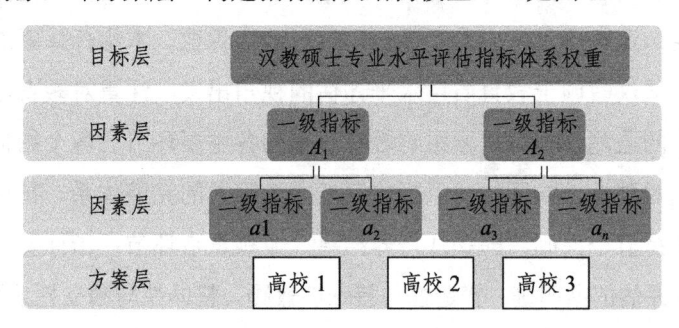

图1 汉教硕士专业水平评估指标体系模型图

1.2 构造判断矩阵并求取各指标权重系数

根据图1层次结构模型，因素层含一级指标和二级指标集，一级指标集：$A=\{A_1, A_2\cdots\cdots A_i, A_j\cdots\cdots A_n\}$，二级指标集：$a=\{a_1, a_2, a_i\cdots\cdots a_j, a_n\}$。运用层次分析法对一级指标的 n 个指标进行成对两两比较（指标间两两比较采用1—9的比例尺度），A_{ij} 为子因素 A_i 和子因素 A_j 的相对重要性，A_{ij} 的值越大，表示要素 A_i 相对于要素 A_j 的重要性越大（二级指标同理）。决策者通过对一级指标和二级指标要素间成对比较，得到判断矩阵（Judgement Matrix）A：

$$A = \begin{Bmatrix} 1 & A_{12} & A_{1i} & A_{1j} & \cdots\cdots & A_{1n} \\ 1/A_{12} & 1 & 1/A_{j2} & 1/A_{j2} & \cdots\cdots & 1/A_{n2} \\ 1/A_{1i} & 1/A_{2i} & 1 & 1/A_{ji} & \cdots\cdots & 1/A_{ni} \\ 1/A_{1j} & 1/A_{2j} & 1/A_{ij} & 1 & \cdots\cdots & 1/A_{nj} \\ \vdots & & & & \cdots\cdots & \\ 1/A_{1n} & 1/A_{2n} & 1/A_{in} & 1/A_{jn} & \cdots\cdots & 1/A_{1n} \end{Bmatrix}$$

在 AHP 决策分析中，最根本的任务是求解判断矩阵的最大特征根及其所对应的特征向量 λ_{max}。在判断矩阵 $A=(A_{ij})_{n\times n}$ 中的 n 价方阵中，若存在常数 λ 和非零 n 维向量 $w=(w_1, w_2, \cdots\cdots, w_n)T$，使得 $Aw=\lambda w$ 成立，λ_{max} 为判断矩阵的最大特征值。通过和积法计算出最大特征根 $\lambda_{max} = \frac{1}{n}\sum_{i=1}^{n}\frac{(Aw)_i}{w_i}$，即我们最终需要的权重系数。

根据图1构建的评估指标体系模型，运用 AHP 层次理论，将同一层次中的各要素根据重要性进行两两比较，利用层次分析法软件 yaahp V11.0 得出一级判断矩阵和二级判断矩阵权重系数（三级指标权重系数同理得到）。（见表1）

表 1 A_{AHP} 一级指标权重系数

	理念与目标	办学条件	培养过程	管理保障	培养成果	W_i
理念与目标	1.0000	0.3333	0.5000	1.0000	0.2500	0.0932
办学条件	3.0000	1.0000	1.0000	2.0000	1.0000	0.2518
培养过程	2.0000	1.0000	1.0000	2.0000	0.5000	0.2021
管理保障	1.0000	0.5000	0.5000	1.0000	0.2500	0.1011
培养成果	4.0000	1.0000	2.0000	4.0000	1.0000	0.3519

汉教硕士培养质量指标权重系数一致性比例：0.0123；对汉教硕士培养质量指标权重的权重：1.0000；λ_{max}：5.0552。

1.3 一致性检验

建立判断矩阵之后，需要对判断矩阵进行一致性检验，如果判断矩阵不满足一致性，那么，需要对权重系数进行合理的调整。Saaty 引入一致性比例（Consistence Ratio, C. R.）评估一致性指标，即 C.R.=C.I./R.I.，判断矩阵 A 的一致性指标（Consistence Index, C.I.）为 C.I.=(λ_{max}-n)/(n-1)，R.I. 为随机一致性指标。对于一致性比例，当 C.R.=0 时，可以称 A 是完全一致性矩阵；当 C.R. < 0.1 时，认为 A 是满足一致性矩阵；当 C.R > 0.1 时，称 A 不具一致性（张炳江编著，2014：17—61）。该指标体系的一级指标矩阵 AHP 一致性比例 C.R.=0.0123 < 0.1，因此矩阵具有一致性。经判断，二级指标除了培养过程一致性比例为 0.0053，其余均为 0.0000，均符合一致性要求。

根据上述指标确定的指导原则和权重确定步骤，得出评估指标基本框架、内容和权重。结合 25 位专家有效问卷对本指标内容的评分和对各指标权重的打分，得出各指标权重的平均分，据此进行调整，最终得出各指标权重系数。

二、指标体系主要内容

根据汉教硕士专业学位设置方案、学位授予要求等基本文件提出的培养目标以及各高校培养单位的培养实践,我们对其提出的评估指标体系,包括5个一级指标(评估项目)和一项额外加分指标X、12个二级指标(评估要素)和25个三级指标(评估观测点)以及针对各个三级观测点的评分标准进行描述。(见表2)

表2 汉教硕士专业学位水平评估指标体系表

二级指标	三级指标	评分内容描述	受评单位得分
一、理念与目标(10%)			
办学理念(5分)	培养理念(5分)	对高层次、应用型、复合型、国际化专门人才的培养目标认识清晰,并体现出有别于学术型硕士的职业特色,且培养过程有所体现。(4—5分)	
		对高层次、应用型、复合型、国际化专门人才的培养目标有一定认识,实践应用能力培养不足,与传统学术型硕士无明显区别。(0—3分)	
目标定位(5分)	培养目标(5分)	以具有熟练的汉语作为二语教学技能和良好文化传播技能、跨文化交际能力为专业培养目标,培养适应汉推工作,具有教学、管理与协调能力的复合型汉语国际教育专门人才。(4—5分)	
		对具有熟练的汉语作为二语教学技能和良好文化传播技能、跨文化交际能力的培养目标认识清晰,但专业应用能力培养措施落实不够。(0—3分)	
二、办学条件(25%)			
基本条件(10分)	经费保障(2分)	培养经费充足。(2分)	
		培养经费不足。(0—1分)	

(续表)

基本条件（10分）	硬件条件（3分）	条件优良，如有微格教室、多功能网络教室、图书资料室和案例库等。（2—3分）	
		条件一般。（0—1分）	
	国际交流及实习实践条件（5分）	国内外有相对稳定的实习实践基地及实习合作单位，有实习指导教师和实习及考核方案。（4—5分）	
		只有国内实习实践基地，无国外实习基地，实习指导不能完全到位。（2—3分）	
		无稳定的实习实践基地或合作单位。（0—1分）	
师资队伍（15分）	教师结构（8分）	专职教师和学生比例不低于20%，专职教师年龄结构均衡。（0—2分）	
		具有教授职称专职教师比例不低于10%，副教授职称不低于50%。（0—2分）	
		具有博士学位专职教师比例不低于50%，具有导师资格比例不低于50%。（0—2分）	
		不低于25%的专职教师具有一年以上海外学习或教学经历，专职教师都具有汉语国际教育相关实践经验。（0—2分）	
	科研获奖（3分）	近五年主持省部级以上汉语国际教育课题情况（国家社科和教育部人文社科一般项目每项2分、重点5分、重大10分）。专职教师及学生近五年来在SSCI期刊发表文章，每篇2分；在CSSCI期刊和汉语国际教育专业非CSSCI期刊发表相关文章，每篇0.5分。上不封顶。	（有则加，无则0分）
	教学获奖（3分）	汉语国际教育教学成果获国家级奖项，一等奖10分、二等奖5分、三等奖2分；省部级奖项一等奖2分、二等奖1分、三等奖0.5分。上不封顶。	（有则加，无则0分）
	参与学术会议（1分）	参加汉语国际教育领域学术讲座并报告相关论文。（0—1分）	

(续表)

		三、培养过程（20%）	
生源质量（2分）	录取比例（1分）	生源录取率小于1（0—1分）	
	学生质量（1分）	重点与普通院校，本科专业背景相关度、外语、中华才艺等（0—1分）	
培养方案（10分）	培养方式（5分）	培养模式明确，课程学习与汉语国际教育理论和实践结合、与中华文化传播结合，采取校内外导师联合培养。（4—5分）	
		课程学习基本能与汉语国际教育理论实践结合、与中华文化传播结合；未能采取校内外导师联合培养方式。（2—3分）	
		课程学习未与汉语国际教育实践结合或未与中华文化传播结合；未能采取校内外导师联合培养方式。（0—1分）	
	实习及考核方式（5分）	赴海外从事汉语教学和文化传播工作或国内教育机构进行汉语国际教育教学实习，实习时长3个月或120学时以上的学生比例不低于50%。（4—5分）	
		赴海外实习或国内来华项目实习少于3个月或120学时学生比例低于50%。（2—3分）	
		非对口实习或无实习。（0—1分）	
课程教学（8分）	课程设置（4分）	开设课程中，设有汉语基础知识课程，至少有一门教学技能类课程、文化课程、跨文化交际类课程，一门以上专业课程采用外语或双语教学。（3—4分）	
		开设课程中，设有汉语基础知识课程，缺少教学技能类课程或文化课程，或未开设完整的跨文化交际类课程，无一门专业课程采用外语或双语教学。（0—2分）	
	教学方式（4分）	以国际汉语教师职业为导向，大量使用案例教学、现场观摩、模拟训练、小组学习等方式提高教学技能和跨文化交际能力。（3—4分）	
		教学方式缺少多样性。（0—2分）	

（续表）

四、管理保障（10%）			
管理制度和人员组织（5分）	管理规章制度（2分）	招生、培养、学位授予等管理规章制度健全。（0—2分）	
	管理机构和人员（3分）	有专门的管理机构和专职管理人员。（0—3分）	
内部评估保障（15分）	内部评估执行（5分）	定期执行内部质量评估并形成自评报告。（4—5分）	
		无定期执行内部质量评估。（0—3分）	
五、培养成果（35%）			
论文质量（5分）	学位论文选题（3分）	80%以上研究问题围绕汉语国际教育实践，体现应用性和职业性，成果具有应用价值，对实践有指导意义。（0—3分）	
	理论水平（2分）	80%以上能够综合运用相关理论知识和方法解决实际问题，体现实践创新能力。（0—2分）	
毕业生对口就业率及获奖（15分）	就业率及行业对口就业情况（10分）	95%以上就业率，且对口就业率不低于20%。（9—10分）	
		不低于80%就业率，对口就业不低于10%。（5—8分）	
		不低于50%就业率，对口就业不低于5%。（0—4分）	
	毕业生获奖情况（5分）	学生在国家、省市学科、教学及其他各类比赛中获奖，全国性奖项每项加3分，省级每项加1分。	
社会评价（15分）	用人单位满意度（7分）	雇主/单位负责人对毕业生在专业能力（教学能力）、管理协调能力、工作态度等方面综合素质满意度，优秀5分，良好3分，合格2分，不合格0分。（抽取20位毕业生用人单位进行调查）	

（续表）

社会评价（15分）	同行评价（5分）	同行专家对培养单位在人才培养方面的评价。优秀5分、良好3分、合格2分、不合格0分。（抽取10位专家）
	毕业生评价（3分）	毕业生对培养单位在人才培养方面满意度，优秀5分、良好3分、合格2分、不合格0分。（抽取20位毕业生）
X、特色与优势（20分额外加分项）		
特色（0—10分）	特色鲜明加6—10分，有特色加1—5分，无特色0分。	
优势（0—10分）	具有专业发展明显优势加6—10分，优势一般1—5分，无优势0分。	

说明："特色"和"优势"是指在《指导性培养方案》指导下开设汉教专业院校的个性化培养以及所具备的专业发展优势。如针对不同对象国、不同层次教育、小语种、特色培养模式等，学科优势、师资优势、地缘优势等。

以上5个一级指标基本涵盖了影响汉教硕士人才培养质量的各个主要方面，X额外加分项强调汉教硕士培养要重视特色培养和优势利用；12个二级指标则覆盖了汉教硕士培养中的办学理念、实施过程和社会评价的主要方面，25个三级指标覆盖了各主要观测点。对25个三级观测点按照评估标准打分求和，可得出参评单位的总分。需要说明的是，指标体系中的"社会评价"，包括"毕业生用人单位评价""同行评价"和"毕业生评价"，指标测定可委托专业调查机构或个人通过对用人单位负责人、业内同行专家和毕业生进行专门调查后获取。

三、汉教硕士培养质量评估指标体系特点

汉教硕士培养质量评估指标体系具有如下特点。

3.1 系统性

汉教硕士专业学位评估指标体系包括培养理念、办学条件、培养过程、管理保障和培养成果五大方面，囊括了汉教硕士培养过程的主要环节和培养成果。三个层次的指标体系各有侧重，又相互支撑；相对独立，又紧密联系，共同形成一个完整的评估指标体系，体现了较强的系统性。

3.2 应用性

该评估指标体系较突出应用能力培养的要求，在实训课程设置、实践基地建设和实践合作单位等因素都设有分值，对促进培养外向型人才、提高跨文化交际能力、对口就业等方面的指标给予了较高分值，体现了较高的权重。应用性并非与学术性截然对立，而是强调在提高解决实际问题能力的同时也应培养学术意识。

3.3 导向性

专业学位水平评估是"排名性、成效性"评估，其目的定位于"服务大局""服务高校""服务社会"（赵蒙成，2014）。该评估指标以优选排名为预设目标，对汉教硕士培养单位通过培养全过程进行整体水平评估，根据评估结果进行排名。同时兼顾以服务为目的，以职业需求为导向，重视汉教硕士实践能力培养、注重产学研相结合，服务高校、服务社会、服务学生。既帮助培养单位找准自己定位，又可向社会用人单位提供必要信息，有助于提高社会认可度，还可帮助学生预知就业方向。评估结果可以对汉教硕士培养产生良好的导向作用，鼓励培养单位更加重视从业方向的正确引导，达到引导培养单位在汉教硕士培养中回归该专业学位设置的初衷。

3.4 可操作性

该指标体系采取客观比较和主观评价的方法，坚持定量与定性相结合的原则。力求收集相关真实、可比数据，努力做到客观、严格；主观性指标也尽量明确评价标准，使之具有可操作性。评估指标体系中重点关注人才培养等重要环节和影响因素，具有良好的可操作性。

3.5 探索性

汉教硕士办学历史短，人才培养评估研究弱，至今尚未发现该专业硕士评估指标体系相关研究成果。汉教硕士培养质量影响因素复杂，培养环节多样，对其人才培养质量评估难度较大。本研究建立的指标体系在汉教硕士人才培养评估中具有鲜明的探索性。

2018年汉教硕士学位研究生培养院校已达145所，人才培养质量参差不齐问题日益凸显，人才培养质量评估日益迫切。然而，相关研究薄弱和评估指标体系缺失，严重制约了评估实践的开展。本评估指标体系的构建也许尚不完美，但毕竟解决了缺失问题。其既可为后续研究提供参考，也可尝试用于实际评估。我们希望该评估指标体系能为汉教硕士培养产生引领和导向，推动汉教硕士培养质量的不断提高，更好地服务汉语国际传播事业。

参考文献

[1] 崔希亮（2015）关于汉语国际教育的学科定位问题，《世界汉语教学》第3期。
[2] 巩磊（2015）汉语国际教育硕士评估指标体系新构想——以曲阜师范大学汉语国际教育硕士专业为个案研究，曲阜师范大学硕士学位论文。

[3] 李东伟、吴应辉（2017）我国汉语国际教育硕士培养模式现状与优化策略，《中国高教研究》第 10 期。
[4] 刘颂浩（2013）汉语国际教育专业硕士培养中的若干问题，《华文教学与研究》第 4 期。
[5] 陆俭明（2014）汉语国际教育专业的定位问题，《语言教学与研究》第 2 期。
[6] 王丕承（2017）对汉语国际教育专业硕士的评估要采用多样化的评估方式，《科教文汇（下旬刊）》第 2 期。
[7] 吴应辉（2016）汉语国际教育面临的若干理论与实践问题，《云南大学学报（哲学社会科学版）》第 1 期。
[8] 张炳江编著（2014）《层次分析法及其应用案例》，北京：电子工业出版社。
[9] 赵蒙成（2014）文科类专业学位水平评估指标体系的构建策略，《现代大学教育》第 6 期。